本专著受到教育部人文社会科学研究青年项目"中小企业绿色创新的多层次诱发机制及绩效转化过程研究(19YJC630025)"的资助

绿色创新对产业集群升级的影响研究

单婷婷 著

河海大学出版社
HOHAI UNIVERSITY PRESS
·南京·

图书在版编目(CIP)数据

绿色创新对产业集群升级的影响研究 / 单婷婷著. -- 南京：河海大学出版社，2023.3（2024.5重印）

ISBN 978-7-5630-7375-7

Ⅰ. ①绿… Ⅱ. ①单… Ⅲ. ①绿色经济－企业创新－影响－产业集群－产业结构升级－研究－中国 Ⅳ. ①F269.23

中国版本图书馆CIP数据核字(2021)第276426号

书　　名	绿色创新对产业集群升级的影响研究
书　　号	ISBN 978-7-5630-7375-7
责任编辑	谢业保
特约校对	李纳纳
封面设计	徐娟娟
出版发行	河海大学出版社
地　　址	南京市西康路1号(邮编：210098)
电　　话	(025)83737852(总编室)　(025)83722833(营销部)
经　　销	江苏省新华发行集团有限公司
排　　版	南京布克文化发展有限公司
印　　刷	广东虎彩云印刷有限公司
开　　本	718毫米×1000毫米　1/16
印　　张	12.5
字　　数	240千字
版　　次	2023年3月第1版
印　　次	2024年5月第3次印刷
定　　价	58.00元

前　言　PREFACE

随着经济全球化进程的推进，国与国之间、地区与地区之间的竞争不再停留在企业等微观经济个体层面，而是转向产业集群层面。产业集群在经济发展中发挥着越来越重要的作用，其巨大的竞争优势能给区域经济带来发展动力。在经济全球化浪潮下，产业集群的发展不是一劳永逸的，而是面临着较大的升级压力。如果不能及时升级，集群将面临衰退，影响地区经济发展。目前，我国集群发展中存在较多问题，例如缺少核心技术、被锁定在全球生产分工体系中附加值较低的环节、长期处于全球产业链和价值链的低端、盈利能力低下、发展空间被锁定，亟需进行升级。

近年来要素分工逐步深化，创新对经济发展的贡献率已经远远大于物质性生产要素对经济发展的贡献率，所以集群升级离不开绿色创新。绿色创新将创新驱动、绿色发展两大理念进行深度的融合，既是实现经济效益和生态效益共赢局面的不二路径选择，更是开展生态文明建设、实施美丽中国战略的重要微观基础。然而现实中我国企业普遍存在绿色创新动力不足、实践稚嫩的现状，实践中我国大多数产业集群绿色创新体系尚不完善，绿色创新能力不足成为制约集群升级的重要因素。同时我国学者围绕绿色创新主题开展的科学研究相对滞后于实践，关注点分散，欠缺整合性和系统性。本研究以集群组织惯域作为切入点，综合运用多种理论，对绿色创新能力作用下的集群升级机理进行了深入系统的研究，希望能在理论上有所创新，在实践上为我国产业集群升级提供一些可行建议。

本研究的创新之处在于：

（1）运用绿色创新三重螺旋模型在集群层面对产业集群绿色创新能力体系要素做进一步分析，提出由集群成员企业、使能机构、当地政府及其构架机制组成的集群绿色创新能力"三元一构架"模型，厘清了产业集群层面和单个企业层面的绿色创新能力区别，并将产业集群绿色创新能力分为技术学习能力、技术集成能力、技术协同能力，弥补了目前产业集群层面绿色创新能力概念界定不清晰的缺陷。

（2）在组织惯域理论框架下，研究绿色创新能力对集群升级的作用机理，分析绿色创新能力通过影响集群组织惯域而影响集群升级（主导产业升级、知识网络升级、组织效率升级、区位升级)的过程,将集群内部环境惯域(集群组织特性、集群组织效应)、集群组织结构惯域(集群组织结构模块化)、集群组织行为惯域(集群治理集体行为、产业转移行为)作为绿色创新能力影响集群升级的中介变量,扩展了绿色创新能力影响集群升级的研究视角,突破了以往仅从单一视角研究影响产业集群升级机理的局限。

(3)以产业升级理论为起点剖析产业集群升级的内涵,将产业集群升级表现分为主导产业升级、知识网络升级、组织效率升级、区位升级四个方面,提出产业集群的升级问题不仅是一个具体的产业升级问题,更是一个和组织结构及其品牌文化、知识网络、内部效率切实相关的系统性升级问题,扩展了集群升级理论的研究,弥补了目前全球价值链视角下的产业集群升级概念界定的不足和缺陷,为产业集群升级提供了更广泛的理论支撑。

摘 要

在经济全球化进程中,产业集群在区域经济发展中发挥着越来越重要的作用。随着要素分工逐步深化,绿色创新对经济发展的贡献率已经远远大于物质性生产要素对经济发展的贡献率,集群发展离不开绿色创新。本文以集群组织惯域作为切入点,综合运用知识溢出、流体力学、组织模块化、产业转移等理论,对绿色创新能力作用下的集群升级机理进行了深入系统的研究。

首先,分析产业集群绿色创新能力和集群升级的概念内涵,总结我国集群发展现状及存在问题,提出绿色创新能力影响集群升级的理论框架和研究视角。研究美国硅谷信息产业集群、日本丰田城汽车产业集群、印度班加罗尔软件产业集群、新加坡裕廊石化产业集群这四个利用绿色创新获得成功经验的典型集群,并分析这些成功经验对我国集群发展的启示。

其次,研究绿色创新能力对集群升级的作用机理,从集群组织惯域视角研究集群升级,运用井群渗流模型分析绿色创新能力对知识溢出的作用机理、建立两种不同生产结构下企业获取中间产品的数量模型来研究技术协同能力深化集群专业化分工程度的过程、构建博弈模型研究集群组织结构模块化对主导产业升级的影响机理、建立基于内外部生产要素的集群产品附加值提升模型来阐述产业承接行为对主导产业升级的作用过程。集群升级是组织惯域改变引起的,绿色创新能力通过影响集群组织惯域而影响集群升级。

再次,建立"绿色创新能力——集群组织惯域——集群升级"的概念模型,通过发放问卷获取大规模数据,运用数据信度分析、效度分析、结构方程模型,对绿色创新能力对集群升级的作用机理进行实证分析,根据路径系数的大小,集群组织惯域不同方面在绿色创新能力影响集群升级过程中所发挥的中介作用强度不同。最后,针对我国产业集群升级提出了对策建议。

关键词:产业集群;绿色创新;组织惯域;集群升级

Abstract

In recent years, industrial cluster promotes the economic development in our country as an effective form of industrial organization, the relevant theoretical research gradually become hot spot of academic research. But due to historical and institutional reasons, industrial clusters in our country have some problems, have long been at the low end of the global industrial chain and value chain, low profitability, development space is locked, so industrial clusters in our country need to be upgraded. Based on the related literature and the practice of upgrading of the typical industrial cluster, the most key factor affecting cluster upgrading is technology innovation capability, in light of the specific mechanism between the technical innovation ability and the upgrading is less, this article is based on industrial cluster upgrading, modular structure, cluster governance theory of collective action, the industrial transfer, combining mechanism research and empirical research method, focus on mechanism analysis and empirical analysis between technological innovation ability and cluster upgrading, and put forward the countermeasures to promote the upgrading of industrial cluster in our country.

First, the research analyzes the concept of the technology innovation ability of industrial cluster and the connotation of cluster upgrading, starting from the concept of industry cluster innovation, cluster technology innovation ability can be divided into technical learning ability, technology integration, technical coordination ability. In addition, the upgrading of industrial cluster and upgrading of industrial are two different concepts, the relationship between these two is specific and general. The upgrading of industrial cluster often contains a dominant industry and some related supporting industries, so the upgrading of industrial cluster on the one hand is upgrading of the leading industry cluster, on the other hand is a series of upgrades related to the specific organization and cluster structure. The upgrading of industrial cluster is divided into four aspects: upgrading of the dominant industrial, upgrading of knowledge networks, upgrading of efficiency of organization, upgrading of location.

Secondly, the research analyzes the development experience of clusters abroad and the current situation of the industry cluster in our country, research summarizes the experience of the successful typical industrial cluster, paper expounds the problems of the industry cluster in our country at present, the industry cluster in our country at present is locked in the global value chain. There are many reasons, but the most important one is the insufficiency of technical innovation ability.

Next, the research studies the mechanism of technology innovation ability and the upgrading of cluster, the technology innovation ability by influencing the cluster characteristics, modular cluster organization structure, the cluster effect, thus affecting the upgrading of the dominant industrial, the upgrading of knowledge network, the upgrading of efficiency of organization, the upgrading of location in detail.

Then, through the establishment of concept model of technical innovation ability affects the upgrading of the cluster, using structural equation model, draw the conclusion: technical learning ability, technology integration, technical coordination ability influence the cluster characteristics, modular cluster organization, the cluster effect, thus influence upgrading of the dominant industrial, upgrading of knowledge network, upgrading of cluster regional organization efficiency. Finally, put forward the countermeasures and suggestions.

Keywords: Industry cluster; technology innovation ability; upgrading of the industry cluster

目 录 CONTENTS

第一章 绪论·· 1
  1.1 研究背景及意义··· 1
    1.1.1 研究背景·· 1
    1.1.2 研究意义·· 2
  1.2 国内外研究综述··· 2
    1.2.1 关于技术创新的研究··· 2
    1.2.2 关于绿色创新的研究··· 4
    1.2.3 关于产业集群的研究··· 12
    1.2.4 关于产业集群升级的研究·· 15
    1.2.5 绿色创新能力与集群升级的关系研究·························· 20
    1.2.6 国内外研究现状综合评述·· 21
  1.3 研究内容与研究方法··· 23
    1.3.1 研究内容·· 23
    1.3.2 研究方法·· 23
  1.4 研究路线与创新之处··· 24
    1.4.1 技术路线图··· 24
    1.4.2 研究创新点··· 24

第二章 相关概念及绿色创新能力对集群升级的作用路径············· 27
  2.1 绿色创新相关概念··· 27
    2.1.1 绿色发展与绿色经济··· 27
    2.1.2 绿色创新及绿色产业创新·· 29
  2.2 绿色创新的影响因素··· 30
    2.2.1 制度环境对绿色创新的影响······································ 30
    2.2.2 组织支持对绿色创新的影响······································ 30
    2.2.3 资源能力对绿色创新的影响······································ 31
    2.2.4 其他因素对绿色创新的影响······································ 32
  2.3 产业集群相关概念··· 32
    2.3.1 产业集群绿色创新··· 32

- 2.3.2 产业集群绿色创新能力 ········· 34
- 2.3.3 产业升级及产业集群升级 ········· 40
- 2.3.4 产业集群升级的具体表现 ········· 43
- 2.4 我国产业集群现状及存在问题 ········· 45
  - 2.4.1 我国产业集群发展现状 ········· 45
  - 2.4.2 我国产业集群目前存在的问题 ········· 46
- 2.5 绿色创新能力对集群升级的作用路径 ········· 50
  - 2.5.1 集群组织惯域构成 ········· 50
  - 2.5.2 绿色创新能力和集群升级的关系 ········· 52
- 2.6 本章小结 ········· 53

第三章 国外产业集群的成功经验及对我国的启示 ········· 54
- 3.1 发达国家产业集群成功的经验 ········· 54
  - 3.1.1 美国硅谷高新技术产业集群 ········· 54
  - 3.1.2 日本丰田城汽车产业集群 ········· 57
- 3.2 发展中国家产业集群成功的经验 ········· 60
  - 3.2.1 印度班加罗尔软件产业集群 ········· 60
  - 3.2.2 新加坡裕廊石化产业集群 ········· 63
- 3.3 国外产业集群成功经验对我国的启示 ········· 65
  - 3.3.1 营造允许创新失败的创新文化氛围 ········· 65
  - 3.3.2 构建多主体多层次的技术协作网络 ········· 66
  - 3.3.3 政府加大扶持本土集群发展的力度 ········· 66
- 3.4 本章小结 ········· 67

第四章 绿色创新能力对集群升级的影响机理 ········· 69
- 4.1 绿色创新能力对集群组织惯域的影响机理 ········· 69
  - 4.1.1 绿色创新能力对集群组织特性的影响 ········· 69
  - 4.1.2 绿色创新能力作用下集群组织结构的改变 ········· 76
  - 4.1.3 绿色创新能力对集群组织行为的作用 ········· 80
  - 4.1.4 绿色创新能力作用下的集群组织效应 ········· 90
- 4.2 集群组织惯域对主导产业升级的影响 ········· 94
  - 4.2.1 集群组织惯域对生产效率的作用 ········· 95
  - 4.2.2 集群组织惯域对产业结构的影响 ········· 97
  - 4.2.3 集群组织惯域对产品附加值的影响 ········· 97
  - 4.2.4 集群组织惯域对市场垄断地位的影响 ········· 101

4.2.5　集群组织惯域对市场利润的影响 …………………………… 106
4.3　集群组织惯域对知识网络升级的影响机理 ………………………… 111
　　　4.3.1　集群组织惯域对知识网络结构升级的影响 ………………… 111
　　　4.3.2　集群组织惯域对知识网络关系升级的影响 ………………… 111
4.4　集群组织惯域对组织效率升级的影响机理 ………………………… 113
　　　4.4.1　集群组织惯域对集群市场协调效率的影响 ………………… 114
　　　4.4.2　集群组织惯域对集群信息传递效率的影响 ………………… 115
　　　4.4.3　集群组织惯域对集群交易效率的影响 ……………………… 115
4.5　集群组织惯域对区位升级的影响机理 ……………………………… 117
　　　4.5.1　集群组织惯域对品牌效应的影响 …………………………… 118
　　　4.5.2　集群组织惯域对区域文化嵌入程度的影响 ………………… 119
4.6　本章小结 ……………………………………………………………… 120

第五章　绿色创新能力对集群升级影响实证研究 …………………………… 122

5.1　绿色创新能力对集群升级影响的概念模型构建 …………………… 122
5.2　绿色创新能力对集群升级影响研究的问卷设计与数据收集 ……… 123
　　　5.2.1　技术创新能力对集群升级影响研究的问卷设计 …………… 123
　　　5.2.2　技术创新能力对集群升级影响研究的问卷修改与试测
　　　　　　………………………………………………………………… 129
　　　5.2.3　技术创新能力对集群升级影响研究的问卷数据收集 ……… 130
5.3　绿色创新能力对集群升级影响的数据分析过程 …………………… 131
　　　5.3.1　技术创新能力对集群升级影响研究的数据分析方法选择
　　　　　　………………………………………………………………… 131
　　　5.3.2　技术创新能力对集群升级影响研究的数据描述性统计分析
　　　　　　………………………………………………………………… 132
　　　5.3.3　技术创新能力对集群升级影响研究的数据信度和效度检验
　　　　　　………………………………………………………………… 135
　　　5.3.4　技术创新能力对集群升级影响研究的结构方程模型运行
　　　　　　………………………………………………………………… 139
5.4　绿色创新能力对集群升级影响的数据分析结果 …………………… 142
　　　5.4.1　技术创新能力对集群升级影响研究的假设检验结果 …… 142
　　　5.4.2　技术创新能力对集群升级影响研究的结构方程模型运行结果
　　　　　　讨论 …………………………………………………………… 144
5.5　本章小结 ……………………………………………………………… 152

第六章 推进我国产业集群升级的对策建议 ·············· 154
6.1 构建集群技术学习与技术集成系统 ·············· 154
6.1.1 组建并完善集群的产学研联合体 ·············· 154
6.1.2 引进世界范围领先者的先进技术 ·············· 155
6.1.3 建立产业集群内部技术集成系统 ·············· 156
6.2 推动集群组织结构模块化进程 ·············· 157
6.2.1 构建竞合关系下集群模块化生产网络 ·············· 157
6.2.2 建立合理的模块化组织利益分配机制 ·············· 158
6.2.3 加强集群组织结构模块化的金融扶持力度 ·············· 158
6.3 培育产业退出和承接的机制 ·············· 158
6.3.1 积极推进产业集群内落后产业转移 ·············· 158
6.3.2 充分打造产业集群的区位核心优势 ·············· 159
6.3.3 加强产业集群内生态环境治理活动 ·············· 159
6.4 本章小结 ·············· 159

第七章 结论与展望 ·············· 160
7.1 主要结论 ·············· 160
7.2 研究展望 ·············· 162

附录1 调查问卷 ·············· 164

附录2 变量旋转成分矩阵 ·············· 169

参考文献 ·············· 173

第一章
绪论

1.1 研究背景及意义

1.1.1 研究背景

从国际背景来看,随着要素分工逐步深化,技术创新已经成为衡量一个国家综合实力的重要指标,创新对经济发展的贡献率已经远远大于物质性生产要素对经济发展的贡献率。20 世纪 80 年代,作为全球经济霸主的美国,为了获取更强劲的发展动力,制定了诸多鼓励自主创新的重要措施:对内制定鼓励创新的财税政策,大力推进技术转移与扩散,扶持高新技术产业;对外积极引进世界各地高、精、专的技术人才,为国内产业发展注入源源不断的创新动力。而我国产业集群在发达国家绿色创新势头强劲的大背景下,受到技术基础和绿色创新条件的限制,只能依靠低廉劳动力成本吸引发达国家将技术含量较低的生产制造环节转移到我国境内。

作为创新驱动和绿色发展两大国家发展理念的结合点,中小企业绿色创新是实现经济和生态"双赢"效益的路径选择,也是我国生态文明建设和美丽中国建设战略的重要微观基础。然而现实中我国企业普遍存在绿色创新动力不足、实践缺乏的现状。现有研究尚未深入揭示绿色创新"为何""如何"贡献于可持续发展的理论本质和实践规律。

我国产业集群处在全球价值链"低端锁定"状态。由于缺乏核心技术,这种"技术空心化"发展方式使我国产业集群在全球价值链上只能处在低附加值环节,无法攀升至价值链的核心环节。因在全球分工体系中处在附属地位,我国产业集群获取的利润非常微薄。为了寻求发展,我国产业集群试图通过与全球价值链上发达国家产业集群的业务合作获得新技术、先进管理经验、营销渠道,向着高附加值环节攀升。但是,发达国家产业集群在我国产业集群升级活动中并没有起到积极作用,反而进行一系列"技术阻挠"活动,对核心技术进行严格"技术封锁",我国产业集群获取新技术的溢出非常困难。所以我国产业集群通过自主创新完成升级显得非常紧迫。

从国内背景来看,随着经济发展进程加快,我国出现了土地资源浪费严重、生态环境遭到破坏、资源约束日益突出等问题,严重影响我国经济的可持续发展。随着生态环境与经济发展之间矛盾日益尖锐,通过产业升级寻求一种更绿色的生产方式迫在眉睫。

目前的国际背景和国内背景都凸显了我国产业集群升级的必要性和迫切性。

1.1.2 研究意义

(1) 理论意义

当前,国内外学者从绿色创新角度研究产业集群升级的成果很多,但是系统地对绿色创新能力和集群升级之间关系进行深入研究的不多,特别是从绿色创新能力通过影响集群组织特性、集群组织结构、集群组织行为、集群组织效应作用于集群升级这个视角来研究集群升级机制的成果较少。所以,本研究将绿色创新能力、集群组织特性、集群组织结构、集群组织行为、集群组织效应同时纳入研究中,对绿色创新能力影响集群升级的作用机理进行深刻剖析,以期在一定程度上完善我国产业集群升级方面的研究。

此外,产业集群作为一种在特定区域中相对集中、互相关联的企业或机构的集聚体,其升级与传统意义上的产业升级并不等同。许多研究往往将二者作为一个概念论述,模糊了二者之间的区别。产业升级是由低技术水平和低附加值状态向高技术水平和高附加值状态演进的过程,集群升级可以看作是一个特定集聚体边界内或组织范围内的产业升级,这意味着集群升级不仅包括产业升级,还包括与集聚体或组织结构密切相关的一系列升级。集群升级作为产业升级的一种具体形式,有不同于产业升级的方面,更有其特殊性和研究价值。所以,对产业集群升级进行专门的研究具有更深刻的内涵和意义。

(2) 现实意义

为了让我国产业集群走出全球价值链"低端锁定"的尴尬处境,我国政府制定了一系列鼓励企业自主创新的政策,鼓励企业通过绿色创新来实现产业结构优化升级。本研究结合实证分析方法,在对绿色创新能力推动集群升级内在机理的研究基础上,在推动我国产业集群顺利升级的目标下提出了对策建议,对我国产业集群升级实践有一定的现实意义。

1.2 国内外研究综述

1.2.1 关于技术创新的研究

国外学者 J. A. Schumpeter(1934)首次从经济学的角度提出技术创新理论。

Schumpeter认为创新是把一种以前从来没有过的,关于生产要素的"重新组合"引入生产体系中来。这种生产要素的重新组合包括:引进新产品;引用新技术;开辟新的市场;控制原材料新的供应来源;实现工业的新组织[1]。Schumpeter所提出的创新概念的内涵是非常宽泛的,既包括技术创新,也包括市场创新和组织创新。Solow(1956)提出技术创新成立的两个条件,即思想来源和以后阶段的实现发展。这个"两步论"被认为是技术创新定义研究上的一个里程碑[2]。Freeman(1984)明确提出,技术创新就是指新产品、新过程、新系统以及新服务的首次商业性转化[3]。Mueser(2001)认为"技术创新是以其构思新颖性和成功实现为特征的有意义的非连续性事件",简要地说明了技术创新的本质和特征[4]。

Etzkowitz和Leydesdorff(2000)提出三重螺旋理论,他们认为企业和政府之间的协调不再需要特定工业企业和政府部门之间的分别运作,各部门之间是以全局性的姿态,采取正式的合作结构和联盟形式来合作,贸易团体则为打破技术锁定提供了新的观念[5]。Etzkowitz还说明了创新三重螺旋理论在知识的创造、扩散和利用方面产生和变化的四个步骤:①在每条螺旋线上都有内点的角色变换,高校不仅起到教育培养学生和从事科学研究的作用,也承担了知识应用化的重任,企业间也可以建立起研发的联盟;②螺旋线的互相影响;③三条螺旋线上的网络和组织产生新的三重关系,从而促进了组织的创造性和区域内的内聚性;④螺旋体对各创新主体甚至更大范围内社会产生的递归效应。三重螺旋理论就是利用一个螺旋形的创新模型来描述知识商品化的不同阶段以及不同创新主体(企业、政府、高校)之间的多重相互关系,见图1.1。三重螺旋理论的核心在于,随着知识经济的发展,科研机构和高校成为主要知识资产来源。在成熟的创新系统内,科研机构和高校通过其组织结构中的研究中心、科研小组以及研发人员等建立起与市场经济活动的良好接口,发挥了重要的技术创新辐射作用。

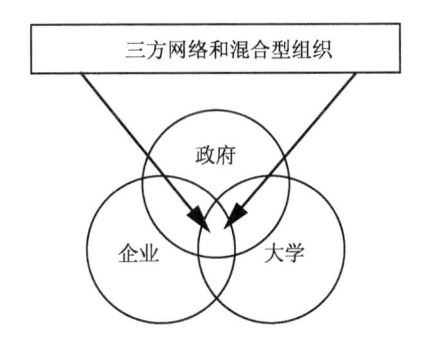

图1.1 三重螺旋模型示意图

20世纪80年代以来,我国许多学者在国外研究的基础上,从不同角度对技术创新进行了深入细致的研究。以下列举几种具有代表性的研究。

程源,傅家骥(2002)认为技术创新是企业家抓住市场潜在的盈利机会,以获取商业利益为目标,重新组织生产条件和要素,建立起效率更高、费用更低的生产经营方法,从而推出新产品、新工艺,开辟新市场,获得新的原材料或半成品供应,以及建立新的企业组织的综合过程,它包括了科技、组织、商业以及金融等一系列活动[6]。彭玉冰、白国红(1999)认为技术创新是企业家对企业的生产要素、生产条件以及生产组织进行重新组合,以建立效能更好、效率更高的新生产体系,获得更大经济利益的过程[7]。谢洪明等(2006)认为技术创新是将新的概念通过新产品、新工艺以及新的服务方式进入市场中,从而创造新价值的一个过程[8]。

易显飞等(2006)按照创新的技术来源与创新活动方式,综合经济学家安索夫、弗里曼和我国学者傅家骥先生的观点,将其划分为领先创新、模仿创新与合作创新三大类[9]。吴贵生(2000)指出技术创新的三点特征:①技术创新是基于技术的活动;②技术创新依据的技术变动有较大的弹性;③技术创新是技术和经济结合的概念。从本质上说,技术创新是一种经济活动,是以技术手段实现经济目的的一种活动[10]。

总的来看,国内外学者主要从两个方面对技术创新进行研究:①从过程的角度研究技术创新,分析技术创新的不同阶段应包含哪几个环节;②从要素组合的角度定义技术创新。为了顺应技术创新与制度创新两种理论分久必合之势,对技术创新的研究集中在以下几点:①在过程方面涵盖从创新概念的产生到实现市场价值的全过程;②对技术的理解宽泛化,包含了传统的生产技术、经营、管理和组织技术等;③创新的内容既可以是产品、工艺创新以及组织的创新,也包含各类创新的组合[11]。

在技术进步以及经济增长过程中,技术创新起着十分重要的作用。科学技术要想成为推动经济增长的主要力量,首先必须从知识形态转化为物质形态,从潜在的、概念化的生产力转化为现实的生产力。而此种转化正是在技术创新这一环节中实现的。技术创新实现了经济与技术的结合。

1.2.2 关于绿色创新的研究

在 WOS 数据库中,选择"SCI-EXPANDED""SSCI""CPCI""CPCI-SSH"为数据源,以"TS=[(green OR ecological) AND innovation]"为检索式,即检索主题包括 green innovation 或 ecological innovation 的文献,检索年限为 2012—2018 年;检索 CSSCI 数据库,选择"高级检索"方式,检索式为"关键词=(绿色 OR 生态)AND 创新",检索年限同上。为方便进行工具的识别,导出符合标准的"TXT"格式文献,以统计的方式对初步检索、筛选出的文献进行归纳和整理,纳入文献类型为 Article(WOS) 和期刊(CSSCI)的文献摘要,并剔除重复文献,分别得到来自 CSSCI 与 WOS 数据库的有效文献 896/2 804 篇。运用如下方法对绿色创新成果进行系统分析:①文献计量学法:基于文献体系与文献计量特征,运用图书情报学相关理论进行定量分析,以搭建出领域主体框架,从而为研究者探讨学科发展的分布结构和变化规律提供重要参考依据。本研究试图运用该方法对绿色创新研究的前沿热点、演变态势的异同关系进行评价和梳理。②知识图谱法:稀疏矩阵在储存概念间的关系时被广泛使用,然而稀疏矩阵具有绝大部分元素为 0 的局限,不但浪费存储空间,而且很难从矩阵中发现概念间的潜在联系。知识图谱则可以很好地避免这一问题,其采用一种直观的、可视化的形式效率极高地体现概念间关联。知识图谱主要元素为节点与边,使用节点标识各研究概念,使用边凸显两个节点概念的关系,边的权值一般代表概念共现的次数,并运用拓扑理论,通过结构分析获知中心度较高的知识节点,通过网络路径分析识别特定领域发展轨迹,采用网络聚类分析清晰呈现密切关联的知识单元。③共现分析法:核心思想是两个关键词概念若总是存在于同一文本之中,则这两个关键词概念具有关联的概率就比较大。针对同一文献内关键词展开统计分析,并且设置关键词共现频次阈值用于排除微弱关联,采用相似性计算与聚类分析方法判别词间关系,挖掘研究主题间的显性热点和隐性方向,从多个角度提炼领域内不同主题间的相关关系以及研究主题的演化态势。

(1) 文献年度发文量演变情况

文献量的多少与发表时间的远近之间的关系可以在一定程度上体现出某一研究主题所受到的关注度的变化趋势,在衡量关注度、明确相关领域研究发展方向方面具有重要作用。基于数据统计,考虑时序规律以及数量变化,本研究对国内 896 篇绿色创新相关文献及国外 2 804 篇绿色创新相关文献进行时序疏理,如图 1 所示。

从整体上看,在绿色创新这一研究领域,文献总发表数量增加明显,尤其在近几年,呈现出逐年递增的趋势。其中,国外相关领域的文献增速较快,增长的态势显示出指数增长的形式,国内相关领域的文献增速较慢。国内外相关主题文献发表数量在时序上可以明显地区分为两个阶段:2012—2015 年,国外相关文献数量缓慢提升,研究热度持续上升;2015—2018 年,文献数量飞速上升,于 2018 年达到峰值 678 篇,表明绿色创新研究逐渐形成热潮,为本领域的成长阶段。国内绿色创新研究与国外情况大体相似,分为两阶段:2012—2015 年为起步期,研究成果少,文献数量极为有限,增速极为缓慢,三年内仅增长 67 篇;2015 年后半年开始,国内学者发文曲线增长稍快,发文量逐年小幅度攀升,表示领域研究刚刚起步,处于新概念引入阶段,关注度并不高,直至 2018 年,国内相关研究的发文量仍处较低水平。

从文献总量上看,国外该领域文献数量远远超过国内该领域文献研究数量,并且这种差距呈现越来越明显的态势。根据此曲线也可得知,目前国外学术界对绿色创新的研究持续升温,发展前景巨大,而国内绿色创新研究起点较晚,且未呈现较大升温态势。

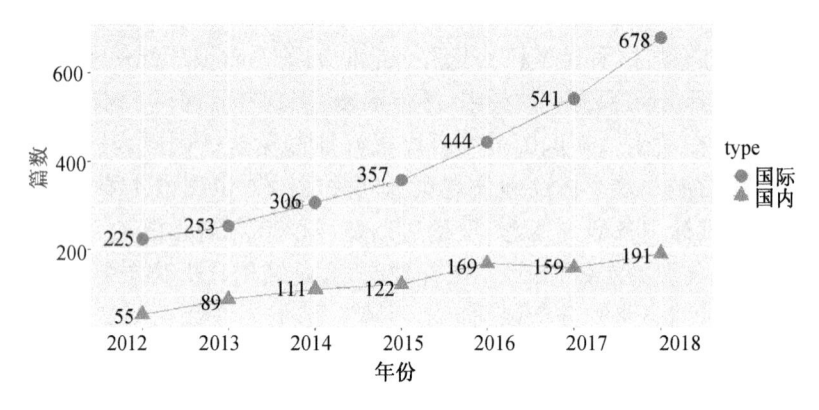

图1.2　发文量年度分布图

（2）关键词分析

①基于关键词的前沿热点探测

使用关键词分析追踪、研究绿色生态创新领域研究主题与动态变化:在CiteSpace中导入收集的CSSCI文献信息集合,时间跨度为1998—2018年,将时间分区设为"Year Per Slice";节点类型选择"Keyword";词源选择"Author Keyword(DE)";阈值选取方法为"TORN",国内相关阈值定为20,国外为30,并采用"Pathfinder"网络兼职算法对图谱进行修剪,其他参数不变。多次合并同义词,最终得到基于关键词所呈现的绿色生态创新研究知识图谱,其中国内关键词共现图谱中含有110个节点,128条连接;国外则有147个节点,174条连接。该结果表明共现图谱聚类结构合理,各聚类同质性较好。

图1.3　国内关键词知识图谱　　　图1.4　国外关键词知识图谱

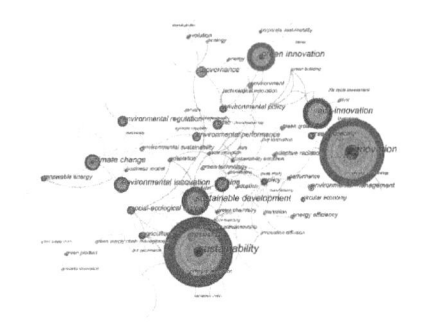

对比上述知识图谱差异特征可以发现,国内外绿色创新研究热点既有区别又有联系:第一,国内外研究均将绿色创新和财务绩效间相关性作为研究关键,其共同关键词主要涉及"绩效考核""财务绩效""企业财务绩效"等;第二,以利益相关者理论为依托,国内外学者不约而同地将绿色创新研究作为该领域研究的基础和一个重要的量化标准,"利益相关者""利益相关者理论"等均出现在关键词中;第三,国内外学者在绿色创新行为对企业作用方面的看法具有共性,认为绿色创新是企业可持续发展的必要条件和创造竞争优势的重要手段,对企业有着深远的影响,相关的共同关键词包括"可持续发展""竞争优势"等;第四,在研究视角方面,国内外相关研究不约而同地聚焦消费者视角下的绿色创新,其共同关键词包括"消费者""企业声誉"等;第五,国内外绿色创新行为均注重考察公司治理同绿色创新行为的关系,通过改善治理结构促进绿色创新,他们共有的关键词主要是"公司治理""治理"等。

②关键词聚类图谱分析

为深度发掘国内外绿色创新热点主题共现关系,明确其分布的差异与共性,在 CiteSpace 中使用"Cluster View"(聚类视图)对上述关键词图谱开展聚类分析。可视化结果显示,国内研究成果中的关键词聚成 18 个类团(如图 1.5 所示),通过合并整理,将 18 个类团划分成 9 大主题热点;同理,对国外关键词进行聚类分析,梳理后同样可得到 9 大热点(如图 1.6 所示)。

图 1.5　国内关键词聚类图谱　　　　图 1.6　国外关键词聚类图谱

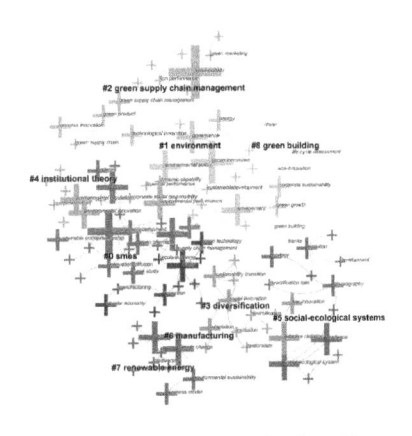

通过对关键词共现及词频分布的分析可以看到,从相同点来说,国内外绿色创新研究都重点研究绿色创新与财务绩效之间的关系,将利益相关者理论作为该领域研究的基础,用利益相关者理论量化、对标绿色创新研究,重视绿色创新对企业生存、发展的影响,将其看作是企业可持续发展的必要条件,重视从消费者视角出发,考察、剖析绿色创新,更加注重考察公司治理同绿色创新之间的关系。从不同点来看,国内绿色创新研究侧重从生态系统、金融支持、产业集群、孵

化器、产权性质、跨国公司、供应链等视角展开分析,而国外绿色创新研究则侧重从合法性、战略性意义、能源效率等视角展开分析。

(3) 共被引分析

①作者合著网络分析

通过作者间合著关系构建的作者共现网络可以直观展现出绿色生态创新领域学术群体的合作情况。节点类型为"Author",国内相关阈值设定在50,国外则设定在10。不进行网络剪枝,其他按照上节所示情况配置参数,得到如图1.7、图1.8所示的作者合著网络。节点用于标识作者,节点之间连接表明合著关系。结果显示国内网络中共有个140节点,92对连接,国外网络中共有个203节点,155对连接。与国外众多的网络节点与网络连接相比,国内合作网络联系松散,结构不稳定,目前已存在的合作关系大多数是以地缘相近为契机,并未建立起一个真正的成熟稳定的基于研究方法与研究内容的学术团队,在图1.7中显示出以杨朝均、田红娜等学者为中心的一些相对较大的作者聚类群,但是绝对规模仍不大。

图1.7 国内作者合著网络　　　　**图1.8 国外作者合著网络**

②作者同被引网络分析

某一作者被该领域的其他作者所引用,表明其在理论或方法上对引用者起到了参考作用,因此依据某领域中作者被引次数进行分析,可以体现被引用者在该领域的贡献力和中心度。同被引网络进一步以网络形式彰显研究领域的学术团体。剔除匿名被引作者"anonymous",导入文献信息,时间跨度为2012—2018年;节点类型"Node Type"选择"Cited Author";国内数值设为10,国外数值设为30;网络剪枝算法为"Pathfinder",其他选项不变,构建作者共被引分析知识图谱(如图1.9、图1.10所示)。可视化结果显示国内网络中共有个118节点,232对连接,国外网络中共有个79节点,84对连接。

③机构合作网络分析

导入文献信息,时间跨度为2012—2018年;节点类型"Node Type"选择"Institution";国内数值设为50,国外数值设为20;网络剪枝算法选择"Pathfinder",其他选项不变,构建机构合作知识图谱(如图1.11、图1.12所示)。可视化结果显示国内网络中共有个 50 节点,4 对连接,国外网络中共有个 189 节点,176 对连接。

图 1.9　国内作者同被引网络

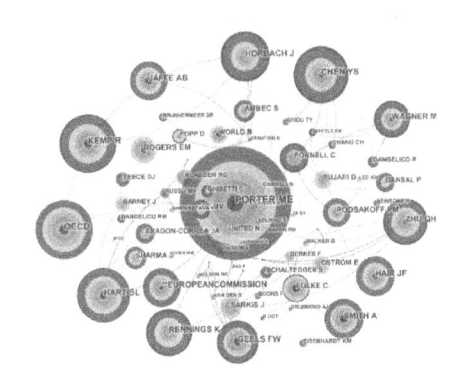

图 1.10　国外作者同被引网络

图 1.11　国内机构合作网络

图 1.12　国外机构合作网络

④期刊被引分析

一般来说,论文被引次数越多,该期刊学术价值越高。因此绘制期刊同被引网络:节点类型选择"Cited Journal",国内数值设为 30,国外数值设为 50,网络剪枝算法选择"Minimum Spanning Tree",其他参数不变,国内得到图 1.13 所示的有 98 种期刊,160 类同被引关系的期刊同被引知识图谱。图 1.14 所示的国外期刊同被引图谱有 87 种期刊,89 类关系。国内该领域的核心期刊集中度比较高,呈现出"多核多强"的态势,相对我国而言,国外该领域的核心期刊集中度稍显松散。这也说明了在国外,绿色创新是一个多学科融合的领域,而在国内,绿色创新研究多集中在管理领域,并未向别的领域拓展。

⑤引文分析

导入文献信息,时间跨度为 2012—2018 年;节点类型"Node Type"选择

"Reference";国内外数值设为 20;网络剪枝算法选择"Pathfinder",构建引文分析知识图谱(如图 1.15、图 1.16 所示)。可视化结果显示国内网络中共有个 159 节点,297 对连接,国外网络中共有 93 个节点,101 对连接。

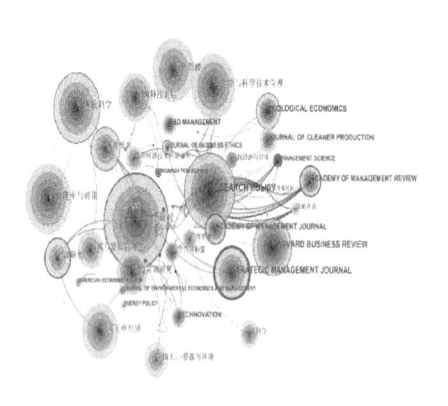

图 1.13　国内期刊同被引网络 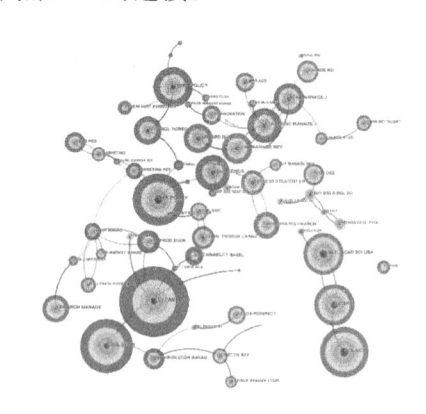　　　　图 1.14　国外期刊同被引网络

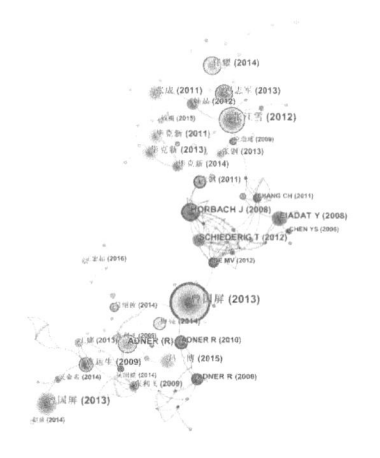

图 1.15　国内引文网络 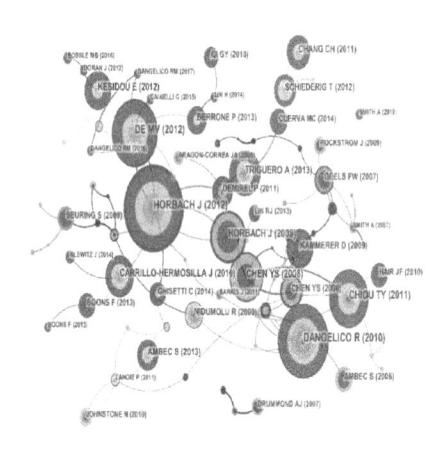　　　　图 1.16　国外引文网络

(4)基于突变率检测的发展趋势分析

①突现词分析

突发性检验技术通过提取某研究领域文献信息集合中不同年份下出现频次突增的关键词(即突现词)来描写该领域前沿主题及发展趋向。基于 CiteSpace 提供的"Burstness"进行突现词分析,获得国内外绿色创新相关领域突现词,用以深入探讨国内外绿色创新研究热点差异。

②基于关键词的主题演进趋势

随着绿色生态创新研究的多元化,在不同的时间区域内会呈现不同的研究热点,需要对这近十年的文献进行时间段划分,以更好地观察研究热点迁徙。利用 CiteSpace 的"TimeLine View"(时间线视图)以时间演进的形式分主题构造关键词的时区分布图谱(如图 1.19 和图 1.20 所示),探寻绿色生态创新领域的主题变化规律。图中横坐标为时间,纵坐标为主题名称,每一个节点代表一个关键词,根据其首次出现的时间放置在不同的时间线内。节点间的连线代表相应关键词之间的共现关系,连线的紧密程度和共现频次呈正相关关系。

Top 11 Keywords with the Strongest Citation Bursts

Keywords	Year	Strength	Begin	End	2012 - 2018
战略性新兴产业	2012	2.8129	2012	2014	
绿色创业导向	2012	2.5823	2012	2013	
自主创新	2012	2.5682	2012	2013	
绿色工艺创新	2012	2.9667	2012	2015	
制度创新	2012	2.6483	2013	2014	
理论创新	2012	2.5633	2014	2015	
商业生态系统	2012	2.1331	2014	2015	
创新能力	2012	2.3207	2015	2016	
协调	2012	3.0113	2016	2018	
绿色发展	2012	3.3373	2016	2018	
案例研究	2012	2.3356	2016	2018	

图 1.17 国内研究突现词表

Top 17 Keywords with the Strongest Citation Bursts

Keywords	Year	Strength	Begin	End	2012 - 2018
biogeography	2012	3.5061	2012	2013	
energy	2012	2.4922	2012	2014	
green marketing	2012	2.5006	2012	2013	
diversification rate	2012	2.5006	2012	2013	
evolution	2012	3.5867	2012	2013	
environmental management	2012	4.4464	2013	2015	
india	2012	3.3719	2013	2015	
green growth	2012	3.2763	2013	2014	
energy efficiency	2012	3.7552	2013	2016	
performance	2012	2.6178	2013	2014	
adaptation	2012	4.0027	2014	2015	
environment	2012	4.2744	2014	2015	
sme	2012	2.8376	2014	2015	
public policy	2012	2.8089	2015	2016	
green technology	2012	2.2035	2016	2018	
environmental sustainability	2012	2.4208	2016	2018	
ecology	2012	3.2229	2016	2018	

图 1.18 国外研究突现词表

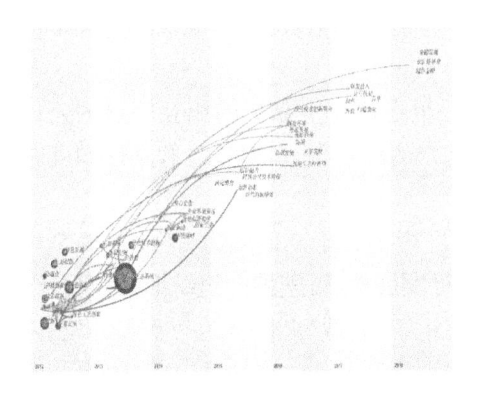

图 1.19 国内研究关键词时区分布图谱 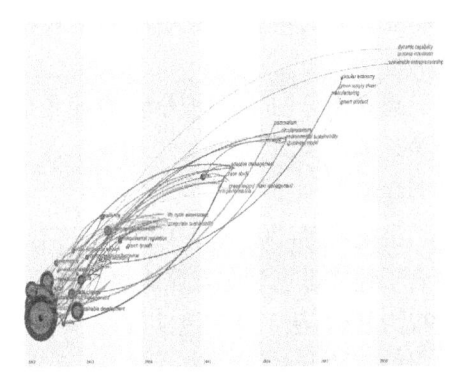　　图 1.20 国外研究关键词时区分布图谱

从突现词表与关键词时区分布图谱可以看出,国内通常运用单理论视角就企业绿色创新诱发因素开展研究,大多只考察诱发因素对绿色创新的直接影响,整合不同理论视角来探讨多个诱发因素对绿色创新的交互效应的研究尚不多见;国内现有研究以大样本定量研究为主,严谨规范的质性研究比较匮乏,且国内外绿色创新研究均将制度因素作为未来的研究重点;国内绿色创新研究重点关注其与企业绩效的关系作用,国外绿色创新研究则开始尝试学科交叉分析,将政治学相关概念与理论引入相关研究中。

1.2.3 关于产业集群的研究

(1) 产业集群的概念

用"产业集群"(Industrial Cluster)一词对集群现象的分析,首先出现于 Michael Porter 于 1990 年发表的《国家竞争优势》一书。Porter(1990)认为,产业集群是在某一特定领域内互相联系的、在地理位置上集中的公司和机构集合。产业集群包括一批对竞争起重要作用的、相互联系的产业和其他实体。产业集群经常向下延伸至销售渠道和客户,并侧面扩展到辅助性产品的制造商,以及与技能技术或投入相关的产业公司。产业集群还包括提供专业化培训、教育、信息研究和技术支持的政府和其他机构[12]。

Raphael(2013)对产业集群的定义是:为了获取新的互补技术,从互补资产和知识联盟中获得收益,加快学习过程,降低交易成本,克服或构筑市场壁垒,取得协作经济效益,分散创新风险和相互依赖性很强的企业(包括专业供应商)、知识生产机构(大学、研究机构和工程设计公司)、中介机构(经纪人和咨询顾问)和客户通过增值链相互联系形成的网络,这种网络就是集群[13]。

在国内,仇保兴(1999)是较早对产业集群进行研究的学者,他称其为企业集群,并将其定义为:在一个特定的产业或产品生产过程中,在某一地域聚集了大量相互关联的企业和相关机构,依靠相对稳定的劳动力分工,形成了具有竞争优势的群体[14]。

魏守华等(2002)则认为:产业集群是一组在地理上靠近的相互联系的公司和关联的机构,它们同处或相关于在一个特定的产业领域,由于具有共性和互补性而联系在一起[15]。

吴晓波等(2003)则从组织对产业集群进行了界定。他认为:产业集群是一种介于纯粹市场和完全层级组织之间的一种发展性、可塑性的组织形式;它是以产权为基础,从正规制度实现内部约束力的组织(企业)向以契约为基础、以法律实现外部约束力的组织(市场)过渡阶段的组织形式;它是利用区域组织内各企业之间的知识来实现核心能力的分享,并借助于信任和承诺维系组织的存在从而推动组织发展的一种创新的组织形式[16]。

结合国内外学者的研究成果,本研究采用的产业集群的定义是:为了获取新的和互补的技术、从互补资产和利用知识的联盟中获得收益、加快学习过程、降低交易成本、克服或构筑市场壁垒、取得协作经济效益、分散创新风险,相互依赖性很强的企业、科研院所及高校、政府部门、中介机构和金融机构通过相互联系形成的网络。

(2) 产业集群绿色创新能力的内涵研究

有关绿色创新能力的研究一直集中在宏观(国家)和微观层面(企业),而很少有文献探讨产业集群的绿色创新能力,从这个角度而言,本研究对于绿色创新能力的讨论不失为一种有益的补充。产业集群绿色创新能力包含哪些要素?在适当的安排下,它们之间会产生什么样的正式或非正式关系呢?为回答上述问题,本研究提出产业集群绿色创新能力体系的要素结构模型。尽管现有文献中,明确的以集群绿色创新能力为主题的研究还不多,但已有的绿色创新能力要素研究还是可以为本研究提供理论借鉴,根据对现有文献的回顾,可以对绿色创新能力要素的研究做简要归纳。综合起来,应该说基本涉及绿色创新能力的各个方面,对各类要素进行适当分类,并阐述要素之间的关系,是非常有必要的。

表 1.1 绿色创新能力结构解析与相关研究

学者	构成	不足及对本研究的借鉴意义
ESCAP (2014)[17]	宏观绿色创新能力包括人员、组织、设备和信息四要素	仅考虑国家层面的绿色创新能力
Korshunov 等 (2014)[18]	元能力、构架能力	对本研究的集群绿色创新能力研究有一定的借鉴性,但要素内涵上存在区别
Dasgupta (1988)[19]	人员技能系统、物质技术系统、管理系统和价值观	仅考虑微观层面的绿色创新能力
赵晓庆、许庆瑞 (2002)[20]	绿色创新能力战略、外部关系网络、技术元、技术组织整合	微观层面的绿色创新能力,涉及的要素全面,但缺乏要素内部关系的探讨
魏江 (2003)[21]	面向集群生产系统的完整能力体系,包含不同生产单元的多种绿色创新能力	没有深入解析能力要素结构
朱海就 (2004)[22]	由网络的创新能力、企业的创新能力和创新环境(表现为创新支撑能力)三个部分组成	

基于以上分析,考虑到绿色创新能力的本质是知识这一客观事实,又结合产业集群作为集群成员企业和使能机构联合治理的产业网络的结构特征,本研究定义产业集群的绿色创新能力为:产业集群的绿色创新能力是集群所拥有的一种知识体系,它反映出产业集群内在的绿色创新的潜力和实力,凭借它能够推动产业集群不断实现绿色创新的,通过集群成员的技术学习活动积累起来的,嵌入在集群知识网络内部并附着在集群成员企业、使能组织、当地政府及其构架机制的所有内生化知识的总和。产业集群绿色创新能力反映的是集群内在技术潜力和实力。这表明,产业集群绿色创新能力的目的是为实现集群绿色创新,集群绿色创新绩效通过新产品开发、创新工艺等外在形式得以表征。内在则由两种能力要素即元能力要素和构架能力要素组成,也就是由集群成员企业、使能机构、

当地政府及其构架机制决定。关于这一概念,有以下几点需要强调。

第一,产业集群绿色创新能力从其归属来看具有个体性。由于集群生产系统为集群知识网络所分散治理,因此指向前者的集群绿色创新能力体系必然分布于各个网络成员中。这些网络成员依据自身的战略,通过作用于自身的人力资源、设备、信息和组织等要素,能动地控制能力的获取、积累和利用。因此,集群绿色创新能力能否提升,关键在于集群网络中的各成员企业,尤其是集群中的骨干企业。如果集群成员企业都能够通过持续有效的技术学习活动来积累知识,那么集群整体的知识存量自然会增加,从而正向作用于整个生产系统的价值创造。

第二,产业集群绿色创新能力是一个完整的能力体系,是面向整个集群知识网络系统的,其内容相对于单个主体的绿色创新能力而言更为丰富,这也是产业集群绿色创新能力最本质的特征。一个集群中有许多不同的主体,集群的绿色创新能力不是这些单个主体知识资源的叠加,集群绿色创新能力不体现在单个的主体中,而是不同主体知识的"构架"。主体之间的构架形成集群知识网络,不同主体的相互作用决定集群绿色创新能力的大小。Johnasson(1996)指出,绿色创新是知识网络中各行为主体之间信息连接的结果,它来自于知识网络中特定的专业知识和知识诀窍的创造性整合。知识网络是产业集群能力体系的"骨架",而成员企业、使能组织、当地政府则是集群知识网络结构上的一个个主体(单元),在这些主体之间存在着多元的、交互的、非线性的、强耦合的相互构架关系,由此形成一个有机整体——产业集群绿色创新能力体系[23]。从这个意义上也可以说,产业集群绿色创新能力就是"产业集群知识网络的绿色创新能力"。

本研究将在国内外研究成果的基础上,结合知识网络理论、产业集群理论和现有其他绿色创新能力结构研究以及对集群的调查,对产业集群绿色创新能力体系要素做进一步扩展,提出由企业、使能组织、当地政府及其构架机制组成的产业集群绿色创新能力"三元一构架"模型。

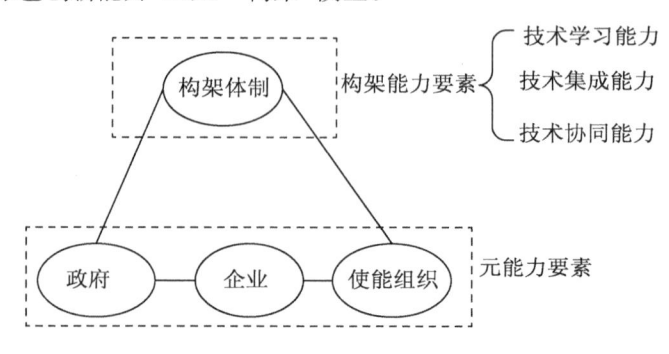

图 1.21　产业集群绿色创新能力"三元一构架"体系构成

1.2.4 关于产业集群升级的研究

(1) 集群升级概念界定

国内外学者对集群升级概念的研究视角很多，概括起来主要有以下几种：第一种是从集群在全球价值链上获取附加值高低来看，Gereffi(1999)，Autio 等(2000)，武云亮(2008)，刘芹(2007)，梅丽霞(2005)，段文娟(2007)等将集群升级看作是集群在全球价值链上获得更高附加值的能力[24—29]。Gereffi(1999)认为集群升级不仅是市场利润获取能力的提升，还包括向着更具知识密度的关键业务环节攀升能力的提升[24]。Gereffi 是较早认识到产业集群升级中所占据价值链环节层次问题的学者，最初把产业集群升级分成了四个层次，第一个层次是产品层次上的升级，就是同类产品在工艺上从简单到复杂的过程；第二个层次是产业经济活动的升级，是产业设计能力、生产能力和营销能力不断得到提升的过程；第三层次是经营业务从生产制造组装向更高附加值环节的营销活动拓展；第四个层次是链层次上的升级，也可以称之为部门间层次上的升级，指从低附加值的劳动密集型产业向高附加值的知识密集型产业进行跨越转型。Jantunen(2005)在 Gereffi 的研究基础上对集群升级本质是集群在国际分工体系中获得高额市场利润的观点进行论证后又提出了一种新的产业升级分层次方法[30]，从企业的角度出发将产业升级分为四层次，第一层次是工艺流程升级，所谓工艺流程升级是指通过引进技术或者是重新组织生产工艺系统，使投入更高效地转化为产出，企业生产工艺升级是最初的升级形式；第二层次是产品升级，通过建设更高端更科学的生产体系使产品附加值和技术含量得到提升；第三层次是功能升级，企业为了获得全球价值链上例如设计或营销等更好的功能不惜放弃现有业务，向着能获取更高利润的研发、设计等业务环节转变，现在受到学者们普遍认可的功能升级路径是：初级制造—代工生产—设计制造—形成品牌；第四层次是部门间升级，也被称为链升级，是指将积累的技术能力应用在新领域或者投向新价值链，例如台湾信息产业集群企业在电视机制造环节中积累了一定的技术能力，在时机成熟时将业务转向利润更高的显示器生产上，进而再寻找机会向能获取更高利润的电脑主机生产环节攀升。综合比较，国内外学者广泛接受的是对产业集群升级进行四层次划分的观点。

从产业集群发展角度来看，谢先达等(2006)认为集群升级本质是产业集群可持续发展[31]。杨忠泰(2006)通过对我国高新技术产业发展历程进行研究后提出，产业集群升级问题最终都归到产业集群可持续发展问题上来[32]。郭金喜(2007)认为，集群在发展过程中遇到的种种问题会让集群成长受到影响，而绿色创新能帮助企业克服这些问题，跳出走向衰退的路径[33]。从产业集群在市场中的竞争力角度来看，Porter(1990)认为集群升级就是产业集群竞争力获取过程[12]。Blang(1997)从宏观角度来界定产业集群升级概念,认为产业升级的理论本质是国家在资本丰裕度和其他资源相比具有绝对优势时,选择优先发展技术密集型产业所具备的得天独厚的竞争优势[34]。Granovetter(1985)将集群升级理解为集群中各个企业都实现从劳动密集型向知识密集型生产方式转变的过程[35]。

综上所述,集群升级是集群利用各自特有的内生优势,以集群组织特性为基础,充分挖掘和提升集群内部区域性资源,通过增强集群企业绿色创新能力来完善集群知识网络和规避集群路径依赖风险,迅速应对全球产业环境的动荡,更好地融入全球价值链中进行价值创造活动,并寻找适当时机向关键环节迈进的行为过程。

在产业集群升级维度划分方面,Gereffi(1999)将集群升级分成四种,即企业内部升级、企业之间升级、本地或国家内部升级以及国际性区域升级[24]。Schmitz(1995)将升级划分为三种维度:工艺流程升级、产品升级和功能升级[36]。Kaplinsky等(2002)从价值链升级的角度划分产业集群升级,认为主要有四种升级类型,即过程升级、产品升级、功能升级和(产业)链升级[37]。2004年,Sehmitz又提出一种新的升级维度——交叉产业部门升级[38]。Kishimoto(2004)提出可将产业集群的升级区分为产品升级、功能升级、过程升级和部门间升级[39]。我国学者梅丽霞等(2005)将产业集群升级分为5个维度,即技术能力升级、创新能力升级、外部关联升级、社会资本升级、区域创新系统升级[28]。

结合已有的研究和我国产业集群升级实际状况,本研究把我国产业集群升级确定为三个维度,即工艺流程升级、产品升级和功能升级。基本含义如下:工艺流程升级,是指产业集群通过对生产体系内各结构要素的重组来提高投入产出效率,例如产业集群企业通过提高原料利用率或存货周转率,促进集群企业之间更及时有效的产品、服务交付等;产品升级,是通过改进现有产品的功能、用途或通过引进新产品来增加单位产品价值,更好地满足市场需求,表现为集群企业能使产品的质量更好、功能更多、更具独特性,产品上市周期更短等;功能升级,是集群企业进入高附加值环节,企业改变在价值链中所处位置,比如位置从传统制造生产环节向下游的营销环节或向上游的设计环节改变。

(2) 产业集群升级本质

产业集群升级是从Gereffi(1999)的产业升级发展理论演化而来,按照Gereffi的观点,集群企业要想从劳动密集型向技术密集型或者资本密集型转变的必由路径就是产业集群升级[24]。Porter(1990)认为保证产业集群具有持续竞争力的最好办法是生产出更好的产品,提高投入产出效率,重视更需要技能的生产制造环节,并将产业集群升级分为产品升级、效率升级和生产环节升级三种形式[12]。Humphrey和Schmitz在2000年提出,产业集群升级动力是价值链治理和企业对技术的学习整合吸收,将产业集群升级定义为在全球价值链理论指导下的产业集群获得高附加值的过程,并进一步将产业集群升级归纳为四种模式:工艺流程的升级、产品的升级、功能的升级、链条升级[40]。曹群(2006)提出影响集群发展的因素有两种,即内生性与外生性的集群发展因素,这两种因素共同作用于集群发展过程其实是推动集群升级的过程[41]。Humphrey 和 Schmitz(1998)指出创新是产业集群升级的本质,创新能为集群带来更高附加值[42]。梅丽霞、柏遵华和聂鸣(2005)提出,产业集群升级主要包含3方面内容:集群绿色创新能力升级、集群知识系统的更新与升级和集群的社会资本逐渐丰裕与深厚,产业集群升级本质是产业集群在全球价值链上获得较高附加值的过程[28]。叶建亮(2001)认为集群升级根本途径是提升群内企业绿色创新能力,产业集群升级最本质内涵是集群绿色创新能力增强[43]。范德成和唐小旭(2008)认为产业集群升级可以理解为集群发展可持续性的培育过程[44]。项星(2007)认为,产业集群升级和产业结构升级有区别,因为产业集群升级不只是包含群内主导产业结构的升级,还包括群内组织结构的升级,提出了研究产业集群升级的新视角,即群内企业间的联系和群内机构与群外机构的外部联系两个视角[45]。刘芹(2007)认为实现产业集群升级的途径主要体现在通过加强集群内部企业之间技术合作与互动、加强与集群外部各机构联系和丰裕的社会资本。获取更高附加值和增强集群综合竞争力,使集群能够实现可持续发展是产业升级的根本目的[27]。潘利(2007)在其博士论文中提出产业集群升级最本质内涵是集群绿色创新能力的增强,认为产业集群升级有四种表现形式,即工艺流程、产品、功能和价值链的升级[46]。段文娟等(2007)在前人研究基础上,从绿色创新角度对产业集群升级进行重新定义,提出集群内企业是绿色创新主体,是集群升级活动的主体,升级的过程离不开集群内各种机构的集体学习和技术互动,产业集群升级就是通过创新活动的开展与实现在全球价值链上占据较高附加值的经济层次和环节的过程[29]。武云亮(2008)提出集群升级本质是通过集群在全球价值链上获取的附加值由低到高的动态演化过程,集群在整个价值链上的经济地位在这个动态过程中得到提升[26]。

从集群升级本质的研究成果中可以看出,有的学者强调集群升级本质是自身绿色创新能力的增强,有的学者强调集群升级本质是向全球价值链上更高附加值环节进行攀升。虽然强调的重点不同,但是集群自身绿色创新能力增强最终目的是实现在全球价值链上向更高附加值环节进行攀升,所以这两种观点有异曲同工之处,两种观点殊途同归,都阐明了集群升级本质是集群在全球价值链上所处环节的攀升过程。

(3)产业集群升级动力

首先从产业集群升级内部动力角度来看,波特(1997)提出产业集群升级动力来源主要是系统内部关键要素之间的相互强化[47]。Bell 和 Albu(1999)认为在不同类型产业集群中,集群升级所包含的三方面内容如工艺流程升级、产品升级、功能升级的难易程度有差异,例如在自然资源依赖型产业集群中,群内企业技术合作使工艺流程升级和产品升级相对容易;对复杂精细产品制造产业集群而言,较为现实的升级途径主要是嵌入全球价值链;在传统制造业产业集群中,由于国际大宗采购商的带动作用,工艺流程和产品升级也相对容易,专业供应商型产业集群在功能升级方面则比较容易[48]。Iausiti(1997)研究德国图特林根医疗器械产业集群升级演化历程后提出,产业集群升级很大程度得益于集群内企业与当地公关部门之间成熟良好的协作关系[49]。王缉慈、林涛(2007)提出产业集群得以升级的基本条件是集群企业之间的合作,集群升级基础是集群企业之间的合作关系所形成的本地化关系网络,集群升级的最主要动力是群内企业拥有技术学习和吸收能力[50]。段文娟、聂鸣、张雄(2007)认为产业集群升级根本原因在于其自身绿色创新能力的增强,这也是产业集群特别是成长发展中产业集群规避风险的有效方法,集群内企业积极培育群内学习机制,不断积累技术知识,积极开展创新活动,是产业集群升级顺利实现的关键[29]。汪斌、侯茂章(2007)提出绿色创新能力提升对产业集群升级有利,全球价值链上的国外大厂商是不会去为发展中国家产业集群升级作贡献的,发展中国家产业集群在这种背景下需要构建自身创新系统,形成集群升级的强有力的绿色创新支撑基础,实现集群升级[51]。

从产业集群升级的外部动力角度来看,现有文献中普遍存在的观点是产业集群升级外部动力主要来自两方面:一方面是从嵌入全球价值链中获取动力,另一方面是地方政策制度促进产业集群升级。Humphreyt 和 Schmitz(2000)认为全球价值链治理模式的不同也会对产业集群升级产生影响[40]。Scott(2002)的观点是集群需要加强与价值链上其他企业的联系,技术交流和共享对集群升级有利,如果集群不能善于从融入全球价值链中获取外界知识,最终会成为一个封闭系统,创新能力逐渐萎缩甚至消失[52]。Gereffi(2002)认为产业集群必须嵌入全球价值链中并且保持开放性,才能实现产业集群升级[53]。梅丽霞等(2005)提出发展中国家产业集群实现升级的现实路径是通过融入全球价值链,从委托加工到自主设计制造,然后建立自有品牌进行制造生产[28]。在地方政府政策方面,Gersbach 和 Schmutzler(2003)认为中小企业集群的升级过程中政府制定的一系列促进中小企业群与大厂商技术联系和交流的政策起到了关键作用[54]。Morris 和 Miller(1999)提出集群企业合作交流政策对集群升级有促进作用[55]。Iansiti 和 West(1999)的研究结果指出,某个区域相对合理的经济政策对集群升级有促进作用[56]。邬爱其等(2006)对浙江海宁皮革产业集群升级中地方政府所采取的措施和所产生成效进行深入研究后,提出了一系列促进集群升级的政府政策建议,如加大集群绿色创新财政扶持力度、完善集群中 HR 系统构建等[57]。徐竹青(2007)认为,集群发展不可避免地存在路径依赖性,由此带来的锁定效应很难通过市场力量来克服,在此情形下,政府通过制定政策对集群加以引导,突破路径依赖,对集群实现升级非常有效[58]。

从现有产业集群升级动力的研究成果来看,集群升级动力既有来自集群内部的动力,又有来自集群外部的动力。尽管不同学者对集群升级动力的来源有不同看法,但是都强调了集群升级过程中绿色创新能力、全球价值链、政府政策对集群升级的重要影响。

(4) 产业集群升级途径

Sturgeon 和 Lester(2002)研究亚洲四小龙产业集群升级路径后将其归纳为:先以出口加工的模式进入全球市场,然后采用注重设计和制造的发展模式,进而建立自主品牌,成功地进行产业升级[59]。日本学者 Kishimoto(2004)归纳了我国台湾新竹的电子产业集群升级路径为"OEM—ODM—OBM",并前瞻性地提出要想顺利地实现产业集群升级,必须要从集群外部和集群内部进行知识关联,从两种知识的相互关联中使集群的创新能力得到积累[39]。Kaplinsky 与 Morris(2000)将产业集群升级的路径归纳为以下四种:第一种是集群企业内部流程的效率提高,使集群具有强大的竞争优势;第二种是集群企业比起竞争对手可以较快地引进一项新产品或者对旧产品进行迅速的改进和完善;第三种是对集群企业内部的活动进行组合转变来获得较高附加值;第四种是直接向新价值链迈进[60]。Hobday(1996)以东南亚电子产业集群为例,提出产业集群升级路径,即委托组装的发展方式—委托加工(OEM)—自己设计并制造(ODM)—建立自主品牌并制造(OBM)的升级路径[61]。武云亮(2008)提出产业集群类型和所处的发展阶段会对产业集群升级路径产生影响,并进一步从全球价值链角度对产业集群升级路径进行总结,认为一般是从工艺流程到产品和功能升级,最后到价值链的升级[26]。谭文柱、王缉慈等(2006)认为集群升级主要可以通过下面两种方式来实现:第一种方式是在目前的价值链上从非关键环节向关键核心环节转移;第二种方式是脱离目前的价值链,转向另一条全新的价值链。这两种方式对企业而言没有好坏之分,最终目的都是增强集群的综合竞争力[62]。李冰(2006)认为产业集群升级具体体现在绿色创新能力增强、集群知识系统的更新与完善、社会资本的逐渐丰裕与深厚,集群升级可以通过对绿色创新能力的培育、对集群知识网络的完善、对集群社会资本的积累及优化来实现[63]。梅丽霞等(2005)在对福建晋江制鞋产业集群的升级过程进行深入研究后提出我国制造业产业集群升级途径主要有以下几种:第一种,从 OEM 到 OBM 的跨越,关键是在产业集群绿色创新能力积累基础上对集群学习机制进行完善,培育并形成属于集群的品牌,提升在国际竞争中的实力,实现产业集群成功升级;第二种是积极融入全球价值链,通过不断加强的集群学习机制,注重集群绿色创新能力的提升,提升集群在价值链中的经济层次,实现集群升级[28]。

从集群升级途径研究成果中可以看出,有的学者主张先进行出口加工再进行自主品牌设计及研发;有的学者则注重增强集群内部综合竞争力,提高集群内生产效率;有的学者强调新产业链的开拓,这些观点虽然从不同角度来研究集群升级途径,但是都强调了绿色创新能力是集群升级途径选择中最关键的因素。

1.2.5 绿色创新能力与集群升级的关系研究

在目前已有的关于绿色创新能力和产业集群升级关系的研究成果中,一部分学者认为绿色创新能力可以直接影响集群升级,但是大部分学者认为绿色创新能力和产业集群升级之间并不存在直接的关系,而是通过某些中介变量的传导来实现的。比较典型的观点总结如下:

(1) 绿色创新能力对集群升级的直接影响

何铮(2011)认为集群升级是绿色创新和制度协同作用共同拉动的[64]。陈雪梅(2003)认为产业集群和绿色创新是相互影响的,绿色创新能力越强,产业内的企业越聚集,集群规模优势越明显,反过来,产业集群规模变大的过程中,也可以提高集群绿色创新能力,从而提升产业集群的竞争力,两者相辅相成,如此良性循环,最终达到双赢[65]。熊爱华(2008)认为产业集群是绿色创新的有形资产,而基于合作网络的集群绿色创新能力是产业集群的无形资产,二者之间存在着密切的相互作用,形成强大的磁场效应[71]。彭新敏(2009)认为集群内创新主体间的技术交互网络所形成的绿色创新能力是一种非常宝贵的无形资产,不论对集群内企业、集群本身还是整个区域,都会产生强大的正面效应[67]。洪茹燕(2009)同样认为集群式创新对产业集群的升级起着不容小觑的作用,提出集群式创新活动分别从促进产业集群主导产业转型升级、提升产业集群知名度和影响力、提升产业集群在全球价值链中的地位这三方面增加集群产品附加值,影响产业集群升级[68]。

(2) 绿色创新能力对集群升级的间接影响

张扬(2009)分析知识溢出在绿色创新能力影响集群升级过程中起着中介作用,并运用结构方程模型对绿色创新能力—知识溢出—集群升级的机理进行了验证[69]。Lederman 和 Maloney(2003)对绿色创新能力作用下的知识溢出和集群升级之间的关联机制进行了经验性研究,并利用知识生产函数进行分析,提出为了促进其成员间的交流和产生更多的创新成果,进而提高集群的升级潜力,区域内必须拥有相对高水平的知识基础设施(如大学以及公共或私人实验室等),并强化区域创新网络[70]。Humphrey 和 Schmitz(2002)以知识为基础建立了空间集群理论,他认为本地化的知识溢出(LKS)是集群升级的主要动力,并且指出应该更多地从如何通过绿色创新能力促进知识转移和共享的角度进行对集群升级的研究[71]。Dollar 和 Kraay(2004)发现高技术产业集群提高竞争优势和实现升级的根源在于更多地积累集群的知识和创造新知识,这正是知识溢出效应的体现[72]。

赫连志巍(2008)认为绿色创新有助于深化集群内部专业化分工,而专业化分工有利于形成规模经济和范围经济,有利于相互学习和沟通,有利于减少创新风险和创新成本,提高集群整体利润,进而推动集群升级[73]。赵美英等(2010)认为依靠分工与协作,产业集群体现出规模报酬递增、交易效率的提高以及绿色创新三大优势,对集群升级有正向作用[74]。惠宁(2006)认为分工的深化促进了企业的发展,而企业为了减少交易成本,增加报酬,趋向于集聚在一个地区,从而促进产业集群的形成和发展[75]。任永平(2001)认为集群专业化的生产方式、内部企业间高度的劳动分工提高了企业生产、学习和创新效率,促进集群整体升级[76]。李亚军和陈柳钦(2007)认为专业化分工使区域集群内企业以最优规模进行生产的同时,也提高了产业价值链纵向各环节的资产专用性,通过增加企业资产的专用性,可以一定程度上巩固企业间的合作关系,进而推动集群创新网络的升级[77]。刘健通(2010)认为当产业集群发展到一定阶段,由于过度竞争和生产成本的上升,会出现规模不经济,比较优势渐渐消失的现象,为保持竞争优势,集群需要进行升级,把失去比较优势的产业或产业环节向周边低成本地区转移,集中精力发展技术含量和附加值更高的产业或产业环节,实现产业集群主导产业升级,而产业转移除了受到政策等外部环境的影响,集群自身的绿色创新水平也在较大程度影响产业转移的绩效[78]。李冰(2006)从产业转移角度研究温州产业集群升级,认为应该借鉴国外成功经验,通过提升绿色创新能力,精准识别待剥离的产业,并选择性将制造业转移出去,推动产业加快升级[63]。谭文柱等(2006)对产业转移与产业升级的区域联动机制进行研究,并从定性角度分析了产业转移对珠三角地区产业升级以及欠发达地区经济的影响[62]。可以看出,所有学者都认为集群升级的最重要动力是绿色创新,绿色创新是根基,离开了绿色创新,集群升级不可能完成。

1.2.6 国内外研究现状综合评述

虽然现有的研究成果为本研究提供了一定的理论基础和借鉴,但是对现有的研究成果也需要展开进一步探讨。

(1) 在研究视角的选取方面

从现有的文献研究来看,绿色创新能力与产业集群升级之间的联系已经引起了广泛的关注,也出现了将二者结合起来进行的交叉研究,但所涉及的问题都是简单论述了二者的关系,而没有深入研究二者的相互关系。并且对于绿色创新和集群升级的研究大多集中在企业层面,即单个企业的绿色创新如何影响企业本身的工艺升级、产品升级、功能升级,进而带动整个集群升级。在集群层面上研究集群的绿色创新能力对升级的作用方面,目前全面而系统的研究成果还不多见。此外,在绿色创新能力影响集群升级的研究成果中,有的学者已经意识到集群组织特性在绿色创新能力影响集群升级中的改变,将集群组织特性的强度作为中介变量,分析绿色创新能力通过集群组织特性的中介效应来影响集群升级的过程,有的学者基于组织惯域理论在此基础上增加了集群组织行为这个中介变量,将集群组织特性和集群组织行为统称为组织惯域,但是从组织惯域理论出发来看集群组织惯域,集群组织特性、集群组织行为只是集群组织惯域中一部分,集群组织惯域还包括其他组成部分。所以,现有的研究成果缺乏从全局的角度对绿色创新能力对集群升级影响过程中的中介变量——集群组织惯域进行深入系统的研究,本研究对集群组织惯域进行全面考虑是对绿色创新能力影响集群升级的有益补充。

(2) 在产业集群升级的概念界定方面

从目前的文献来看,对产业集群升级概念界定主要存在两方面不足:①很多学者都是从全球价值链视角来界定集群升级,过分关注集群在全球价值链上的地位攀升,并将集群升级途径归纳为工艺升级、产品升级、功能升级、链升级,较少关注集群升级过程中集群组织内部发生的一系列变化。不论是基于哪种理论对集群升级进行研究,不可否认的一点是,集群升级是在集群组织中发生,是集群所有成员企业相互作用、共同努力的结果,而简单地将集群升级归纳为工艺升级、产品升级、功能升级、链升级,无法体现出集群升级中各个成员企业之间的相互作用,因为单个企业的升级途径在全球价值链视角下仍然是工艺升级、产品升级、功能升级、链升级;②有些学者没有对产业升级和产业集群升级进行辨析,简单地认为产业升级就是产业集群升级,以产业升级的概念来代替产业集群升级的概念,或者将二者并未作过多的区别,基于产业升级理论,这些学者将集群升级归纳为产业间升级和制造业内部升级,将产业集群升级看做是一个简单的产业高级化过程,忽视了产业集群的升级问题不仅是一个具体的产业升级问题,更是一个和组织结构及其品牌文化、知识网络、内部效率切实相关的系统性升级问题,所以在研究产业集群升级问题的时候,不仅要把它当作一个简单的产业高级化的过程,还要从集群组织结构层面上进行考虑。所以,对集群升级概念的界定方面,现有的研究成果缺乏从全局的角度进行深入系统的研究。

1.3 研究内容与研究方法

1.3.1 研究内容

本研究共分为七章,基本框架如下:

第一章:绪论。主要介绍我国产业集群在全球价值链升级进程中步履维艰的背景,阐明了本研究的重要意义;并对相关理论进行文献综述,综述了国内外产业集群升级方面的研究成果与不足。最后介绍本研究的研究内容、方法、思路和创新点。

第二章:绿色创新能力影响集群升级的理论框架。在产业集群绿色创新概念的基础上对集群的绿色创新能力进行分类,并对产业升级和产业集群升级这两个概念进行比较,得出产业集群升级的内涵和表现;分析了我国产业集群发展现状及目前存在的问题;阐述了基于集群组织惯域的本研究视角。

第三章:国外产业集群成功经验及对我国的启示。分析了国际典型产业集群成功经验,总结了国外产业集群成功经验对我国的启示。

第四章:绿色创新能力对集群升级的影响机理。研究了绿色创新能力通过影响集群组织惯域而影响集群升级(主导产业升级、知识网络升级、组织效率升级、区位升级)的过程。

第五章:绿色创新能力对集群升级影响实证研究。运用结构方程模型对回收的调查问卷所得到的数据进行路径系数的分析,对提出的研究假设进行了验证。

第六章:推动我国产业集群升级的对策建议。在推动我国产业集群顺利升级的目标下,提出了对策建议。

第七章:结论与展望。对全文研究做一个简单的总结,并提出本研究的不足之处及有待进一步深入研究的方向。

1.3.2 研究方法

本研究基于绿色创新理论、产业集群升级理论,综合运用计量经济学、博弈论等方法,开展多学科协同研究,结合我国产业集群发展现状与国外产业集群成功经验,深入分析绿色创新能力对产业集群升级的作用。主要采用的方法有如下几种:

(1) 比较研究与经验研究相结合

本研究分析了国际典型产业集群成功经验,并对我国产业集群发展现状及存在问题进行阐述,指出我国产业集群升级的有效途径是绿色创新能力的提升。

(2) 实证分析与规范分析相结合

实证分析的方法是用统计计量方法对经济数据进行处理的分析方法。规范分析是指根据一定的价值判断为基础,提出某些分析处理经济问题的标准,树立经济理论的前提,作为制定经济政策的依据,并研究如何才能符合这些标准。实证分析侧重于通过对研究对象的客观描述与个性特征的刻画来反应研究对象本身的内在规律,并根据规律对发展趋势与演进路径做出预测。规范分析要回答的是"应该是什么"的问题。本研究通过构建"绿色创新能力——集群组织惯域——集群升级"的概念模型,并运用相关统计数据进行实证检验,使理论标准在实际应用中得以体现,实证的结果可根据相应的理论标准进行判断,作为对策制定的依据。

(3) 定量分析和定性分析相结合

定量研究是指运用概率、统计原理对社会现象的数量特征、数量关系和事物发展过程中的数量变化等方面进行的研究。定量研究可以使人们对社会现象的认识趋向精确化,并从量上对各种社会现象进行分析,是进一步准确把握事物发展内在规律的必要途径。而定性分析是对研究对象进行"质"的方面的分析,二者各有特点,又相互联系,定量分析是定性分析的基础和前提,定性分析应建立在定量分析的基础上才能揭示客观事物的内在规律。通过实证分析得到定性结论,定量研究可以深化和丰富定性研究,定性研究是定量研究的理论基础,这两方面在整个研究过程中相互协同。本研究在研究我国集群发展现状及目前存在的问题、绿色创新能力通过影响集群组织惯域而影响集群升级的过程时采用了定性分析的方法,在实证检验所提出的研究假设时采用了定量分析的方法。

1.4 研究路线与创新之处

1.4.1 技术路线图

本研究的技术路线如图 1.22 所示。

1.4.2 研究创新点

本研究主要创新点概况如下:

(1) 运用绿色创新三重螺旋模型在集群层面对产业集群绿色创新能力体系要素做进一步分析,提出由集群成员企业、职能机构、当地政府及其构架机制组成的集群绿色创新能力"三元一构架"模型,厘清了产业集群层面和单个企业层面的绿色创新能力区别,并将产业集群绿色创新能力分为技术学习能力、技术集

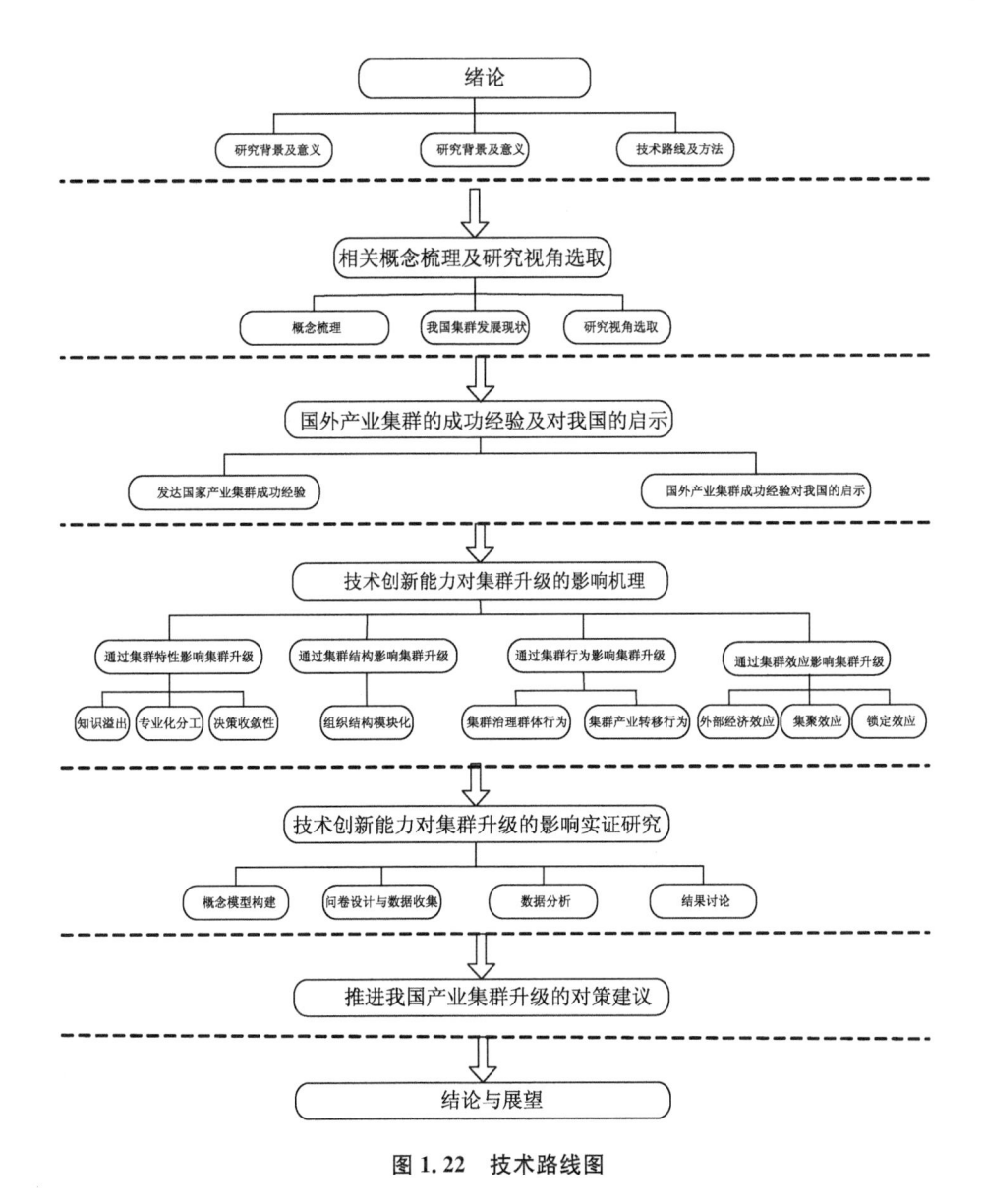

```
                    ┌──────────┐
                    │   绪论   │
                    └────┬─────┘
         ┌───────────────┼───────────────┐
   ┌──────────┐    ┌──────────┐    ┌──────────┐
   │研究背景及意义│  │研究背景及意义│  │技术路线及方法│
   └──────────┘    └──────────┘    └──────────┘
                         ↓
              ┌────────────────────┐
              │相关概念梳理及研究视角选取│
              └──────────┬─────────┘
            ┌────────────┼────────────┐
         ┌──────┐   ┌──────────┐  ┌──────────┐
         │概念梳理│ │我国集群发展现状│ │研究视角选取│
         └──────┘   └──────────┘  └──────────┘
                         ↓
           ┌──────────────────────────┐
           │国外产业集群的成功经验及对我国的启示│
           └────────────┬─────────────┘
          ┌──────────────────┬──────────────────┐
    ┌──────────────┐              ┌──────────────────┐
    │发达国家产业集群成功经验│         │国外产业集群成功经验对我国的启示│
    └──────────────┘              └──────────────────┘
                         ↓
           ┌────────────────────────┐
           │技术创新能力对集群升级的影响机理│
           └────────────┬───────────┘
   ┌─────────────┬──────┴──────┬─────────────┐
┌────────────┐┌────────────┐┌────────────┐┌────────────┐
│通过集群特性影响集群升级││通过集群结构影响集群升级││通过集群行为影响集群升级││通过集群效应影响集群升级│
└────────────┘└────────────┘└────────────┘└────────────┘
 ┌──┬──┬──┐    ┌────────┐   ┌──────┬──────┐  ┌──────┬────┬────┐
 │知识溢出│专业化分工│决策收敛性│ │组织结构模块化│ │集群治理群体行为│集群产业转移行为│ │外部经济效应│集聚效应│锁定效应│
 └──┴──┴──┘    └────────┘   └──────┴──────┘  └──────┴────┴────┘
                         ↓
           ┌────────────────────────┐
           │技术创新能力对集群升级的影响实证研究│
           └────────────┬───────────┘
      ┌──────────┬─────┴─────┬──────────┐
 ┌──────────┐┌──────────────┐┌────────┐┌──────┐
 │概念模型构建││问卷设计与数据收集││数据分析││结果讨论│
 └──────────┘└──────────────┘└────────┘└──────┘
                         ↓
              ┌────────────────────┐
              │推进我国产业集群升级的对策建议│
              └──────────┬─────────┘
                         ↓
                   ┌──────────┐
                   │ 结论与展望 │
                   └──────────┘
```

图 1.22 技术路线图

成能力、技术协同能力,弥补了目前对产业集群层面绿色创新能力概念界定不清晰的缺陷。

(2) 在组织惯域理论框架下,研究绿色创新能力对集群升级的作用机理,分析绿色创新能力通过影响集群组织惯域而影响集群升级(主导产业升级、知识网络升级、组织效率升级、区位升级)的过程,将集群内部环境惯域(集群组织特性、集群组织效应)、集群组织结构惯域(集群组织结构模块化)、集群组织行为惯域(集群治理集体行为、产业转移行为)作为绿色创新能力影响集群升级的中介变量,扩展了绿色创新能力影响集群升级的研究视角,突破了以往仅从单一视角研究影响产业集群升级机理的局限。

(3)以产业升级理论为起点来剖析产业集群升级的内涵,将产业集群升级表现分为主导产业升级、知识网络升级、组织效率升级、区位升级四个方面,提出产业集群的升级问题不仅是一个具体的产业升级问题,更是一个和组织结构及其品牌文化、知识网络、内部效率切实相关的系统性升级问题,扩展了集群升级理论的研究,弥补了目前全球价值链视角下的产业集群升级概念界定的不足和缺陷,为产业集群升级提供更广泛的理论支撑。

第二章
相关概念及绿色创新能力对集群升级的作用路径

2.1 绿色创新相关概念

2.1.1 绿色发展与绿色经济

联合国环境署于2008年10月提出"全球绿色行政和发展绿色经济"的倡议,虽然未对绿色发展做出明确的定义,但于次年9月提出了绿色新政的概念框架,其核心思想是通过重塑和关注重要部门的投资和支出等政策措施,应对全球气候变化,使经济"绿色化"。中国科学院可持续发展战略研究组(2010)[79]认为绿色发展或绿色经济的核心是突破生态环境承载力的限制,以一种强调资源节约和环境友好的新的经济发展模式代替传统发展模式,增加资源利用率,以实现经济增长和环境保护的协调统一。胡鞍钢和周绍杰(2014)[80]认为经济高速发展导致人口和经济增长与粮食和资源供给之间的矛盾日渐突出,此外,气候变化对人类社会的危机也不断加剧,只有在经济结构中不断增加绿色经济的比重,发展有利于人类健康的、环境友好的绿色相关产业,才能实现经济增长与资源消耗、污染排放脱钩。马洪波(2011)[81]认为绿色发展是对可持续发展、循环经济、低碳经济、绿色经济等热门概念的综合归纳和高度概括,绿色发展是综合考虑全球气候变化和生态危机的前提下,将低能耗、低污染和高效率资源节约、环境友好等理念融合其中,不仅关注经济增长的数量,更重视经济发展的质量,经济社会的相互协调及以人为本的全面和谐发展。王玲玲和张艳国(2012)[82]认为绿色发展是指通过以有效合理利用资源、维持平衡为核心的绿色经济、绿色政治和绿色文化活动等新型的生态发展模式和理念来实现经济、政治、社会和生态环境的可持续发展。吕福新(2013)[83]认为绿色发展在特定的生态环境容量和资源承载力范围内,关注人的健康,提高人的生活质量,在促进经济社会与生态系统协调发展的同时,实现人类的全面可持续发展。

英国经济学家皮尔斯于 1989 年在《绿色经济的蓝图》一书中提出:"绿色经济是从自然社会和生态环境可承受的角度出发,建立一种自然社会和生态环境可以承受的经济,这种经济形态可以避免因过度追求经济增长而造成自然资源枯竭、生态失衡和社会危机,从而导致经济发展不可持续或阻碍经济增长"[84]。

从我国"绿色发展""绿色崛起"和"绿色经济"应用的语境来看,绿色经济一般是针对持续发展的某些侧面(如绿色食品、绿色城镇、绿色工业、生态农业、循环经济、低碳经济等),或特定时期的任务(节能减排、节能降耗、生态建设、环境保护、资源节约、环境友好等)而展开,其内涵是动态变化的。核心内容包括:和过去那种耗费资源、破坏环境的"褐色(黑色)"经济相对立的经济发展模式;经济发展突破资源环境承载力的制约,实现发展与环境的双赢;目标是实现可持续发展。Jacobs(1994)[85]提出绿色经济不同于传统产业经济:劳动、土地和人类资本是传统产业的三个基本生产要素,在此基础上,绿色经济还需要增加社会组织资本,即有不同阶层组织都会衍生出的利于人类福祉的传统、规范、文化、习惯等。廖福霖(2001)[86]认为绿色经济是为了给子孙留下"碧水蓝天",谋求经济社会的永续发展,以协调和改善人类社会与自然环境的关系为最终目的,实施以防止环境污染为目标,以资源节约为手段的经济发展形态。邹进泰和熊维明(2003)[87]认为绿色经济主要指在国民经济中逐渐占主导地位的绿色产业,对于一个国家和地区而言,这类产业相对于其他产业在可持续竞争中更具有比较优势且占有较大市场份额,并能成为国家或地区的支柱产业。刘思华(2004)[88]认为绿色经济本质上是一种可持续的经济形态,也可称为"可持续经济",其以知识经济为主要手段,以协调自然生态环境和经济社会的关系为关键任务,最终达到环境保护和社会进步双赢的局面。吴晓青(2009)[89]认为绿色经济以节约并充分利用环境资源为前提,以实现经济、社会、环境的协调发展为目标,将"绿色化"作为经济活动过程中关键要素和实现路径。周惠军和高迎春(2011)[90]认为绿色经济、循环经济、低碳经济三者的发展背景和发展理念相似,但其核心内涵、针对的问题和理论基础有所不同,绿色经济主要针对环境问题提出方案,环境保护是其主要出发点,环境经济学是其主要理论基础。不同于前者,循环经济、低碳经济分别强调资源的循环利用和碳减排,是主要针对资源和气候变化提出的概念,生态经济学和能源经济学分别是二者的理论基础。所以,联合国环境署于 2011 年从广义的角度在《迈向绿色经济的综合报告》中将绿色经济定义为"可以显著减少或消除因环境风险和生态稀缺造成社会危机,有利于提高人类福祉和社会公平的经济"。

综上,绿色发展的概念缺乏多学科的协同和整合,学术界至今对其没有统一的定义。绿色发展是一个庞杂的概念系统,不同学科背景的学者对其认识有所不同。但学者们对其内涵和本质的理解基本是一致的,即绿色发展强调环境保护、资源的合理利用、可持续发展。本研究综合以上不同学者对于绿色经济的定义，认为绿色经济遵循资源节约和环境保护的理念，将转化此理念所需的实践活动贯穿在整个生产过程及人们的生活方式中，以最终以可持续发展的经济模式来实现经济增长、资源节约和环境保护的协调统一。绿色经济协调了经济发展、资源利用和环境保护的矛盾，是绿色发展的有机组成部分，是实现经济、社会、生态效益统一的可持续发展方式。

2.1.2 绿色创新及绿色产业创新

绿色创新是近几年才被关注进而成为主流的环境管理学的概念，在此之前，通过对环境管理及创新管理等相关文献的梳理发现，有很多与其相近的概念，如环境创新、可持续创新、生态创新，它们出现的频次远远高于绿色创新，此外，还有绿色技术、环境技术、生态设计等一系列从不同角度去界定的术语。关于绿色创新的概念，Blättel-Mink（1998）[91]最早提出绿色创新，虽未给出明确的定义，但强调了企业在新产品、新技术、新市场、新系统开发和引进以及其他经营战略中纳入生态维度都属于绿色创新的范畴。Norberg-Bohm（1999）认为绿色创新就是通过各种途径减少污染物对环境的影响[92]。Driessen等（2002）[93]从务实的角度认为绿色创新不应只是以降低环境风险，而应该以产生环境效益作为最终目标。Chen等（2006）[94]认为绿色创新的内容较为广泛，既包括和绿色产品或绿色工艺相关的硬件或软件创新，也包括设计能源节约、污染预防、废弃物回收利用、产品设计及环境管理相关的技术创新。

"绿色创新"在国内更多指广义的创新，这种创新活动不但包括绿色产品、工艺或技术创新，还包括与之相关的组织、管理、制度创新等。陈华斌（1999）[95]对绿色创新的定义较为宽泛，认为人类社会为实现环境、经济、社会协调发展所进行一切创造性的活动都属于绿色创新的范畴。杨庆义（2003）[96]对于绿色创新的定义和陈华斌较为相似，他认为绿色创新活动包含一切使创新设计、创新过程、创新目标和创新成果等绿色化的活动。张小军（2012）[97]认为绿色创新就是企业为降低环境风险和避免或减少生态危机所采取的战略和行为，并可根据大量文献归纳出三种定义，三种定义分别是降低环境影响的绿色创新、引入环境绩效的绿色创新和改进环境绩效的绿色创新。刘薇（2012）[98]将绿色创新归纳为三种创新，即，绿色技术创新、绿色制度创新和绿色文化创新，同时认为三者之中绿色技术创新是核心和主要部分，制度和文化为绿色创新提供必要的支持和引导。针对绿色创新的双重外部性、绿色创新结果的界定和度量、绿色创新的自觉性三个方面的争议，李旭（2015）[99]基于"动机—过程—结果"的框架将绿色创新分为三类：一类为资源节约型绿色创新，此类创新除了提高效率和增加收益外，还因提高效率节约大量的资源；二类为环境友好型绿色创新，此类创新强调减少环境成本即环境负的外部性所进行的创新；三类为混合型绿色创新，即波特假说所指的既可以减少环境负面影响也可以提升企业竞争优势的创新。

发展绿色产业是实现经济结构绿色转型的根本途径，因此，绿色产业创新是绿色创新体系的一个重要组成部分。虽然目前学术界关于绿色产业创新还没有明确的定义，但普遍认为绿色产业创新是绿色创新的一个重要组成部分，是实现全行业绿色创新的重要途径。国内学者张昌勇（2011）[100]首次根据绿色产业的特征和分类尝试对绿色产业创新的概念进行界定，他把绿色产业创新看作一个系统，系统中包括政府、企业等创新核心要素以及科研院所、金融机构、中介机构等创新环境要素，绿色产业创新就是创新核心要素与创新环境要素通过技术创新、制度创新、管理创新、组织创新等创新方式，从而实现绿色产业结构、组织、布局发生根本性的改变和提高。绿色产业是战略性新型产业，也是国民经济的重要支柱产业，也应包含产品、技术、制度、管理、组织创新等创新方式。本研究在此定义的基础上，结合已有文献对绿色创新的诠释，从可操作性和务实的角度将绿色产业创新界定为：创新主体以可持续发展为目标，通过从战略层面考虑环境问题，在诸多外部环境因素的支持下，结合自身的资源能力条件，设计和开发更为环保的工艺和产品，改进管理、组织或制度模式来降低对环境的消极影响，同时，也提升了创新主体的可持续竞争优势，从而实现绿色产业的全面升级。

2.2 绿色创新的影响因素

企业绿色创新是一个复杂的动态过程，在这一过程中，有很多因素影响企业创新的类型、范围及程度。通过跟踪绿色创新领域主流杂志的研究动态，经过对文献的认真分析和研读整理，本研究把影响企业绿色创新的因素归为三类，即：制度环境、组织支持和资源能力。

2.2.1 制度环境对绿色创新的影响

绿色创新双外部性特征决定了制度环境是激励绿色创新开展的基本保障。环境管制制度环境对企业绿色创新有显著的促进作用和正向空间溢出效应。在市场制度环境中，教育扶持和非国有化水平对企业绿色创新有显著的促进作用和正向空间溢出效应，而科技扶持和金融支持对企业绿色创新均有一定程度的抑制作用，对外开放度对企业绿色创新的正向空间溢出效应显著，法律制度环境对工业绿色创新有显著的促进作用和正向空间溢出效应。

2.2.2 组织支持对绿色创新的影响

组织支持因素对于绿色创新的重要性已引起了学者的高度关注。Robert

Teitelman(1994)[101]认为正式的、集权型组织结构有利于企业实现资源共享和部门之间的协调,有利于分散风险,实现突破式创新,绿色创新作为一种特殊的创新类型,面临较多的技术和市场等不确定性因素,正式的集权型结构能够减小风险,实现资源投入多元化,提高创新绩效;Chen 和 Chang(2013)[102]认为变革型的领导风格通过提高绿色创造力来提升绿色产品展绩效;Baron 和 Kenny(1986)[103]、Fraj-Andrés 等(2009)[104]、Simpson 和 Samson(2010)[105]认为组织战略规划有利于塑造企业的共同愿景,培养企业管理利益相关者的能力,增强企业的战略主动性,从而提升企业的环境创新绩效。在这些组织因素中,Chatterjee 等(2002)[106]、Bansal(2003)[107]、Hambrick and Mason(1984)[108]认为高管支持是实施绿色创新的关键,且从理论和实证层面验证了企业高层管理的态度往往会对一个企业战略层面的决策造成很大的影响,是企业运作的主要驱动力。Bansal(2003)[107]认为,高层管理的态度会显著正向影响企业响应环保相关实践议题的范围和速度,只有高层管理人员充分意识到绿色创新的重要性,才会将其纳入公司的战略计划中,并投入相应的人力和物力资源来实施绿色创新的计划。从组织理论出发,Sarkis 和 Gonzalez-Torre(2010)[109]、张钢和张小军(2013)[110]认为任何一个组织目标的实现都离不开员工参与和培训,通过绿色培训,能加强员工的环境意识,员工能自动调整传统的环境观以加强自身的环保意识,有利于环境目标的实现和绿色创新绩效的改善。Tung 等(2014)[111]认为组织引入创新奖励机制,能够提升员工的技术承诺水平,提高创新管理过程的有效性。创新任务的复杂性决定了创新工作很难通过单个部门或个体得以完成,往往需要多个职能部门的协作才能实现,多个部门的团队工作有利于产生新思想,发现新问题,加强成员的学习经历,通过部门间成员的有效沟通,能够化解冲突,更好地实践创新工作。

2.2.3 资源能力对绿色创新的影响

国内学者黄培伦等(2010)[112]和国外学者 Teece 和 Pisano 等(1997)[113]认为资金、人才、技术、能力和信息等是一般创新所需的重要资源。充分的资源和能力可以使企业顺利执行特定的技术活动,企业绿色创新的实施是一个复杂的系统资源整合过程。Menguc 等(2010)[114]和 De Marchi(2012)[115]认为技术能力是实施创新的关键因素,企业的研发投资会使组织获知更广泛的研究视野,强化组织对新技术的吸收能力,加速绿色创新的过程。企业通过与大学、科研院所、供应商、客户甚至竞争对手建立合作网络,可以充分利用网络资源,借此补充内部人力、物力、财力及信息创新资源的不足。企业通过网络能力获取的外部知识来源是吸收能力的前因变量,组织通过对外部知识的识别、转移、吸收和利用,产生探索式和渐进式的双元型创新。Handfield 等(2002)[116]认为环境管理体系

(EMS)类同于企业的绿色管理机制,EMS 是一个组织内全面管理体系的组成部分,它包括为制定和实施环境目标和方针所需的规划设计、制度安排、各个机构承担的责任和义务等。环境管理体系确定组织的环境方针,制定环境目标,并将目标和绩效结合起来,监测目标的实施效果,是企业绿色创新过程中重要的管理资源。

2.2.4 其他因素对绿色创新的影响

绿色发展是我国经济高质量发展的主要内容,而绿色技术创新是绿色发展的核心动力。随着大数据技术的发展,大数据对绿色技术创新的推动作用越来越明显。大数据不仅可以直接推动绿色技术创新,还可以通过促进金融产业集聚间接推动绿色技术创新。大数据对绿色技术创新的推动效应在中西部地区、环境规制力度较弱、信息基础设施水平一般的省市表现得更为明显。因此针对我国绿色技术创新发展现状,需要大力推动大数据技术发展、充分利用金融产业集聚中介作用、加强知识产权保护力度以及制定恰当的环境规制政策以促进我国的绿色技术创新发展。

2.3 产业集群相关概念

2.3.1 产业集群绿色创新

(1)产业集群绿色创新内涵

根据熊彼特提出的创新理论,技术主要从以下几个方面进行创新:引进新的技术,也就是新的生产方法;引进新的产品;开辟新的市场;实现企业的新组织;控制新材料的来源。现代的绿色创新活动仅仅依靠单个企业很难来满足要求,它需要通过若干企业间的相互合作来完成。知识的更新和绿色创新的速度越来越快,企业绿色创新所面临的市场需求的不稳定性和技术发展的不确定性正呈现日益上升的趋势,单个企业很难适应市场竞争的形势,这就要求企业采取与其他企业合作的方式来提高绿色创新的效率,故企业间的合作越来越重要。

产业集群是在某一个特定领域内相互联系的,在地理位置上相对集中的企业组合而成的组织。产业集群中的企业相互联系相互依存,为企业协同合作提供有利条件,是一种有效的绿色创新合作组织。一方面,产业集群内部企业具有相对独立性,从而使产业集群在绿色创新活动中有自己的灵活性;另一方面,产业集群内部各企业之间存在联系,这使得在绿色创新活动中,产业集群内所有企业之间能够进行优势互补和资源整合,以便获取绿色创新最大经济效益。在产业集群内,所有的企业聚集在一起,相关企业之间可以面对面的进行协作与交流,大大增强了企业间的信任,从而促进企业间的绿色创新合作。产业集群内部企业所形成的竞争合作关系,在绿色创新上是大企业的一种有效替代方式,并且这种方式在创新活力方面又比大企业更具优势,它兼容了了大中小各类企业的特点,同时又避免了大中小企业所具有的短处。

从目前的研究现状看,要给出产业集群绿色创新的完整定义是很困难的。但为了研究的需要,通过梳理现有的研究文献,本研究认为:产业集群绿色创新就是由企业、科研机构、大学、金融机构、政府等不同的参与者以市场需求为动力,共同参加新产品新方法的研究、开发、生产和销售的过程;是各个参与主体之间通过合同或非正式安排建立联系开展一系列学习、集成、协同的技术相关活动。

(2) 产业集群绿色创新的构成要素

产业集群绿色创新的主体主要是企业、科研机构及高校、金融机构、政府部门、中介机构五个方面。可用图 2.1 表示:

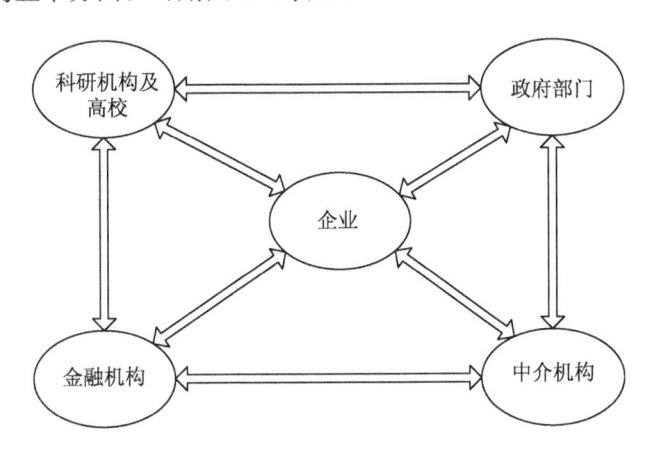

图 2.1 产业集群绿色创新主体

企业是产业集群绿色创新系统的主要组成部分。绿色创新活动主要发生在在企业中,企业为绿色创新提供资金、人员及基地,使这些要素得到有机整合,形成良性的经济发展态势。因此,企业在产业集群绿色创新系统中处于核心地位,企业是产业集群绿色创新中的主体。

科研机构及高校是重要的绿色创新源和知识库,提供创新需要的技术资源和创新人力资源。科研机构及高校为企业绿色创新提供技术和技术应用指导,为企业培育绿色创新的人才。因此科研机构及高校是产业集群绿色创新中不可缺少的组成部分。

绿色创新的进行不仅需要新的知识和技术,更重要的是具备能使新知识和新技术转化为生产力的能力,金融机构正是这一能力的提供者,它能使知识与资本有机结合,使知识变为财富,财富又扶持更多知识良性转化。金融机构是绿色创新的重要组成部分。

政府部门的主要作用是运用法规、政策等工具,维护集群创新环境,实现知识向经济转化,促进产学研结合,保证绿色创新系统顺利运行。尤其是在经济比较落后、市场机制不健全的地方,促进创新体系形成的重要因素就是政府强有力的参与。

中介机构沟通知识流动节点,加快各创新资源有效整合。产业集群绿色创新五大主体通过横向、纵向联结,使集群中的技术、资源不断优化,从而促进集群绿色创新行为,进一步形成产业集群绿色创新系统,可表示为图2.2:

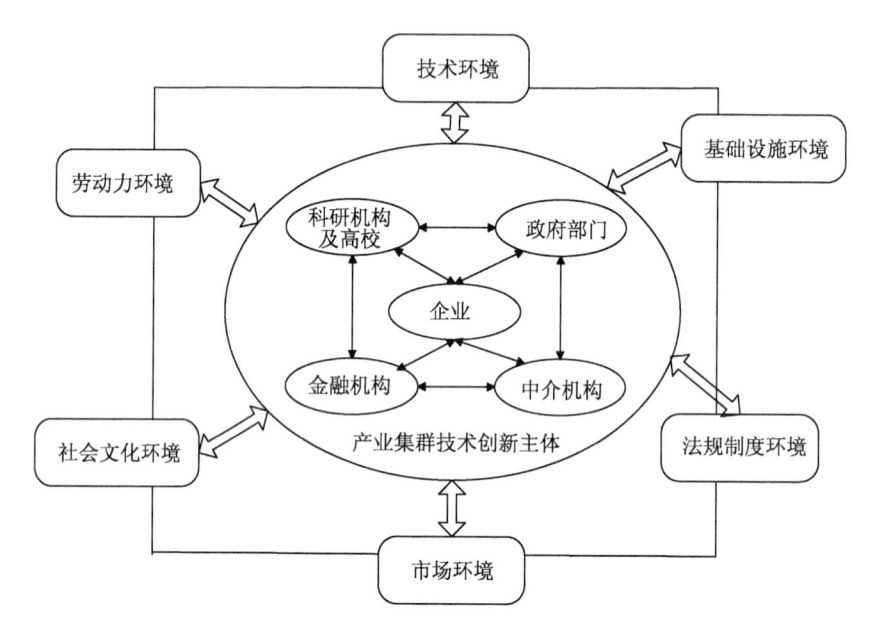

图 2.2 产业集群绿色创新系统

2.3.2 产业集群绿色创新能力

从本质上讲,产业集群是介于企业和市场之间的一种生产组织。组织能力是组织中的累积性常识,特别是关于协调不同生产技能和有机结合多种技术流的学识。知识是组织能力的基础,组织能力知识体系的形成不能在短时间内完成,它是组织在经营过程中的长期积累,是组织内部形成紧密嵌合关系的技能和经验知识的体现。根据知识基础论的观点,结合产业集群的特征,本研究将产业集群的绿色创新能力定义为:产业集群的绿色创新能力是集群所拥有的一种知识体系,它是通过集群成员的技术学习活动积累起来的,嵌入在集群知识网络内部并附着在集群成员企业、职能组织、当地政府及其构架机制的所有内生化知识的总和,反映出产业集群内在的绿色创新潜力和实力,凭借它能够推动产业集群不断进行绿色创新,产业集群绿色创新能力反映的是集群内在技术潜力和实力。这一知识体系是产业集群在其长期成长过程及其特定的情景中,创新主体间不断进行技术学习、技术集成、技术协同,并结合原有技术知识存量所形成的累积性知识。

从以上分析可以看出:第一,产业集群创新能力的理论基础是集群理论、组织知识理论、系统论;第二,集群创新能力与单个企业创新能力的最大不同是,集群创新能力是通过企业间互动(学习、集成、协同)获得的,企业因此获得外部经济和集体效率;第三,构成产业集群绿色创新能力的技术知识,来自于集群创新主体之间的学习、集成、协同活动。

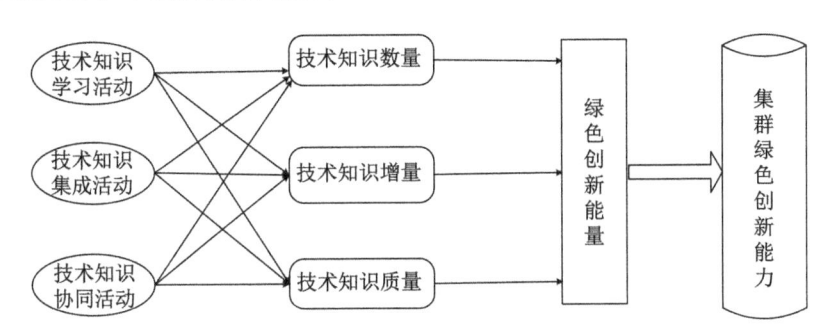

图 2.3 集群绿色创新能力形成的逻辑模型

根据本研究的界定,产业集群绿色创新能力的本质是一种知识集合体,一种复杂的技术知识体系。集群内个体的技术知识结构和认知能力决定集群技术知识学习活动、集成活动、协同活动的效率以及由此决定的集群绿色创新能力。构成集群绿色创新能力的技术知识,来自于产业集群的技术知识学习活动、集成活动、协同活动。为了便于分析,本研究将集群绿色创新能力分为:技术学习能力、技术集成能力、技术协同能力。具体而言,产业集群的技术知识学习活动、集成活动、协同活动产生产业集群技术知识增量、形成企业集群的技术知识数量、决定产业集群的技术知识质量,构成了集群绿色创新能量,并在此过程中形成了集群绿色创新能力。

(1) 技术学习能力

集群的技术学习能力是集群持续创新的关键。集群技术学习能力包括集群内部各行为主体之间的相互学习能力和集群组织行为主体的外部学习能力。学习是非正式研究和开发活动,今天技术变化的主流已经不再完全取决于正式的研发,还取决于包括学习活动在内的非正式研发活动。

从知识资源密度来看,产业集群是一个纵横交错的复杂网络,其中每个成员企业都可以在集群边界内接触到大量知识源——从事相似生产经营活动的竞争对手、上游供应商、下游客户以及服务于集群的各种公共技术机构；同时，集群通过地理接近和社会认同两种效应极大地改善了成员企业的知识获取效率，例如：不同成员企业间频繁进行非正式交流、近距离观察竞争对手技术和管理经验以实现模仿等。因此，集群环境是适合企业进行学习和创新的环境。集群企业依托集群环境，利用各种正式和非正式机制，从相邻知识源那里获得所需知识，从而不断扩充集群整体绿色创新能力的基础。

首先分析集群内部学习活动，根据集群学习参与者，集群内部学习可以分为两类：第一，集群内部前后向企业间的学习。这种集群学习活动是推动集群纵向创新集成的有效机制，这种推动作用主要通过两方面来实现：认识到存在于彼此间的创新缝隙，从而提出创新集成的方向；为创新集成提供必要的资源，尤其是知识资源，例如集群企业间互相派遣技术人员提供技术咨询或接受技术培训、组建联合研究所进行合作创新、建立供应商协会实现制度化的知识共享。第二，集群内部同行企业间的学习。这种集群学习活动是推动集群横向创新集成的有效机制，例如：同行企业间技术人员的流动、反求工程等。

其次分析集群外部学习活动。虽然集群内部学习活动是集群企业技术学习的主导途径，但这不能理解为这些企业就可以放弃利用集群边界之外的知识资源。集群外部知识资源对整个集群绿色创新能力的增强有重要意义，集群开展外向于集群边界的技术学习活动非常重要。集群作为一个开放性的区域生产系统，只是区际甚至是国际大供应链中的某个环节，同外部世界之间必然因物流、资金流、信息流而构建诸多联系，如果集群成员企业纯粹在集群圈子里进行封闭的"自产自销"式学习，由于长期接触相同来源，会造成学习的路径依赖效应而被一条陈旧的技术轨道所锁定，从而使成员企业缺乏"创造性毁灭"潜力而只能在原有技术轨道上做边际效应递减的渐进改善活动，整个集群很可能就会陷入缺乏活力的泥沼，整个集群就会成为一个"技术孤岛"，在产业技术发展不连续的情况下，它极有可能被外界所抛弃。

由于集群企业在经济实力和吸收能力上有差异，所以在外部学习过程中，集群企业必须进行学习分工，集群中强势企业瞄准集群外部高新知识进行外向型学习，而弱势企业则从这些知识在集群内部的后续扩散中学习，从而形成"外部引进——内部扩散"型的知识流动，以此推动集群整体技术学习能力的提升。

表2.1 集群内部学习和集群外部学习

集群内部学习	集群内部前后向企业间学习	集群企业间互相派遣技术人员提供技术咨询或接受技术培训、组建联合研究所进行合作创新、建立供应商协会实现制度化的知识共享
	集群内部同行企业间学习	同行企业间技术人员的流动、反求工程活动

续表

集群外部学习	集群外部正式学习活动	寻求加入跨国公司的分包网络、购买世界范围内产业领先者的技术许可、和有竞争力的知识源组建学习联盟或合资企业、和外部的大学及实验室建立产学研联合体
	集群外部非正式学习活动	对行内领先产品进行分解研究、从外部招募高层次人才实现隐形知识转移、在"知识高地"（例如一个发达国家）建立"窗口式"机构、定期参加行业聚会如产品展销会和研讨会

（2）技术集成能力

技术集成这一概念最早是由美国著名教授 Marco Iansiti 提出的，他认为技术集成指对新产品、新工艺所采取的一系列技术评价、选择和提炼的方法。产业集群的技术集成实际上就是产业集群一方面要紧紧抓住产品市场特点，另一方面要结合集群成员企业所拥有的技术，同时还需要引进集群外部中已有成熟技术，将各项相关性不强的分支技术在产品中高度融合，较短时间内实现集成开发，最终实现扩大产品的市场占有率目标。本研究从动态性、过程性角度出发，将集群技术集成能力概括为：集群为实现特定目标，根据自己掌握的技术和不断变化的产品市场信息，有效识别、选择集群外部技术知识，并将集群外部技术知识和集群自有技术综合起来加以整合利用，开发出更加适合市场需求的产品的能力。

产业集群的技术集成能力是知识的产生、应用及维持的系统过程，具体来讲主要是产业集群根据各项技术所包含的领域知识对集群外部市场网络以及内部生产系统所产生的影响，构建初始产品并做出相应的技术选择，根据成员企业丰富的经验积累，对集群内外的技术资源进行有效整合，继而产生能够应用于下一个创新生命周期的产品的系统知识。本研究根据以往文献，将学者们对产业集群技术集成以及技术集成能力的主要观点总结成图 2.4：

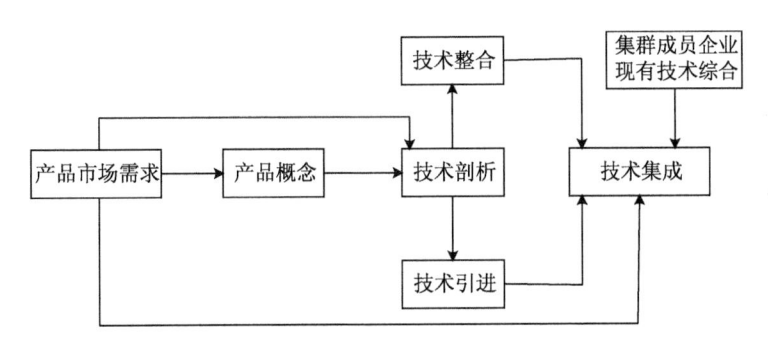

图 2.4 产业集群技术集成过程

产业集群的技术集成能力作为绿色创新能力的重要部分，由于处在集群环境中，与单个企业技术集成能力相比，具有一些显著的特征。根据技术集成在产业集群这个特殊环境中的具体应用实践，以及众多学者对集成化现象和技术集成理论的深入研究，本研究认为产业集群的技术集成能力作为集群系统能力，具有系统整体性与协同性、开放性、动态性与创造性、聚集与倍增性等特点。

首先是系统整体性与协同性，集群技术集成能力是由多种能力要素按照一定的结构、规则所组成的有机整体，技术集成能力要素形成了高度有机性的结构，缺少任何一个环节要素都会直接影响技术集成能力的整体性，同时任何一个环节要素受到阻碍也会导致技术集成创新能力较低，而且改变任何构成要素的联系结构，都会影响系统整体功能的实现，这充分体现技术集成能力系统整体性的特征。协同性是指由于集群与外部组织进行信息知识和技术的交流与共享，有利于集群各类信息知识和技术的协调发展，提高系统有序程度，从而有助于集群升级。

其次是开放性，产业集群无论是进行技术、战略、知识、组织还是信息、时间方面的集成，都不只是在集群内部集成，还需要根据创新的需要不断搜寻和吸收外界资源和能力要素来完善内部能力结构，这就充分体现了集成体是一个有机开放体。集群通过与外界组织（如：供应商、用户、竞争对手、非相关企业、大学、研究机构、技术中介组织、知识产权机构、风险投资机构、政府部门）不断交换和发生作用，吸取外部资源要素的精华，弥补自身技术资源能力的不足，从而提升自身的整体绿色创新能力。在传统研发方式中，内部学习、研究、开发是产业集群获得新技术的唯一途径。但是随着绿色创新研发方式的改变，依靠多种途径的外部技术导入，如技术购买、技术联盟等逐渐成为产业集群获取技术来源的主流，这充分体现了技术集成能力的开放性特征。

再次是动态性与创造性，技术集成是由特定目标驱动的创造性过程，与外界物质、能量、信息有着密切联系，因为集群外部技术或者是市场环境具有不确定性和不可预测性。因此，集群的技术集成活动并不是固定不变的，而是呈现出动态变化的趋势。同时随着技术集成在广度和深度上的发展以及技术集成要素变化，也将导致原有技术集成系统随之变化。从技术集成内涵看，技术集成过程是一种融入了人的创造性思维的活动。技术集成并非是因循守旧、固定不变的，而是打破原有的框架与思维模式，从各个方面搜寻要素，然后再在原系统的基础上，对这些技术要素比较、甄别，进行重新组合与优化，或者是按照全新方法和关系构造全新系统集成体。

最后是聚集与倍增性，零星分散的各种信息、技术通常没有什么价值，如果信息知识、技术之间毫无关联，对集群而言同样价值不大，只有将其相互联系起来才有可能创造价值，因为彼此密切相关的一系列观点会产生共振效应，从而带来更多观点。集群技术集成是按照一定的技术集成方式和模式进行的构造和组合,可以形成成员企业间优势互补,功能可以得到最佳配合和利用,同时在与外部机构技术集成过程中,通过资源和信息共享,取得外部规模经济,实现其整体功能的倍增和涌现的技术集成目标。

(3) 技术协同能力

在技术协同过程中,集群内部各研发主体之间的技术协同行为集中体现在两个层次:核心研发主体之间,研发主体与辅助主体之间,最终形成研发主体之间的技术协同网络。

① 产业集群内部核心主体间的技术协同能力

绿色创新实践表明,科研机构及高校在基础性研究中的能力突出,而集群企业在生产和市场开拓方面的能力卓越,但集群企业与高校院所之间实现产学研"无缝"对接非常困难。产业集群内部核心主体间的技术协同能力是研发主体间技术协同效应实现的关键,特别是集群企业与高校院所等区域创新组织之间的技术协同,协同的内容主要体现在技术行为的协同一致和资源的互补共享。产业集群内部核心主体间的技术协同能力分为企业之间和产学研之间的技术协同能力。

集群企业之间的技术协同能力分为产业链企业之间和竞争企业之间的技术协同能力。集群企业作为集群核心主体,是技术协同行为实施的主导者。由于技术研发的系统性,必然要求集群企业之间,包括产业链企业之间、竞争企业之间实现技术行为协同一致,互补资源共享和优化,共同提升技术协同的效率和效益。首先来看产业链企业之间的技术协同能力,由于技术发展的高度不确定性,集群企业之间需要围绕创新链和产业链,对集群主导产业发展的共性关键技术节点开展联合攻关,做好统筹协调,提高项目协同效率和创新绩效。由于产业链企业之间一般都具有比较明确的分工,加上长期的客户关系维护,企业之间关系相对融洽,具有一定的信任关系和协同基础,利益一致性强,技术协同行为相对容易发生。但是产业链企业由于业务范围偏小,对集群主导产业的技术研发的整体把握能力偏低,特别是当核心企业的影响力有限时,仅仅依靠产业链企业之间的技术协同能力,集群难以实现显著的绩效。再来看竞争企业之间的技术协同能力,集群内竞争企业之间的人才、信息、优势异质性比较强,可以从更大范围、更高层面进行资源整合,若能实现实质性的技术协同,集群内部竞争企业之间拥有较强的技术协同能力,则集群升级更容易实现。为了实现技术协同效应,集群内竞争企业之间开始通过技术联盟、技术合作协议、联合项目申报、联合研发中心等合作创新形式,提升技术协同的绩效。但是由于市场竞争和利益冲突比较严重,特别是集群主导产业核心技术机密在市场竞争优势获取中的重要性,竞争企业之间创新资源共享的水平比较低,技术行为的协同难度较大,现有的协同主要是形式上的,所以目前我国产业集群内部竞争企业之间的技术协同能力较弱。从创新实践来看,在集群内部,企业之间的协同不仅仅存在于产业链或同行,还往往为两种方式同时进行,并逐步形成协同创新的网络。但是企业与企业之间的实质性技术协同水平较差,多数合作都集中在产业链的范畴,主要是与客户和供应商之间合作;各种技术联盟并未发挥其应有的作用,竞争企业之间的横向技术协同研发则由于利益关系难以处理而效应偏低。

产业集群内部产学研之间的技术协同能力指的是企业、高校和科研机构的三大研发主体间技术协同能力。企业、高校和科研机构共同构成了产业集群技术协同行为的三大研发主体,产学研主体间的技术协同是产业集群技术协同行为的核心,在组织创新、资源共享和成果转化等方面作用突出,已经成为大多数产业集群实现技术协同效应的主要方式。

② 核心主体与辅助主体间的技术协同能力

核心主体与辅助主体间的技术协同能力指的是研发主体与政府、金融机构、中介机构间的技术协同能力。核心主体与辅助主体间的技术协同是产业集群技术协同活动顺利实施的重要条件。辅助主体是技术协同环境的重要营造者,政府对集群技术协同活动的各个实施环节提供良好的技术协同环境,中介机构、金融机构主要提供信息和资金等支撑条件。

表 2.2 集群技术协同能力分类

技术协同能力	核心主体间技术协同能力	企业之间技术协同能力	集群内产业链企业之间的技术协同能力
			集群内竞争企业之间的技术协同能力
		产学研间技术协同能力	企业、高校和科研机构间技术协同能力
	核心主体与辅助主体间技术协同能力		研发主体与政府间的技术协同能力
			研发主体与中介机构间的技术协同能力

2.3.3 产业升级及产业集群升级

(1) 产业升级内涵

产业升级是按照一般的产业发展规律和内在要求,在国内外资源条件和经济环境下,通过一定的措施,不断提高产业的结构层级,保障经济长期持续增长的一种经济活动。可以从宏观、中观和微观三个视角来理解产业升级:

从宏观视角来看,产业升级是指伴随生产要素禀赋由初级向高级的转化带来的资源在国民经济各产业之间的重新配置。或者说,是生产要素由低效率产业向高效率产业的转移,国家整体产业体系层次结构向低投入、高产出的方向发生质的提升。

从中观视角来看,产业升级一方面是指产业的发展由低附加值产业向高附加值产业的转变;另一方面是指产业内企业发展过程中,产业要素特征从劳动密集型向技术密集型、资金密集型演变;生产能力从低生产率向高生产率演变;产品技术含量、产品附加值由低向高的演变。

从微观视角来看,产业升级是指产业内部的企业通过内部资源与能力积累和优化配置,不断提升自身的技术能力,通过成本的"自我发现",一方面创造新的产品,另一方面发现市场上已有的产品如何以更低的成本进行生产,从而形成企业的核心能力,在市场竞争中获取更高附加值的过程。

总之,产业升级是一个产业发展能力的累积与培育的动态过程。从本质上来看,产业升级是加速产业高质量发展的手段,是一个产业发展的短期利益与长期利益的协调以及产业发展能力的螺旋式上升过程。

(2) 产业升级和产业集群升级的关系

产业集群的升级与产业的升级是两个既有区别又有联系的概念范畴。简单来说,产业集群升级是产业升级在特定的区域范围内的一种具体表现形式,有空间层面的考虑,所以产业集群升级与产业升级是具体与一般的关系。产业升级是一个比较宽泛的概念,具有一般性,而产业集群的升级或提升应该被看作是产业升级的一种表现形式,即产业集群升级是产业升级的一种具体表现形式,后者是一个相对宽泛的概念,而产业集群的升级问题不仅是一个具体的产业升级问题,更是一个和组织结构及其品牌文化、知识网络、内部效率切实相关的系统性升级问题。所以在研究产业集群升级问题的时候,不仅要把它当作一个简单的产业高级化的过程,还要从集群组织结构层面上进行考虑。产业集群升级是产业升级的一种具体形式,关于产业升级的理论仍可作为分析产业集群升级的一种理论上的出发点。

产业集群的存在和发展是为了创造更多的竞争优势,但是随着时间的推移,在经济全球化体系和产业生命周期的影响中,伴随着资源稀缺直至枯竭的现状,产业集群也遭受着各种威胁和挑战,随时可能出现衰落的反向替代。所以从集群诞生之日起,对于集群升级的研究和行动就势在必行。然而作为经济地理研究范畴之一,产业集群是一个有空间地域和组织结构依附性的概念,产业集群的升级问题与产业升级是不一致的,与产业升级相比产业集群的升级更具有特色性和具体性。这是因为:

首先,产业集群一般都含有一个主导产业和一些相关配套产业,产业集群升级也就必然首先涉及到集群中主导产业和配套相关产业的升级问题。

其次,产业集群又有附着于特定组织的特性,所以产业集群的升级还包括知识网络、组织效率、品牌等相关组织方面的提升问题。其中主导产业的升级属于产业的结构升级,组织方面的升级则涉及到集群知识网络的升级、集群组织效率升级以及集群区位的升级等方面。但在以往文献中,关于产业升级研究的结论大多都适用于产业集群升级,两者的区分并不明晰,在此,有必要将两者的简要区别罗列出来以便下文进一步研究。

表 2.3 产业升级与产业集群升级的区别

项目	产业升级	产业集群升级
内涵与外延	结构层次合理化、高级化、产品附加值、市场占有率提升	产业升级与集群组织结构同时提升,知识网络完善、组织效率提升、品牌效应提升
理论基础	经济学	经济学、管理学、社会学、地理学
政策制定主体	多为中央政府	地方政府
政策着力点	长期产业战略规划	短期竞争利益

(3) 产业集群升级的内涵

尽管目前国内外关于产业集群升级研究的文献颇多,但至今却没有一个关于产业集群升级的统一明确的定义。作为经济地理研究中的一个特殊现象,产业集群的升级问题不仅仅是一个具体的产业升级问题。从概念上讲,产业集群升级与产业升级是具体与一般的关系,即产业集群升级是产业升级的一种具体形式,产业集群升级除了集群中的产业升级之外,更是一个和组织结构及其品牌文化、知识网络、内部效率切实相关的系统性升级问题。尽管如此,关于产业升级的理论仍可以作为分析产业集群升级的一种理论上的出发点。产业集群升级的内涵应包括以下几个方面:

①在合理利用资源和保护生态环境的基础上,提高全员劳动生产率和集群产品的增加值,这是最基本的内涵。

②集群经营方式的转变,即改变目前以要素投入为主、追求数量扩张的粗放的经营方式,转向依靠科技进步与创新、追求质量提高和品牌效应的集约经营方式。这是产业集群升级的主要内涵。

③集群产业结构和产品结构的提升及相应的组织环境条件的大幅度改进。产业结构和产品结构的提升主要是指放弃一些资源和能源消耗大、环境污染严重、土地面积需求大、科技进步空间小的产业或产品,转向或发展一些高附加值的产业或产品。组织环境条件包括集群的基础设施、绿色创新和服务机构、生态环境建设等硬件条件,也包括制度、文化、信用等软件条件。也就是说,产业集群升级不仅是产业升级,也是组织结构的升级。这是产业集群升级的基本特征。

④集群产业链的延伸、完善,从产业价值链上低端的制造环节向高端的设计、研发、营销、品牌运作及服务等环节延伸,这是产业集群升级的基本方向。

⑤产业集群在全球价值链上获取附加值能力的大幅度提升,不仅要求集群主导产业升级,还要求集群知识网络升级、组织效率升级、区位升级,这是产业集

群升级的根本内涵。

⑥产业集群升级是一个由量变到质变的发展过程,贯穿于集群发展的始终。升级不仅是指集群不同发展阶段的演替,而且也包括每一发展阶段上知识网络完善度、组织效率、品牌度的提高。

2.3.4 产业集群升级的具体表现

基于不同的理论,产业集群升级的表现也是不同的。基于全球价值链理论,集群升级是集群内企业以获取更多附加值为目的从价值链低端的制造环节向高端的研发、设计以及品牌推广等环节迈进的过程。集群按照以下四个阶段进行升级:工艺流程升级、产品升级、功能升级、链的升级,这个过程可以从最低端的组装开始,先后经过委托加工、自主设计和加工、全球物流和自有品牌生产等层级,逐步向全球价值链的最高端跨进,是全球价值链范围内产业集群获得附加值能力的提升的过程,集群升级表现分为工艺升级、产品升级、功能升级、链升级。从集群动态演化的视角来看,集群升级是一种动态过程,在全球价值链上竞争力提升过程。这种演化过程使集群在整个经济系统中的地位获得提升,从这个视角看,产业集群升级表现分为技术能力升级、外向关联升级、创新系统升级、社会资本升级四个方面。从创新网络完善的视角来看,集群升级的本质是集群创新网络趋向完善的过程。集群绿色创新绩效和创新网络完善程度密切相关,集群创新网络完善的过程是集群升级的过程。从这个视角看,可以把集群升级表现分为创新网络关联节点(网络规模)升级、创新网络关联异质度升级、创新网络关联强度升级、创新网络关联深度升级四个方面。从品牌效应的视角来看,集群升级表现为集群品牌形成、集群品牌效应增强、集群品牌对区域经济辐射效应增强。不同研究视角下的产业集群升级表现归纳表2.4所示:

表2.4 不同视角下的集群升级表现

不同视角	集群升级表现
全球价值链视角	工艺流程升级、产品升级、功能升级、链的升级
集群动态演化视角	技术能力升级、外向关联升级、创新系统升级、社会资本升级
创新网络视角	集群创新网络关联节点(网络规模)升级、集群创新网络关联异质度升级、集群创新网络关联强度升级、集群创新网络关联深度升级
品牌效应视角	集群品牌形成、品牌效应增强、集群品牌对区域经济辐射效应增强
集群综合实力视角	产业升级(产业间升级、制造业内部升级)、知识网络升级、区位升级

本研究基于集群综合实力的视角,认为集群的升级不仅包括集群的产业升级、知识网络升级、区位升级,还应该包括集群组织的运行效率升级,因为集群综

合实力不仅意味着内部产业利润增加、知识网络趋向完善、区位实现升级,集群组织的运行效率提高也是一个非常重要的方面,所以应该把集群组织的运行效率提高归到综合竞争力视角下的集群升级表现中。综上,本研究认为产业集群升级的表现包括以下四个方面。

(1) 集群主导产业升级

主导产业升级是从低附加值制造环节向附加值更高的设计研发和营销等环节转变,从低价值、劳动密集型产业向资本和技术密集型产业转变,从物质资源消耗巨大的产业向高新技术产业转变的过程。主导产业升级内容很丰富,包括集群的产品附加值得到提升,集群在市场中占据较大的市场份额,集群在市场中获取的超额利润较高,集群营销渠道拓展能力较强,集群产品系列丰富,集群生产效率得到提升,集群持续进行生产工艺改进等。归纳起来有如下几点:生产效率提升、产业结构优化、产品附加值提高、市场垄断地位增强、利润总额增加。

(2) 集群知识网络升级

产业集群知识网络的升级,包括知识网络的网络结构升级和网络关系的升级。网络结构升级包括网络开放度、网络规模的升级,网络关系升级包括网络关系质量、网络关系强度、网络关系稳定性的升级。网络结构用来描述集群知识网络规模、开放度等特征,网络关系则用来描述知识网络中个体集群企业间的联系情况,网络结构和网络关系两个方面都代表了知识网络中不同丰裕程度和不同品质的知识资源情况。

(3) 集群组织效率升级

集群内部产业组织效率的升级表现在提高市场协调效率、信息传递效率、交易效率等,即产业集群组织效率的提高。市场协调效率升级指的是市场协调机制的完善、集群用更具有柔性的方式去应对市场变化;信息传递效率升级是集群内部企业之间信息传递趋向通畅、信息传递速度变快、信息传递量加大的过程;交易效率升级指的是企业之间交易活动发生难度降低、交易活动趋向频繁、交易费用降低的过程。

(4) 集群区位升级

集群的区位升级主要包含两部分内容:一是集群品牌效应升级;二是集群的区域经济、政治嵌入程度的提升。品牌效应升级是集群依托有竞争优势的核心业务,成为某些产品主要的供应地,影响范围逐渐扩大,形成产业知名度、美誉度以及强大的市场影响力的过程。集群品牌将促使更多企业向集群内集聚,大量的资金、充沛的劳动力、先进的技术、及时的市场信息等要素会源源不断地涌入集群,为产业集群的规模扩张和技术升级创造有利条件。集群的区域经济、政治嵌入程度的提升指的是产业集群在区域内和当地的企业、政府、金融机构、高校院所及大型科研机构之间的有机融合程度提高,以及通过人际和企业关系网络所能获得的资源,包括信任、凝聚力、互惠、忠诚、情感支持等,它们一起构成了集群的精神源泉。

2.4 我国产业集群现状及存在问题

2.4.1 我国产业集群发展现状

从地区分布上来看,目前我国产业集群数量多、地区差异大、分布地区广泛并且分布不均匀,我国集群主要集中在浙江省、广东省、江苏省,而其他地方只是一些零星的、规模相对较小的产业集群。浙江省各地都有大量产业集群,而广东省的产业集群则主要集中在珠江三角洲地区。从行业分布上来看,我国产业集群主要集中在服装、家具、五金、建材、轻工等劳动密集型的传统行业。而高新技术产业集群在我国数量较少,例如有一定规模的北京中关村电子信息产业集群、台湾集成电路产业集群、广东东莞电子产业集群、昆山电子产业集群。当然目前还有一些高科技产业集群不断涌现,但最终产品是工业用品的产业集群的数量还不够多。我国目前大多数产业集群的最终产品是居民消费品,其中与居民生活紧密相关的纺织业集群数量最多,分布最广。

(1) 我国产业集群的地区分布

在我国,产业集群不是一个新现象,而是古已有之。目前我国经济增长中占据重要地位的是改革开放之后逐渐形成,并在 20 世纪 90 年代中期以后受到关注的产业集群。从地区分布上看,中国几乎每个省市都有发育程度不同的产业集群,其中以浙江省、广东省和江苏省最为集中。我国产业集群在地区分布上具有几点明显的特征:

第一,产业集群分布很广泛。华北地区有北京、天津、河北;东北地区有辽宁;华东地区有上海、浙江、福建、江苏、江西、山东;中南地区有河南、广东、广西;西南地区的四川;西北地区的青海、宁夏和新疆均有产业集群。可见产业集群基本覆盖了我国绝大部分省市。

第二,绝大多数地区的产业集群以劳动密集型的传统加工业为主。例如华北地区的河北邢台市清河羊绒产业集群、高扬纺织辛集皮革、天津北辰区自行车生产基地等;东北地区的辽宁省营口市铁制品乐器产业开发区等;华东地区的福建石狮市中国休闲服装名城、金坛服装产业集群等;中南地区的广西柳州市汽车业等;西北地区的青海甘河工业区(从事冶金、化工、建材)等;西南地区的成都武侯区中国西部鞋都工业区等。当然我国也有一些高科技的产业集群,如北京中关村、广东东莞的电子产业集群、上海张江国家生物医药科技基地等,但是与劳动密集型产业相比它们的数量相对较少,且大部分集中在沿海地区。

第三,地区之间和地区内部的产业集群存在较大的差异。例如同处中南地区的广东省和河南省,它们产业集群所涉及的行业差异较大:广东产业集群涉及电子信息业、纺织服装业、制糖工业、轻工业、建材业、食品业、照明电器业、工艺美术、家具制造等数十种行业;而河南省涉及的则是铝冶炼、有色金属、金刚砂等行业。同时,地区内部产业集群也存在较大差异。以广东省为例:揭阳市主要从事金属制品业;中山市和东莞主要从事电子信息、服装;云浮市主要从事建材业;潮州市主要是食品业为主;信宜市则是工艺美术业为主。

(2) 我国产业集群的行业分布

第一,我国产业集群涉及的行业很多,例如化工、纺织、食品、机械制造、家电、建材、木业、皮革业、金属制品业、日用五金业、陶瓷制品、冶金、医药、钟表等。绝大部分的产业门类是民生类产品,进入的资金和技术门槛低,所以我国产业集群主要集中在劳动密集型的传统行业。

第二,绝大部分地区存在的产业集群都涉及多个行业。例如目前晋江就初步形成了以纺织服装、鞋类、建材、食品、装备机械、家用家居、纸制品和通讯器材等为终端的数十个产业集群。例如广东有虎门的服装业、大沥的铝型材和摩托车业、顺德乐从的家具业、中山古镇的灯饰业、新兴不锈钢制品业、云浮石材业、澄海的玩具业等种类繁多的产业集群。

从全国范围来看,产业集群的发展呈现出更为多样化的模式。各个地区自然资源不同、交通运输方式不同、政府经济政策不同等等,都使得产业集群的发展带有浓重的地方特色。从目前看,我国产业集群有了一定程度的发展,但是与发达国家成熟的产业集群相比,我国目前的产业集群还处于前发展阶段,发展层次低、专业化程度低,创新能力还不足,产业集群的综合竞争力还不强,集群发育成长的环境条件还不完善,还存在着不少问题,制约着产业集群的发展壮大。

2.4.2　我国产业集群目前存在的问题

我国大部分产业集群内的企业没有核心技术,大多停留在低水平的往返式生产上,抗风险能力较差。综合而言,其存在问题表现在以下几个方面:

(1) 集群企业核心技术研发能力弱

核心技术研发能力应当是企业竞争力中最重要的组成部分。由于科学技术的迅猛发展已经从根本上改变了竞争的性质,核心技术已成为知识经济时代主要的生产要素和创造新的竞争优势的基础,而且这种无形的智慧创造活动将成为21世纪最有价值的财产形式。当今世界著名的产业集群及企业大都拥有自主研发的核心技术,如索尼公司的微型化电子技术,飞利浦公司的光学介质领域技术,VJC公司的视频、机电一体化技术,NCE公司的数字集成技术等。可以说,拥有自主核心技术是这些著名公司之所以成功的关键,也是其得以迅速发展壮大、在国际市场上纵横驰骋的秘诀所在。但是,国内大多数产业集群内企业的关键核心技术拥有量很少,产品设计水平和产品技术含量低,对技术与装备的系统集成能力差。目前我国大多数产业集群尤其是传统制造行业的产业集群的特点是制造能力较强而技术能力相当弱;产业规模较大而附加值相当低;硬件规模较大而软件规模很小;单机生产能力较强而系统集成能力很弱。大部分企业主要产品的技术含量较低,高技术及高附加值产品比重较小。集群的行业关键技术大多依靠引进和模仿国外技术,自主研发的关键共性技术很少。而产业核心技术受制于人,将严重影响集群的生存与发展。

从利用知识方面看,集群内企业利用外部知识和信息的能力较为薄弱。集群内企业之间的技术合作也很少,同行业的恶性竞争和过度竞争的现象相当严重。不善于利用外部知识和信息,进一步限制了集群内企业的绿色创新能力。可以说,企业技术实力弱、创新能力不足已经成为制约产业集群进一步升级的瓶颈因素。失去绿色创新动力的产业集群是不可能有持续发展能力的,这不仅指高科技产业群,即使是传统产业集群,忽视绿色创新,不重视采用高新技术,也必将在竞争中走向衰败。近两年我国集群发展势头趋缓,绿色创新能力不足应是其中的原因之一。

(2) 产业结构低水平化

目前在我国产业集群内的企业,多以低成本为基础实施产业集聚,这种劳动密集型加工工业的附加值很低,知识和技术的扩散十分有限,容易受到外部市场动荡的打击,集群内企业发展存在着大而不强的隐忧。多数企业产品档次不高,花色不新,仅以低质增量经营为主。近年来广东、江苏等地区的部分传统产业集群出现衰退,其根本原因主要是低水平的产业结构不能适应需求的变化,并极易引发恶性竞争。从需求角度来看,产业结构以劳动密集型为主,因近年来内需不足问题的长期存在,集群内企业要想继续扩大市场份额、增加国内需求,难度很大;从供给角度来看,由于劳动密集型产业的进入门槛较低,导致中低档的低压电器、纺织、服装、食品等传统产业的竞争日趋激烈,而集群内企业之间的竞争又主要以成本竞争为主,因此不可避免要频发"价格战",严重影响了产业集群的可持续发展。

当一个国家把竞争优势建立在初级生产要素上时,它通常是浮动不稳的,其他国家踏上相同的发展阶梯之时,也就是该国竞争优势结束之时。为避免出现这种后果,我国大部分产业集群尤其是传统产业集群要树立危机意识,注重提升产业结构水平,大力开展绿色创新,逐步改变低成本竞争策略,转而为客户提供独特而优质价值和服务的所谓"差异型竞争策略"。特别是应通过培养高素质劳动力、举办商品博览会以及提供市场信息服务等举措,来创造培育产业集群升级所需的高级生产要素。

(3) 社会资本薄弱和有效的创新环境缺失

社会资本薄弱,是指集群内企业间以及企业与相关机构之间缺乏基于信任的合作基础与相互联系的纽带,无法形成合作的创新网络。这种社会资本与创新环境的缺失,主要表现在以下几个方面。

① 企业之间横向关联度低、过于强调竞争而忽视合作

企业间频繁的交往、联系与合作,能够实现优势互补、知识共享,降低交易成本。传统产业集聚理论着重强调外部经济的效应,而现代集群理论却证明,集群内部网络才是产业集群竞争优势来源的重要内部机制。美国的硅谷就是一个建立在集群内部网络基础上的高技术产业集群,网络中的主体密切联系,企业与企业之间有着丰富多样的交流与合作,并促进各个专业制造商集体地学习和灵活地调整一系列相关的技术。但目前大多数传统集群内的企业,长期以来倾向于和政府之间纵向的、传统的、封闭的联系,忽视跨企业、跨产业之间的联系与互动,倾向于企业的单向突进,因而无法共享社会关系网络所带来的创新聚合效应。也就是说,尽管大量的企业在地理上集中于某个区域,在地方上连接成片,然而,在生产上却相对独立,企业之间各自为战,缺乏信任和合作,在发展过程中缺乏应有的各种正式和非正式的技术、知识和信息的交流。由于企业间忽视合作的效用而片面地强调竞争,在行为上"万事不求人",企业间"老死不相往来"。这样,企业之间不但无法像国外相对更为成熟的产业集群中的企业那样,通过合作网络进行专业化分工和创新合作,从而在互动和相互学习中不断创新。相反,在市场竞争中难以合作,甚至相互拆台,导致技术、信息和各种隐含经验类知识流动严重不畅甚至断流。特别是当企业技术开发的基础水平和技术力量相对薄弱时,企业独立的技术开发就严重制约了绿色创新总体水平的提升。事实上,企业无论在什么条件下开展什么经济活动,它的行动都首先是一种社会行动,总要受社会的限定。它总是嵌入于持续存在的社会关系网络之中,这个社会网络与经济网络共同构成了集群内部的创新网络。

② 企业与相关机构之间的合作、联系和知识流动严重不足

在一个绿色创新系统中,最重要的是不同参与者之间的相互联系,这种联系促进了知识流动。也就是说,在集群现有的绿色创新体制下,企业只有与大学和研究机构密切联系,才能诱发新的研究与开发活动;作为高校和研究机构只有与企业密切联系,才能使自己的研究成果不断的及时转化为商品,实现绿色创新的双赢。从我国大部分产业集群来看,企业与高校和研究机构的研发合作比较少。特别是在创新资源和创新能力有限的情况下,企业与科研机构及高校之间开展合作创新,是创新资源有效配置的一个极其重要的途径,这不仅可以消除绿色创新的低水平重复,而且可以加速产业升级。

（4）产业集群内部公共产品供给不足

① 缺乏完善的产品质量保证体系

目前我国很多产业集群内的产品质量缺乏完善的保证体系，这会影响集群的质量信誉，使集群面临的风险加大。无论从低档到中档还是到高档，都需要质量标准来体现，包括功能性、生态性等等，特别是原材料和产成品的质量都要依靠科学的指标及检测。目前还有许多传统产业集群没有完整的质量管理体系和公共质量监督体系，因此无法保证产品质量的稳定性，势必影响集群企业产品的整体形象。

② 绿色创新的中介服务体系需进一步完善

目前虽然我国大部分产业集群已有中介服务机构，但并未充分发挥其作用，还存在许多问题。例如服务机构隶属行业和部门多，管理分散、资源利用率低；规模小、设施差、信息不灵、人才缺乏、机制不活、服务能力弱；在政府层面上没有统一的发展规划，缺乏必要的投入和引导；地方政府未建立起有利于科技中介服务机构的功能社会化、组织网络化、服务产业化的政策法规体系。另外，社会对科技中介服务机构的认识还存在偏差，科技中介服务机构缺乏发展的环境。

（5）"产学研"合作机制尚未完全建立

根据对全球 226 个著名产业集群和科技园区的调查，依托大学和研究机构创建的达 83.6% 之多。在绿色创新体系中，大学、研究机构作为知识、技术和人才的主要供应者，直接参与了知识的生产、传播和运用，而集群内企业对大学及其研究机构提出技术需求并提供科研经费，使得大学根据市场需求进行绿色创新能力明显增强。美国硅谷信息产业的集群就是以斯坦福大学为创新源，并且在发展过程中始终得到斯坦福大学在技术人才上的支持，从而使硅谷成为美国经济最活跃、创新最积极的地区。但是目前，我国众多产业集群尤其是传统行业的产业集群与大学科研院所的合作仍然是相当匮乏的。一方面，集群内有些企业与本省或邻近省市高等院校的科研院所几乎没有联系，仅仅依靠自行研制，或者从国外引进技术，但消化吸收能力又不强，缺乏后劲。另一方面，研发能力强的高等院校、科研院所未能成为集群内企业创新的技术源泉。

（6）集群内缺乏促进企业绿色创新的区域文化

美国学者萨克森尼安在其专著《区域优势：硅谷与 128 公路的文化与竞争》一书中指出，硅谷之所以后来居上，发展超过 128 公路地段，良好的区域人文环境是一个重要原因。在硅谷，没有等级，没有特权，有的只是对新思想、新创意的追求。企业之间既相互竞争，又相互合作，人们崇拜成功者，但决不会鄙视失败者，人才在硅谷可以自由流动，而正是这种所谓的硅谷文化促进了硅谷高新技术的快速发展。但是在我国传统产业集群内，企业间的合作程度低，人文关系网络缺乏严重阻碍了企业绿色创新能力的提升。此外,绿色创新具有高度的不确定性,它的成功在相当程度上依赖于各种信息的迅速收集与处理,以及对各种资源的快速整合。非等级制度带来的灵活、职业的高流动率和讲求合作及重视非正式交流所导致的信息与技术的快速扩散则明显地有助于这种快速整合。

(7) 集群组织效应不强

我国目前大部分产业集群基本上还只能获得被动的、初步的集群组织效应。产业集群之所以盛行,主要是其独特的生产组织方式带来的集群组织效应。在产业集群组织效应中,因聚集而产生的经济外部性,只是一种伴生的、被动的、静态的效应,它的强度有限;产业集群的最大效应是行动主体的共同行动,它是一种主动的、动态的、持续的效应。在发达国家中,一个产业集群经过 10 年的发展便可趋于成熟,而成熟的产业集群是以获得较强的共同行动效应为特征的。纵观我国的产业集群,虽然经过了 30 年左右时间的发展,但目前能获得以共同行动为主要集群组织效应的产业集群寥若晨星。

2.5 绿色创新能力对集群升级的作用路径

2.5.1 集群组织惯域构成

(1) 集群组织惯域概念

惯域理论研究始于 1980 年,美国堪萨斯大学教授 Po-Lung Yu 将心理学、运筹学及人类的经验智慧等多学科综合起来,通过对个人行为决策的研究,建立了个人惯域的理论体系[117]。HD 被译为"习惯领域""习惯域"(马蕾等,2003)[118]、"惯域"(冯俊文,1999)[119]。对于个人习惯领域,Yu 认为:"每个人大脑所编码、贮存的知识、经验、思想、方法、技巧以及各种信息等等,经过相当的时间以后,如果没有重大事件的刺激或没有全新信息的进入,这个编码和贮存的总体,将处于相对稳定的状态。思想(指大脑编码、贮存)一经稳定,对人、对事、对问题、对信息的反应包括认识、理解、判断、做法等,就具有一种习惯性,也就是具有比较固定的条条框框。这种习惯性的看法、做法和行为,就是习惯领域的表现。"Yu 除了界定习惯领域的内涵和外延,还从四个方面对个人习惯领域进行了系统的研究,这四个方面是:对人类行为基础的研究、行为通性研究、个人习惯域研究以及 HD 理论应用研究。该理论应用在指导人类冲突、竞争个人生涯管理、领导的实践活动中,与"智商"一样被称为人类又一"软件"。Yu 的理论引起了世界各国管理学界和行为学界极大兴趣。目前许多国家和地区已经成立了惯域研究中心,如在美国、马来西亚及我国的台湾省,惯域理论研究现已成为了一个独立的研究领域。HD 不仅存在于个人也存在于各种组织中,从目前文献看,惯域主要包括两个研究领域即个人惯域理论(PHD)和组织惯域(OHD)理论研究领域。

集群组织惯域源于个人习惯域的研究,因此,集群惯域的概念也是从个人习惯域延伸而来,是泛指集群各种具体功能的惯域,如集群的行为惯域,集群的结构惯域等。其内容也包括集群行为或组织结构方面的知识、经验、信息的总体在一段时间内保持稳定,使集群在生产经营中的行为就有一种习惯性,这种习惯性行为是集群惯域的具体表现。集群惯域的知识、经验、信息总体是集群处理问题的潜在能力,使集群惯域表现出相对稳定性,随着时间的变化,知识、经验、信息的总体也会改变,从而引起集群惯域的变化,使集群惯域具有可变性特征。集群升级可以看做是集群组织惯域变化的结果。Sterman. J. D(1989)提出过,组织惯域可以从组织的行为、结构等方面进行分析[120]。基于此,本节将集群组织惯域分为集群组织的行为惯域、结构惯域、环境惯域。虽然集群惯域源于"个人习惯域",但是它们是有区别的,其一,由于集群是有机的、开放的系统,决定了集群惯域是在信息交流的环境中形成的,它没有个人习惯域中关于"无信息进入或无全新信息刺激"的这样假设;其二,尽管集群组织由其成员组成,这些成员企业也有其各自的惯域,但是,集群惯域不是其各成员企业惯域的简单加和,而是众多成员企业惯域的涌现性,它们之间是复杂的非线性关系,这也是由集群是复杂有机系统的特点决定的。基于以上分析,本研究将集群组织惯域定义为:集群组织在其发展过程中所呈现出的经营行为选取范围、组织结构变动范围、内部环境调整范围、外部环境适应范围。集群组织的发展(集群升级)可以看做是集群组织惯域优化和拓展的结果。

(2) 集群组织惯域构成

Sterman. J. D(1989)提出组织惯域可以从组织行为、组织结构、组织环境三方面进行分析[120]。基于此,本节将集群组织惯域分为集群组织的行为惯域、结构惯域、环境惯域。环境惯域分为集群组织外部环境惯域和内部环境惯域,其中集群组织外部环境惯域主要是集群所处的外部环境中各个主体的惯域,例如合作者惯域、竞争对手惯域、供应商惯域、政府惯域,这些主体的惯域非集群组织本身所能改变或拓展的,所以不在本研究范畴,本研究重点为集群组织行为惯域、结构惯域、组织内部环境惯域,其中内部环境惯域由集群组织特性惯域和集群组织效应惯域构成。

(3) 集群组织惯域在集群发展中的作用

组织惯域是其生产经营活动顺利进行的基础。集群组织惯域是通过集群在日常活动中的各种功能反映出来的,一个集群的正常运行要求其内部有一个有序的环境,且能够高效处理内外部问题,如果没有集群组织惯域存在,集群就不能正常运转。以集群组织惯域中的经营行为惯域为例,其通过其成员企业的有

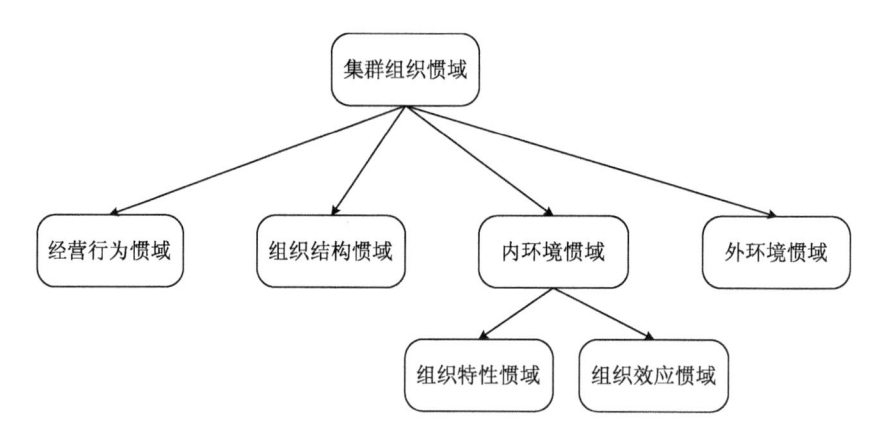

图 2.5　集群组织惯域构成

规律性的经营行为,使集群在时空上有序运行,为集群企业在日常经营实践中提供各种知识、经验、方法、方式,为集群在市场中遇到的问题迅速提供解决方案。如果各个成员企业没有摆脱自身惯域而形成稳定的集群组织结构惯域,那么就会产生朝令夕改的不稳定局面。集群组织惯域的内涵越丰富,处理问题的方案就越多,集群就能以越高的效率处理问题。

绿色创新能力能对集群组织惯域产生一定的拓展作用,扩大集群组织惯域,使集群组织惯域具有更大的弹性空间。集群升级可以看做是集群组织惯域不断拓展、不断优化的结果,集群组织惯域在集群发展过程中和集群组织能力一样可以被看做是一个"软件""软实力",集群组织惯域优化程度越高,集群组织发展就越顺利,升级目标也越容易得以实现。

2.5.2　绿色创新能力和集群升级的关系

产业集群升级可以看做是集群组织惯域在绿色创新能力作用下得到优化、拓展的结果。当前国内外学者对绿色创新能力和集群升级间关系的研究大多从绿色创新能力通过某种中介机制来作用于集群升级出发,而对于这种中介变量的选择,有学者从集群的知识溢出入手,研究绿色创新能力促进集群知识溢出;有学者从绿色创新能力深化了集群内部专业化分工的角度入手;有学者从绿色创新能力推动集群产业转移行为的发生,提升产业转移绩效的视角出发研究绿色创新能力对集群升级的积极作用。这些研究成果为本研究视角的选取提供了参考,目前研究成果的最大缺陷是没有将绿色创新能力和集群升级之间的中介变量,例如集群知识溢出、专业化分工程度、产业转移行为等进行系统化归纳。虽然这些学者在研究绿色创新能力和集群升级的关系研究中选取了不同的中介变量,但是他们并没有意识到,这些中介变量都属于集群组织惯域的范畴,而目前还没有学者将集群组织惯域这个概念提到集群升级的研究中。因此目前还没有从集群组织惯域视角对绿色创新能力和集群升级之间关系进行系统性研究的成果,现有的研究成果缺乏从全局的角度对绿色创新能力对集群升级影响过程中的中介变量——集群组织惯域的作用进行深入系统的研究。本研究对集群组织惯域进行全面考虑是对绿色创新能力影响集群升级的有益补充,本研究视角选取如图 2.6 所示:

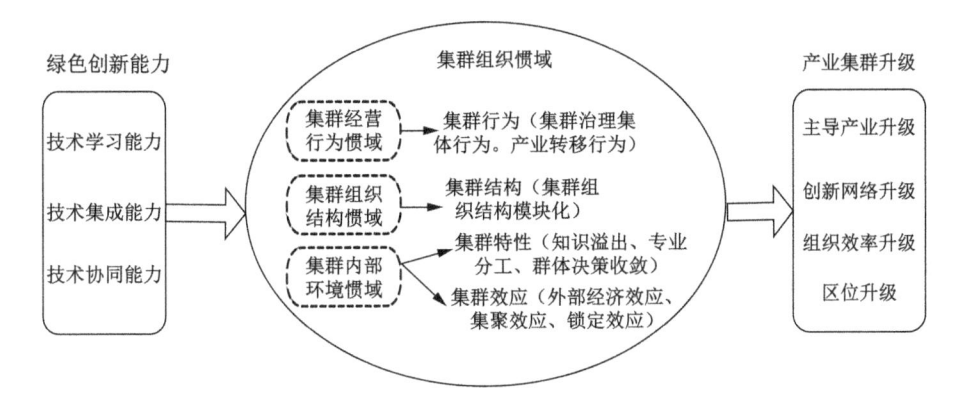

图 2.6 绿色创新能力对集群升级的作用路径

2.6 本章小结

本章首先分析了产业集群绿色创新能力和产业集群升级的概念。产业集群是在某一个特定领域内相互联系的,在地理位置上相对集中的企业组合而成的组织,这就造成了产业集群绿色创新活动和单个企业绿色创新活动相比,具备了一些不同的特质。产业集群绿色创新是由企业、科研机构、大学、金融机构、政府等不同的参与者共同参加新产品新方法的研究、开发、生产和销售的过程;各个参与主体之间通过合同或非正式安排建立联系开展一系列学习、集成、协同的技术相关活动。所以本章基于对集群创新活动的分析将产业集群的绿色创新能力分为技术学习能力、技术集成能力、技术协同能力;根据产业升级的内涵,分析了产业升级和产业集群升级的关系,进而通过对比,确定产业集群升级是一定组织结构范围内的产业升级,即产业集群升级是产业升级在特定的区域范围内的一种具体表现形式,得出结论:产业集群的升级问题不仅是一个具体的产业升级问题,更是一个和组织结构及其品牌文化、知识网络、内部效率切实相关的系统性升级问题;在研究了产业集群升级的内涵的基础上,结合产业集群特点,将产业集群升级表现确定为:集群主导产业升级、集群创新网络升级、集群组织效率升级、集群区位升级。然后分析了我国产业集群的发展现状和目前存在的问题,最后阐述了基于集群组织惯域视角的研究视角。

第三章
国外产业集群的成功经验及对我国的启示

3.1 发达国家产业集群成功的经验

3.1.1 美国硅谷高新技术产业集群

硅谷(Silicon Valley)位于加利福尼亚以北,旧金山湾区南部的圣塔克拉谷地,是世界上最早研究和生产芯片的地方。2008年硅谷人均GDP达到83 000美元,居全美第一,以不到全美1%的人口创造了全美5%的GDP,创造了世界产业园的奇迹。"硅谷效应"已扩展到世界许多国家地区,印度班加罗尔软件园、日本九州硅岛、中国中关村等是在信息技术时代成长发展起来的行业典范。美国硅谷高新技术集群的成功经验主要有以下几点:

(1) 拥有丰富的人力资源

硅谷内具备高科技创新能力的人力资源非常丰富,其密度可谓世界之最。研究表明,创新活动具有在产业界研发活动密集、熟练劳动力富集的区域集聚成群的空间倾向性,这与硅谷发展历程是相吻合的。例如,如今世界上的诺贝尔奖获得者有近1/4在硅谷工作,该地区有6 000多名博士,占加州博士总数的1/6。

硅谷雄厚的人力资源主要来源于以下三个方面:第一,硅谷内聚集着众多世界著名的一流大学和研究机构,如斯坦福大学、加州大学伯克利分校、圣克拉拉大学等,这些大学和研究机构源源不断地为硅谷供应着大量一流工程师;第二,鼓励创新和冒险的文化氛围以及方便易得的融资渠道吸引大量具备一定技术、希望能够进行创业的人才,加速了硅谷内人力资源的聚集;第三,由于大量著名企业聚集,这些企业从全球各地招募杰出的技术人才和管理人才参与到公司建设和发展中,著名企业的聚集加速了硅谷人力资源的集聚。

(2) 特有的文化氛围

简单地讲,硅谷文化主要特征可归结为:鼓励冒险和创新、善待失败和错误、企业和个人间乐于合作等。首先,硅谷的创业精神比较独特,几乎每个人都具有勇于冒险、不断进取的独特思维方式;另外,创业精神还体现在区域内劳动力在区内公司间频繁的流动。区域内的这种独特思维方式和创业文化,提供了公司衍生的土壤,也提高了硅谷创新持久力;其次,由于高新技术市场的高风险性,新企业的市场存活率特别低。而硅谷对创业者失败或技术管理人员的错误所持的宽容使得大家对失败或错误不再畏惧,对新知识和新技术的尝试更加积极踊跃,这也是硅谷保持活力的一个重要因素;再有,硅谷区域内各行为主体之间令人吃惊的合作文化和精神也十分独特。市场竞争要求持续创新,而公司间的正式和非正式合作则是创新的一个重要推动因素。

(3) 完善的风险投资系统

硅谷内新企业衍生的能力之所以如此强,关键是因为成功的风险投资为区域内创造了一个崭新的金融环境。美国是世界上风险投资规模最大的国家,其风险投资总额已占世界风险投资的一半以上,而硅谷的风险投资又占到了美国的1/3。目前硅谷的风险投资公司有200多家,这是硅谷不断成长壮大的重要条件。由于风险投资的促进作用,硅谷地区的科技型小企业成长迅速。斯坦福大学也积极参与风险投资,定期将一部分外界捐款投入到风险投资活动中去。IT产业是一个知识、技术密集型的产业,需要大量的投资,如果没有足够的资金支持,就无法开发出新技术,更不可能把这些技术进行产业化。风险投资是IT产业发展的重要因素,成功的风险投资为硅谷腾飞创造了良好的融资环境和有力的资金支撑。萨克森宁认为,风险资本产业是IT产业崛起的经济引擎。2003年硅谷风险投资占全美的33%,任何有价值的创意和技术都能在硅谷得到很好的投资和帮助。纳斯达克股票市场更为硅谷创新企业的上市融资创造了有利的条件。风险资本具有高风险高收益的特性,通常大约90%的风险资本投资会以失败告终,但一旦成功,回报将是投资资本的成百上千倍。基于这点,风险投资者都会积极参与所投资企业的运作,向创业者提供业务计划和发展战略的建议,招募关键管理人员,在董事会任职等,以便为企业提供关系网络服务和成熟管理经验。

(4) 政府提供的扶持和帮助

在硅谷的发展过程中,政府通过各种手段调动和保护创业者的积极性,发挥了催化剂和润滑剂的作用。首先,政府通过采购或直接投资对硅谷内的企业进行支持。美国国防工业曾多次通过订单方式向硅谷的一些高科技研究项目提供联邦补贴,用于研究开发,早至1959年,当时硅谷著名的仙童公司获得1500万美元的合同,为民兵式导弹提供晶体管,1963年该公司又获得为"阿波罗"宇宙飞船导航计算机提供集成电路的合同。从1958年到1974年,五角大楼向硅谷的公司共采购了共计10亿美元的半导体研究成果和产品。互联网最早属于政府项目,包括网景在内的一些硅谷公司都直接或间接获得了政府投资的研究项目的支持。其次,政府制定一系列利于产业发展的优惠政策。例如加州政府有一套完整的《加州投资政策与指南》,包括鼓励政策、企业保护区、雇佣信息查询、雇主附加值服务、金融援助、地方鼓励政策等。最后,政府还制定了一些影响企业改革和创业的法律,如商业法、专利法、反垄断法、移民法等,这些法律不同程度地影响着硅谷的发展,相对于美国的其他地区,硅谷的相关法律更加完备,极大地增强了硅谷的发展活力。

(5) 形成独特的创新网络

硅谷已经形成了成熟的、利于产业发展的创新网络。在这个创新网络中,丰富的高科技人才、鼓励创新合作的文化、大量的风险资本、政府的协调与配合,共同促进硅谷发展。得益于鼓励创新合作的文化氛围,硅谷内大量高科技企业之间的交流合作活动非常频繁,通过交流掌握他人经验、科学思维方法、尚未充分发掘的各种知识与经验的沉淀,产生头脑共鸣,激发创新思想。政府是硅谷创新网络的组织者、建设者和维护者,政府通过法律、经济和组织管理手段在制度、环境和政策层面上,引导创新活动方向、保护创新成果、协调创新主体间的矛盾,鼓励大学、科研机构和企业间的协同创新。硅谷的创新网络构成如图 3.1 所示。

① 以高校为依托搭建校企合作创新平台

硅谷是一个高层次的智力库,内有斯坦福大学等 10 余所世界著名高校,拥有丰富的科技、人才、信息优势,为企业源源不断输送科技成果。以高校为依托建立校企合作创新平台,是硅谷成功的组织基础。20 世纪 50 年代初,斯坦福大学校长将千余亩土地租赁给高科技公司建立工业园,商讨新技术合作研发项目,开创了校企合作模式的先河。教学、研究和应用一体化,迅速产生了丰厚经济和社会效益,吸引瓦瑞安、惠普、柯达等知名企业陆续进驻园区。高校与工业园内高科技公司原发性创新、应用技术、新产品市场化等方面良性互动,吸引了大批学术人才和创业能手,世界最先进的尖端人才的涌入,又推动了教学科研、学术创新等基础性研究和应用性研究的快速发展,大大缩短知识创新、创新成果市场化、商业化的过程,获得了可观的经济效益。斯坦福师生和校友创办的硅谷企业产值占硅谷总产值的 50%～60%,高校知识创新与市场需求的完美对接,是硅谷持续发展的保障,可以说没有斯坦福就没有硅谷,它是硅谷的"孵化器"。

② 完备的创新支撑系统

创新是一个系统工程,校企合作创新平台是硅谷成长壮大的重要基础,良好的外部支撑环境也是硅谷产业园不断发展壮大的重要保障:a. 宽松、活跃的创新文化与环境,创新是对旧的思维模式、生产工艺和技术的挑战,存在着风险与不确定性。据统计硅谷创业的失败概率大概有 60%～70%,能存活十年以上的公司只有 10%,10%～20% 的公司存活 3～5 年。面对如此多变、严峻的创新过程,创业者们勇于面对和接受失败,敢于在失败中继续施展创新想法,保持创新的活跃度和积极性,是硅谷创新文化对创业者们影响、熏陶的结果,硅谷的创新文化环境,锤炼那些从失败中站起来再干的创业者,使他们再次敢于尝试与挑战。b. 知识产权开发与保护意识强烈,硅谷企业十分重视知识产权开发与保护,专利注册是保护企业核心技术和发明,保持公司竞争力的来源,也是硅谷创业持续发展的重要保证。2006年的一项统计表明,全美20个最具发明创造能力的城市有10个在硅谷,平均每年约有四千多项专利申请注册。注册后注重自身知识产权保护,保护已有专利技术,以自身的专利技术自由进入市场、吸引投资和提高公司信誉,防止竞争对手进入公司潜在的市场。c. 完善的金融资本服务。风险资本是创新企业成长的营养源,风险投资公司则是企业创新的加油站。在企业创业初期,风险投资公司通过多种渠道向金融机构及个人提供融资服务,为创业项目进行风险分析与评估,提供信息咨询、管理咨询、战略决策等多方面的服务,极大提高创新成功机率。21世纪以来,硅谷平均每年吸引300多亿美元的风险资本,全美600多家风险投资企业中近半数将总部设在硅谷。

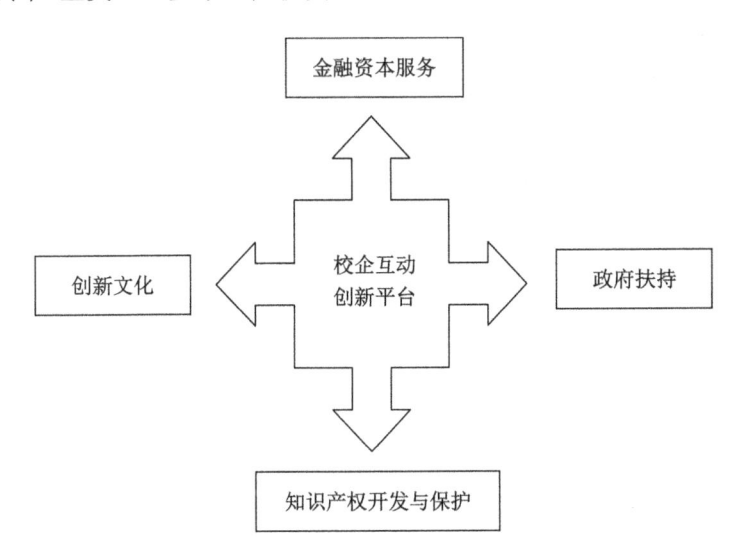

图 3.1　美国硅谷创新网络构成

3.1.2　日本丰田城汽车产业集群

丰田汽车产业集群分布在毗邻名古屋的丰田市及附近地区。丰田市共有人口约32万,距离名古屋市只有20多千米,因丰田公司而得名。丰田公司作为日本最大的汽车公司,在丰田市及周围地区设置了10多家制造厂,使这里成为日本汽车制造最密集的地区。在全球范围内,丰田在2003年已取代福特成为第二大汽车生产商。现在丰田营运利润率为8%,这让底特律的三大汽车制造商汗颜。即使受到日元升值的影响,丰田利润仍是创纪录地超过10 000亿日元,是1999年的两倍,也是日本企业中第一个利润超过10 000亿日元的企业。丰田由此成为过去 10 年中这个星球上赢利能力最强的汽车生产商。这样的成绩使得丰田现在的市值超过 1 000 亿美元,比通用汽车、福特汽车、梅赛德斯-奔驰三者市值的总和还要高。丰田公司之所以能取得上述成就,得益于丰田汽车产业集群。推动丰田汽车产业集群发展的因素,归纳起来有以下三方面:

(1) 核心企业的主导作用

日本丰田城是世界著名的汽车产业集群之一,它采用的是轴轮式发展模式。丰田汽车公司是轴心企业,大量中小企业作为轴心企业的供应商聚集在它周围。由于轴心企业处于集群网络的关键节点,能够对相关企业及整个集群的发展产生重要影响,因此,对于丰田汽车产业集群的认识,必须从认识丰田汽车公司开始。丰田汽车公司自 1937 年开始生产汽车以来,一切从头开始,白手起家,经过半个世纪的努力,终于跻身最知名的大企业行列。翻开丰田的创业史,不难看出,在其成长和发展道路上充满艰难和曲折。第二次世界大战后初期,日本经济陷入困境,技术水平低下,国内大规模劳资纠纷、石油危机、日元大幅升值、日美贸易摩擦不断等,无一不对丰田汽车公司的健康发展产生巨大影响和冲击。但是,丰田汽车公司凭着它独特的经营战略、管理方式、销售手段、企业领导模式、企业文化建设,终于从一个默默无闻的小规模汽车生产厂壮大为日本最大汽车生产集团。丰田汽车公司在成长壮大的过程中,逐渐形成一种核心能力:创造可共享的商业理念,选择合适的伙伴,开拓市场,倡导信任和合作精神。这种核心能力的形成,有利于吸引中小企业向其靠拢,与其合作。并且丰田汽车公司所倡导的理念、文化也得以在中小企业中贯彻实行,从而在企业间易建立一种共同体关系,大大推动了集群的发展。

(2) 紧密的本地化网络联系

丰田汽车产业本地化联系包括两个层面联系:一是组织联系;二是地域联系。丰田汽车产业组织联系主要是围绕独特的下承包制展开。下承包制就是大企业与中小企业以垂直型分工为依托建立起带有组织因素的非经典交易联系。它的基本形式是等级机构,可形象地比喻成金字塔形。大企业处在塔顶,用零散的中小企业为底,依企业规模和经营能力分成若干等级层次,层次之间的企业关系是承包关系。比如,在丰田汽车产业集群内部,丰田公司处在塔顶,下面有 168 家一次下承包企业,4 700 家二次下承包企业,31 600 家三次下承包企业,而四次以下的则无法统计。通过这种层层承包关系,丰田公司与有承包关系的中小企业形成一种纵式企业系列,系列中大企业丰田汽车公司与下承包企业间不仅是单纯合同关系,大企业在一定程度上对下承包企业有支配权。在下承包制下,企业之间这种不平等等级结构关系能否长期存在? 答案是肯定的。实际上,以等级结构为基本形式的下承包制对大、小企业来说是一种双赢的组织形式,它们均可从中获得诸如减少信息需求量,降低信息搜寻成本、提高劳动生产率,分担市场风险的好处。围绕这种下承包制,企业之间既相互竞争,又相互依赖;既有贸易关系,又有非贸易关系;既进行正式交流,又进行非正式交流,从而形成一个紧密的企业网络。企业间存在竞争关系。在下承包制中,中小企业与大企业间存在巨大差距,这使他们之间无法在同一起跑线上开展竞争。因此企业间竞争主要是中小企业与大企业的分层竞争。中小企业竞争主要围绕着争取大企业的定货而集中在产品质量、交货时间、价格三方面进行。但需明确的是,他们之间竞争并不是为了追求自身利益最大化而通过各种手段损害竞争对手利益的机会主义行为。在企业之间有一套竞争规则,这些规则由地方文化形成,建立在信任的基础之上,任何采用机会主义的行为都将付出巨大代价。因此企业间都是积极通过设备改良、绿色创新从而降低生产成本,获得质量、价格等方面优势而展开竞争。

企业间存在相互依赖关系。这主要表现在两个层次上。一个层次是指大企业与中小企业之间因为承包关系而存在依赖关系;另一个层次是指中小企业之间的依赖关系。随着丰田公司对汽车市场的进一步拓展,一级下承包企业开始向其他零部件供应商进行业务分包,从而形成了多级下承包企业。丰田汽车公司和其下承包企业在地域上也存在紧密的联系。丰田汽车产业都集中在丰田城。丰田城拥有分属于144家公司的160个工厂,其中86家公司的104个工厂是生产汽车及汽车零部件的。以丰田汽车公司总厂为中心,一个个工厂按照炸面圈的形状相继建立起来,从而形成一个直径10千米左右,面积约8 000万平方米的丰田工业区。下承包企业也会向这里集聚,主要是由于"路径依赖",即丰田公司总部建在这里,同时丰田公司倡导及时生产方式,这在客观上要求下承包企业要向丰田公司靠近,从而节约成本,节省工件时间。由于以上原因,丰田汽车产业能在地域上集聚,而丰田城因为同类企业的集中而出名。在丰田汽车产业不断发展过程中,由于"马太效应",越来越多的零部件专业生产商向这里靠拢,甚至连那些只有简单生产工具、雇用人数在5人以下的工厂也会被吸引进下承包体系,挂靠在三或四级下承包企业之下。就这样,丰田城成为了著名的汽车产业集聚地。

(3)丰田汽车产业经济活动的社会根植性

产业集群的发展,不仅取决于经济因素本身,而且取决于社会和文化因素。丰田汽车产业集群的社会根植形成原因如下:在集群形成的初期,丰田有一定的宗族色彩。在丰田城有一个由14个企业组成的丰田集团。它是以丰田汽车公司为核心,集团内的企业大都从事零部件、钢铁、工作母机、纺织机、纤维、家庭用品等生产活动。丰田家庭成员就像一棵大树的分支一样遍布整个丰田集团,又像一张巨网覆盖了纺织、汽车及与汽车相关的行业。由于这种特定的人缘、地缘、血缘关系的存在,产业集群内容易建立一套大家共同遵守的行为规范,在成文或不成文的规范的指导下,企业内相互信任程度很高,从而降低市场交易成本,使企业间贸易与非贸易、正式与非正式联系加强,这种联系的加强反过来又使集群相互信任的社会网络得到巩固。日本特有的"商习惯",也加强了地方社会的亲和和信任。商习惯是企业在交易过程中的一些社会惯例,它带有很浓的人际关系味道。大企业和中小企业在交易过程中不仅要考虑到经济原则和短期利益,也要考虑到商习惯。例如丰田公司由于各种原因在减少定货时,一般会向成本低的下承包企业购进工件,但基于这种商习惯,也会保留成本高的企业,并经常提醒和帮助他们降低生产成本,这使企业间的关系十分融洽。而且由于这种商习惯,企业间信任度极高,企业在定货时一般不签订定货合同,而只是以口头或便条方式达成协议。

3.2 发展中国家产业集群成功的经验

产业集群作为一种生产组织方式,并非只出现在发达国家。目前,产业集群已经成为众多发展中国家发展本国经济的重要手段,并在一些发展中国家的经济起飞过程中发挥重要推动作用,例如印度班加罗尔软件产业集群和新加坡裕廊石化产业集群。

3.2.1 印度班加罗尔软件产业集群

班加罗尔位于印度南部,是卡纳塔克邦首府。自印度1947年独立以来,一系列科研机构在班加罗尔落户,如印度太空研究机构、国家航空实验室、国家软件科技中心等。数以千计的工程师、科学家来到这里工作。因此,在外国跨国公司发现班加罗尔的潜力之前,该城已是印度电子工业中心。20世纪90年代初,印度政府制定了重点开发计算机软件的长远战略,并将全国第一个计算机产业集群建立在班加罗尔地区。1992年班加罗尔成为印度第一个设有卫星地面站的城市,以专门的卫星通讯渠道,为软件出口提供高速信息交流服务。2000年8月,班加罗尔又在印度率先建立科技孵化中心。截至2010年,班加罗尔高科技企业达到45 000家,其中8 000多家有外资参与,还有大约2 500多家外国公司在这里开展业务。2010年印度软件产业实现产值870亿美元,其中出口540亿美元,出口到世界97个国家。班加罗尔已经成了全球第五大信息产业集群和世界十大硅谷之一,甚至被认为已具备向美国硅谷挑战的实力。

(1) 集群企业间丰富的信任资源

从班加罗尔软件产业集群的历史发展过程可以看出,班加罗尔软件产业集群的形成有着很强的历史性和路径依赖性,这两个特性使得产业集群企业彼此之间有着千丝万缕的联系,并且在无数次重复信任博弈的基础上,在班加罗尔软件产业集群企业间产生了十分丰富的信任资源。信任是社会资本的关键要素，也是产业集群最重要的无形价值。印度的软件工程师们有一种普遍的认识：信任是培育集群内部组织之间关系的粘合剂，如果允许他们与其他组织的同事自由沟通，那么他们将更富于创造力和创新。班加罗尔的软件组织需要创立一种松紧适宜的根植性，紧得足以保护竞争力，松得足够知识转移畅通。所以，班加罗尔软件产业集群企业间互相信任和开放的心态使得高手很乐意向初学者传授各种经验，"导师"(mentoring)也成为班加罗尔软件集群职场的最大特色。各种场合下人们交换创意，加速了知识的扩散，形成比较充分的信息环境，于是，在集群外很难获取的行业信息，在集群内部可能是人所皆知的。

班加罗尔的行业组织从一定程度上保证了信任机制的建立，如印度国家软件与服务公司协会、信息技术产品制造者协会、电子计算机软件出口促进理事会等，这些行业组织是集群内企业沟通的桥梁和纽带，在软件产业中起到了沟通联系、协调矛盾、扩大宣传、组织研讨、向有关政府部门反映企业呼声和促进企业发展等作用，而且还成为企业之间的信托代理人，信任机制在那里得到最大程度的保障。企业与机构之间互相熟识，每个单位的行动都是可信赖的。如果哪个企业破坏行业规范，不守承诺，轻而失信，它将受到行业协会的严重惩戒和集体制裁。

班加罗尔软件集群的信任机制还体现在软件品质可靠、交货准时。目前全球通过最高软件标准 SEI-CMMS 的 52 家公司中有 30 家落户班加罗尔，他们把软件缺陷率控制到 0.02% 以下，项目准时率由原来的 30% 提高到 70%，比一般软件公司高一倍左右；集群内部厂商之间相互信任结成卡特尔组织，在技术、市场、价格等方面串谋，共享社会资本带来的超额收益等等。

班加罗尔软件产业集群企业间的信任资源还使群内企业资源共享，降低了机会主义、逆向选择和道德风险的程度，提高了生产柔性，减少了不必要的矛盾冲突，并降低了交易成本。这种信任使得企业间交流十分频繁，使信息流转加快，使知识整合、扩散、共享和相互学习的氛围更加浓厚，并且为班加罗尔软件产业集群赢得了良好的声誉。对产业集群稍有了解的人几乎都知道印度的班加罗尔软件产业集群是全球最大的产业集群之一，是产业集群运作成功的案例典范，这为班加罗尔软件产业集群企业赢得了更广阔的市场空间。

信任资源成为根植于班加罗尔软件产业集群的公共物品，且日益累积，构成班加罗尔软件集群企业间共享性资源的重要组成部分，共同促进了产业集群的成长，迅速提高了集群的全球竞争力，并有力地推动了卡纳塔克邦区域经济的发展，而且为印度软件业、高科技产业以及国民经济发展做出了巨大的贡献。

(2) 集群较强的外向学习能力

据统计，自 20 世纪 60 年代以来，大学毕业后到美国留学或工作或移民的印度人累计有 40 多万人，印度因此培养和储备了大量的科学技术人才，同时，这也为在印度和美国之间建立科技产业的"桥梁"和"纽带"、提升班加罗尔软件产业集群外向技术学习能力奠定了基础。这种师徒相承的"人脉关系"网络，使印度和欧美，尤其是和美国之间在高技术产业方面的市场联系非常密切。在印度软件产业界具有启蒙性质的那些印度软件专业的留学生，大多数曾在美国硅谷工作过；而硅谷作为世界信息技术产业的发源地，也一直是印度信息技术留学生毕业后工的首选地。在完成了资本和技术的原始积累之后，同时随着印度软件产业发展环境的改善，在硅谷的印度软件企业家开始兴起"归国潮"。这些"海归派"中的大部分开始在印度自主投资开办软件公司，或者受跨国公司（多数位于硅谷）的委派，回印度开设软件加工基地或软件研发中心。诸如塔塔、Infosys、韦普罗等"海归派"创办的公司和惠普、IBM、SUN、甲骨文、微软和英特尔等跨国公司，都通过在硅谷工作过的印度软件工程师和企业家帮助其在班加罗尔设立海外软件加工基地或研发中心等。这些"海归派"一方面具备了从事软件开发和服务的卓越技能和丰富经验，使印度信息产业的后发优势得以迅速形成；另一方面又与海外同行保持密切的业务关系，出口信息灵、渠道畅，从而促进了印度信息产业出口的迅速增长。总之，在硅谷的高科技公司工作的印度人，在增强硅谷和班加罗尔之间产业联系、提升班加罗尔软件产业集群外向技术学习能力的过程中起到了"人脉关系桥梁"的重要作用。

（3）集群企业间较强的协作能力

班加罗尔信息技术产业集群是一个由相互独立、非正式联盟的公司和机构组成的集群。各种大小不一的企业通过协作形成企业体系，这样既克服了垄断性产业组织缺乏效率、损害社会福利的弊端，同时又拥有自由竞争的灵活高效性和互补性，使得集群中单个主体在相互作用中对人才、高科技成果、资金、政策等进行重新组合，提高集群组织效率。

（4）加强知识产权保护

20世纪90年代以前，印度的软件产业和其他发展中国家一样，备受盗版猖獗及知识产权保护不力两大问题困扰。1994年印度议会对1957年的版权法进行了彻底的修订，于1995年5月10日正式生效。从内容上来看，该法是世界上最严格和最接近国际惯例的版权法之一。经过立法与执法的不懈努力，印度软件的盗版比率降低了30%，不仅使印度软件产品源源出口美国，还免受美国301条款的制裁，更大大提高了以美国软件厂商为首的西方跨国软件企业到印度班加罗尔产业集群投资设厂及建立软件研发机构的意愿。

（5）国际化、标准化与系统化的质量管理

印度班加罗尔产业集群的成功，很大程度上应归功于其质量管理的国际化、标准化与质量检测的系统化。由于美国公司在当今世界软件产业中占有压倒优势地位，因此印度班加罗尔产业集群的质量管理及认证主要采用美国体系及标准。据 SEI 统计,印度班加罗尔产业集群中的大多数企业都通过了 ISO9000 国际质量认证。

（6）政府持续的政策扶持

自从 1991 年印度开始兴建第一个计算机软件园区班加罗尔起,历届政府都非常支持发展信息技术产业,特别是把软件产业置于优先发展的地位,对软件园区内企业提供发展信息业的种种优惠政策。

（7）完善的信息产业技术教育和培训体系

印度班加罗尔产业集群的软件人才远远超过亚洲任何一个其他城市,这里汇集了印度一些优秀的技术和管理研究机构,有 70 多所工程学院,每年可为社会输送 3 万名工程技术人才,其中 1/3 是信息技术人员。当地资料显示,印度班加罗尔产业集群现在拥有 80 000 多名高素质 IT 专业人才,这些高素质的专业人才除了部分外来人才以外,大多与印度班加罗尔产业集群本地完善的教育培训体系密切相关。

（8）集群外部经济效应

自从班加罗尔产业集群成立,印度的卡纳塔克政府就投入了大量的人力、才力、物力进行产业集群的基础设施的建设。例如,建立独立于该邦公共电力、水力系统的、属于产业集群自己的发电厂以及供水系统,使得班加罗尔产业集群的企业可以共同享受到持续不断的水力、电力资源。同时还加强了产业集群的电信设施建设,增强了集群企业与外界的信息沟通,便于产业集群的企业获得最新、最快的市场信息,提升了产业集群的企业的市场竞争力。由于印度产业集群的规模和影响力,吸引了大量的客户前来购买商品,扩大了产业集群企业的销售渠道和客户资源。企业比较集中,使得客户搜索产品的时间、成本大大降低,满足了客户的不同需求,提高了服务效率。

3.2.2　新加坡裕廊石化产业集群

新加坡岛是世界上重要的化工生产基地,聚集着世界一流石油化工企业和专业储罐公司。富有竞争力的裕廊石化产业集群使得新加坡成为世界第三大炼油中心、重要的石油贸易枢纽之一,以及亚洲石油产品定价中心。新加坡裕廊石化产业集群这个世界上重要的化工生产基地多年来凭借得天独厚的海运条件、强大的港口吞吐能力和充足的原材料供应优势,吸引了朗盛、伊斯曼、杜邦、埃克森美孚、壳牌、三井化学等世界一流化工企业的投资,形成了完善的上下游产业一体化发展模式,并具备极强差异化优势。新加坡裕廊石化产业集群之所以能取得上述成就,得益于如下几方面的因素:

（1）化工体系完备,一体化优势得到充分发挥

裕廊石化产业集群最吸引跨国公司的竞争优势在于其完备的化工体系。裕

廊岛垂直一体化的工业结构使一个工厂的产出成为另一个工厂的投入，这节约了运输成本，同时共享设施的原则使跨国公司得到了规模经济效应和范围经济效应。有相同价值链并与第三方服务公司联合的化工公司形成了石化产业集群，使相互间在工艺技术上和产品供求上有密切依存关系的部门联合起来，充分发挥一体化的优势。裕廊石化产业集群内聚集了 BP、埃克森美孚(Exxon-Mobil)、三井化学(Mitsui Chemicals)、壳牌(Shell)等众多欧美日石化厂商，这些大型石化厂商在地理上的集聚，形成了集群内产品的规模生产和大规模的市场需求，使集群内跨国公司获得从原材料到零部件的低成本供给。由于产业集群内聚集了大量的市场需求，提供原材料和零部件的企业就可以实现规模生产，使得原材料和零部件价格降低，地理的接近也节约了单位运输成本。由此可见，裕廊石化产业集群内形成了由跨国公司所主导的"大而全"的石化产品供应基地，集群内规模经济效应明显。

由于集群内专业化程度很高，企业往往集中于生产某一专门的产品，同时利用自身的技能与其他企业紧密合作，协同参与价值链的全部增值活动。在这种情况下，生产系统被肢解为许多部分，分散在许多小企业中，企业之间再通过建立合作的网络关系进行交易，这些专门化的企业联合起来进行多样化产品的生产，便可以形成集群的范围经济。这方面的优势在裕廊岛石化产业集群内体现得特别明显，以美国埃克森公司主导的第三个乙烯专业区计划为例，专业区已形成包括年产 80 万吨乙烯、47 万吨聚乙烯、20 万吨聚丙烯等产品的石化基地。壳牌化学与巴斯夫则由该中心供应烯烃芳香族产品为原料，建成生产 50 万吨苯乙烯和 25 万吨环氧丙烷的工厂。日本三井化学的苯酚厂以其所产出的丙烯为原料生产苯酚，而所生产的苯酚再流向双酚 A 厂，双酚 A 厂则以配管输送方式提供聚苯乙烯。

(2) 资源在集群内部实现充分共享

信息技术和熟练的劳动力增强了裕廊石化产业集群的竞争力。新加坡政府在裕廊化工岛上建立了全岛信息技术网络和内部网，把岛上所有公司联在一起，通过网络为岛上公司提供产品和服务。裕廊石化产业集群内化学处理科技中心是世界首个提供实地训练的培训设施。裕廊石化产业集群的化学与工程科学学院也于 2004 年建成，为其产业集群内企业提供所需要的专门人才。

(3) 完善的一体化后勤服务作为保障

新加坡裕廊镇管理局建立了一体化的后勤系统，目的是提高裕廊产业集群的竞争力。投资商不需在此建电厂、油槽、码头、仓库或办公室，一切设施向新加坡政府租用即可，减少了其初期投资成本并降低了其投资风险。政府还建设"输送管道服务走廊"，承租厂商可利用管道输送原料、成品及各类用品，不需用卡车运送，可降低运送成本，从而大幅度提高厂商的竞争力。2003 年 8 月成立的裕廊石化产业集群"邦岩物流园区"是新加坡第一个综合性化工物流园区,由JTC公司负责建设,占地80公顷,耗资4 500万美元。邦岩为裕廊石化产业集群的化学工业提供整套物流服务,包括仓储、固体废弃物处理、废水处理、装运、清洗等。园区有自己的泊位、码头和海运设施,并和裕廊岛的化工厂通过管网相连,可以为液体化学品、固体化学品,以及危险化学品提供物流服务。

(4) 积极开展产业承接活动

裕廊石化产业集群积极开展全球范围内的产业承接活动,它凭借着一系列竞争优势吸引了越来越多的跨国公司的投资和再投资,有些公司甚至在集群设立了研发中心。2005年,德国的Peter Cremer GmbH以及Wilmar的联营企业在裕廊石化产业集群开设亚洲首家生物柴油厂;日本住友化学工业注资近两亿美元,在裕廊石化产业集群设立第三间厂房;埃克森美孚化学耗资高达1亿元扩建新加坡的化工厂,将乙烯年产能增加至90万吨以上,该公司正在裕廊石化产业集群建设第2套石化联合装置,当时预计2011年初投产,投资超过40亿美元,建成后将成为新加坡第5个大规模一体化石化工厂;阿联酋国家石油也扩大在裕廊石化产业集群油库区的投资。2006年,日本三井化学公司在新加坡裕廊石化产业集群设立首家石油化工研发中心。2009年日本三菱化工公司在新加坡石化产业集群内组建一个全资子公司,这是公司重组旗下精对苯二甲酸业务的一部分。2009年2月,全球领先的特殊化学品集团德国朗盛公司宣布在新加坡石化产业集群投资4亿美元,新建一家合成橡胶的生产厂。

3.3 国外产业集群成功经验对我国的启示

不论是美国硅谷高新技术产业集群、日本丰田城汽车产业集群,还是印度班加罗尔软件产业集群、新加坡裕廊石化产业集群,之所以能够在短时间内迅速成长,不断壮大,不仅在于各国政府的大力扶持,更在于集群企业对构建多层次技术合作、技术学习网络的重视。尽管各国政府在扶持本国产业集群发展时所采取的具体模式和措施不尽相同,集群企业对构建多层次技术合作、技术学习网络的手段也各具特色,但仍能为我国产业集群发展的提供一些有益的借鉴。

3.3.1 营造允许创新失败的创新文化氛围

产业集群绿色创新效率的显著提高和绿色创新系统的有效运行离不开良好的集群创新文化,即知识的水平流动与配置以及鼓励尝试、宽容失败的文化氛围。在美国硅谷,硅谷文化的主要特征可归结为:鼓励冒险和创新、善待失败和错误、企业和个人间乐于合作,而且硅谷对创业者失败或技术管理人员的错误所持的宽容和包含的积极态度使得大家对失败或错误不再畏惧,对新知识和新技术的尝试更加积极踊跃,这使得硅谷一直保持活力。美国硅谷产业集群成功的经验表明,一个成功的产业集群需要有一种与集群企业发展特征相容的区域文化来支撑。而要大力鼓励这些文化在集群内企业的植根和生长,首先要推动集群内企业建立联系,以促进学习和交流,增强企业之间的信任与承诺。其次要在企业内部创造良好的创新文化氛围,各个企业在管理上创新,培养员工的团队精神和创业精神,激发每一个员工的积极性和创造能力,给每一个员工提供一个可以挖掘自己潜力的空间,这种文化氛围的形成正好可以满足高科技人才追求社会承认和自我价值实现的要求,从而使科技人员被这样一种文化所吸引。最后要大力宣扬敢冒风险、富于进取的企业家精神。由于绿色创新具有较高的风险,失败机率很高,很多人因为害怕失败而不敢创新,因此鼓励冒险的同时,也要学会容忍和接受失败。从现实来看,创新文化的建设主要应从教育入手,重塑人们的价值观,这将是一个长期而艰巨的任务,尤其对长期受到儒家文化熏陶的中国而言,营造这种允许创新失败的文化氛围是一项很艰巨的工程。

3.3.2　构建多主体多层次的技术协作网络

美国硅谷高新技术产业集群以高校为依托搭建校企合作创新平台,而且拥有完备的创新支撑系统,高校与工业园内高科技公司在原发性创新、应用技术、新产品市场化等方面良性互动,吸引了大批学术人才和创业能手,世界最先进的尖端人才的涌入又推动了教学科研、学术创新等基础性研究和应用性研究的快速发展,大大缩短了知识创新、创新成果市场化、商业化的过程,获得了可观的经济效益;日本丰田城汽车产业集群以丰田公司为核心形成了多企业合作的局面;印度班加罗尔软件产业集群企业间也有很丰富的信任资源,集群内部技术学习能力、企业之间的技术协同能力、企业与行业组织间的协同能力比较强,使群内企业资源共享,降低了机会主义、逆向选择和道德风险的程度,提高了生产柔性,减少了不必要的矛盾冲突,并降低了交易成本和信息搜索成本。可以说,这些成功的产业集群都非常注重多层次技术协作网络的构建,集群企业之间、集群企业与外部创新主体(企业、高校及科研院所)之间开展多层次多方面的技术学习、技术集成、技术协同网络构建,充分发挥了集群的组织优势。

3.3.3　政府加大扶持本土集群发展的力度

从国外产业集群的发展过程来看,政府在本国集群发展中发挥着重要的作用,归纳起来,主要是通过提制度创新、公共品投入、融资体系构建三方面来进行扶持:

(1) 制度创新为产业集群的快速发展提供了前提条件

通过对各国产业集群成功实践的梳理,不难发现,各国政府都把产业集群的发展提升到战略高度予以规划和引导；同时，政府对知识产业保护力度逐渐加大，因为产业集群是以技术为核心的，必须强化其知识产权保护，如果把产业集群作为一种财富状态来看待，那它就是知识产权的形成、维护和积累的过程，鉴于此，各国都通过制定法律法规，加大知识产权的保护力度；此外，为了给本国集群发展提供较好的法规环境，除了对知识产权进行立法保护外，各国在支持本国产业集群发展过程中，特别注重以立法形式来规范和促进文化产业集群的发展，无论是美日等发达国家，还是印度或早期的新加坡等发展中国家，产业集群的蓬勃发展，无不得益于各类法律法规的相继出台和强力保障，这些法律法规并非一成不变，而是随着技术环境的变化不断进行调整，以便为产业集群的发展创造更为公平、合理、高效的外部环境。比如，美国的《联邦版权法》至今已修订了46次。

（2）公共品投入为产业集群发展奠定坚实基础

在产业集群的本土化发展中，各国政府都积极加大交通、通信、水、电、气等基础设施建设的投入；同时，非常注重中介组织的功能，虽然各国政府都高度重视产业集群的发展，并不遗余力地进行扶持，但基本上遵循"支持但不进行行政干预"的原则，充分发挥各类非盈利性行业协会和中介组织机构的桥梁作用；更为关键的是，各国政府对集群所需人才的培养也是十分重视，作为产业集群的核心资源，人才支持无疑是产业集群发展的重中之重，各国政府主要采取完善人才管理系统、加强各类院校培养、通过网络和其他教育机构培养以及开展国际人才交流与合作等方式，全面开展人才培养计划，比如日本，就通过人才培养委员会、认证委员会等机构，强化技术人才培育，并对优秀技术人才给予资金支持或政府奖励。

（3）融资体系构建为产业集群发展提供不竭动力

各国政府在破解产业集群发展面临的资金瓶颈时，除了采取财政直接拨款和税收优惠外，还构建了多元化的融资主体和多样化的融资渠道，基本形成了"政府是投资的引导者、企业是投资的主导者、金融机构是投资的支持者、外资是融资的必要补充者、社会公众是融资体系中不可忽视的力量、行业协会则是融资体系的润滑剂"的局面。以硅谷产业集群为例，硅谷内衍生新技术企业的能力之所以如此强，关键在于政府主导下的成功风险投资为区域内创造了一个崭新的金融环境。

3.4 本章小结

本章主要分析了国外产业集群的成功经验和对我国产业集群的启示。首先选取美国硅谷高新技术产业集群和日本丰田城汽车产业集群，发现这两个产业集群成功关键主要是政府扶持下完备的创新支撑体系、产学研合作的创新网络、完善的风险投资体系、集群内企业间的技术合作、集群内核心企业的引领作用；然后在发展中国家选取印度班加罗尔软件产业集群和新加坡裕廊石化产业集群，发现这两个集群的成功也离不开企业间的信任资源和政府扶持；最后总结我国产业集群从国外集群成功经验，从中得到的启示是：集群企业间不仅仅关注竞争，还注重合作、集群内各个创新主体间要互相学习，营造良好的组织学习氛围、积极参与国际分工，并牢牢抓住国际产业转移机遇、政府和一些辅助机构例如中介机构、金融机构要有所作为。

第四章
绿色创新能力对集群升级的影响机理

4.1 绿色创新能力对集群组织惯域的影响机理

4.1.1 绿色创新能力对集群组织特性的影响

集群组织特性主要包括知识溢出、专业化分工、群体决策收敛性。

（1）绿色创新能力对集群知识溢出的影响

知识溢出主要产生于创新主体间知识和信息的频繁交流，是生产经营相关的知识、技术、信息、管理经验及企业组织结构等方面的创新成果被迅速在企业间共享的现象。从知识来源的角度来看，如图4.1所示，产业集群的知识溢出有两种：第一种是来源于集群内部的知识在集群企业间相互流动，即集群内部知识溢出；第二种是来源于集群外部的知识向集群内流入，在集群内部形成共享知识为集群内企业所利用，并在集群企业间相互流动，即集群外部知识溢出。集群内部知识溢出具体指的是来源于集群内部的知识和信息在集群企业间流动与共享，而集群外部知识溢出则具体指的是来源于集群外部各个创新主体的知识和

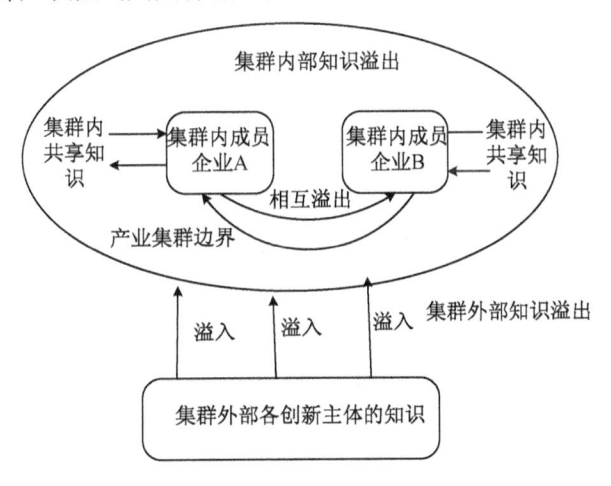

图 4.1 产业集群知识溢出

信息向集群内溢入,被集群内企业所共享。集群内部知识溢出和集群外部知识溢出的途径不同。集群内部知识溢出的主要途径是信息交流或人力资源在各主体间的流动。人力资本既是技术知识的创造者,也是技术知识溢出的活载体。在产业集群中,由于存在着根植性,集群企业之间存在"业缘、地缘、学缘"等复杂社会关系,这种社会关系也是集群内部知识溢出的主要途径。而集群外部知识溢出的主要途径是集群内企业和集群外相关创新主体之间的社会关系网络,不管是工作上还是休闲娱乐上的交流,都为知识在不同主体之间的流动提供了条件。

绿色创新能力对集群内部知识溢出存在影响。知识管理理论的研究者常把知识类比于自然界的流体,认为知识和水流具有共同的流质性,知识作为一种流体,知识溢出是知识从一个载体向另一个载体流动的过程,知识溢出过程与流体转移过程颇为相似。所以知识管理方面学者将知识与水流进行类比研究,借鉴水流转移过程对知识溢出问题进行研究。Griffith等(2006)提出知识具有流质性,是掺杂了人们观念中已经固化的经验和技能的一种可转移的流质[121]。已有的研究成果为本研究借鉴流体力学的井群渗流原理构建绿色创新能力影响产业集群知识溢出模型提供了理论参考。

井和井群的渗流是流体力学中的一个重要内容,对于井底直达不透水层的普通完整井,其渗流出水量计算公式是:

$$单口井的出水量 = 1.36 \times 渗透系数 \times \frac{含水层水深^2 - 井中水深^2}{\ln(渗流区影响半径 / 井口半径)}$$

式(4-1)

一个井群由若干个单口井组成,流体力学上有个势流叠加原理,根据这个原理,可知井群总出水量为:

$$\sum 单口井的出水量 = 1.36 \times 渗透系数 \times \sum_{i=1}^{n} \frac{含水层水深^2 - 井中水深_i^2}{\ln(渗流区影响半径 / 井口半径_i)}$$

式(4-2)

类似于自然界的流体,知识也可以在特定的渠道流动,并且受知识粘性的影响,其流动是有损的,该特性非常接近于流体在介质中的有损流动,即渗流。对于若干知识主体构成的产业集群而言,集群知识溢出反映了集群内部知识资源的动态共享,其溢出效率受知识本身的特性、知识主体的特性以及集群组织特性的综合影响。目前有关知识溢出的理论模型研究,大多将知识主体间的技术或知识差距、关系密切程度、知识距离、企业学习能力或吸收能力视作主要的影响因素,并基于这些因素引入涉及知识本身特性和集群组织特性的若干因素(参照井群渗流原理来构建产业集群的知识溢出模型)。

将集群中单一企业视作普通完整井,将产业集群视作由若干个普通完整井(即若干个企业)组成的井群,借鉴单口井出水量公式得出产业集群知识溢出获取的知识量为:

$$产业集群知识溢出程度 = 1.36 \times 知识渗透系数 \times \frac{集群整体知识位势^2 - 单个企业知识位势^2}{\ln(集群知识影响半径/企业知识获取半径)} \quad 式(4-3)$$

$$知识渗透系数 = \frac{企业间联系紧密性}{知识粘性} = \frac{集群企业间技术协同能力}{知识粘性} \quad 式(4-4)$$

$$产业集群知识溢出程度 = 1.36 \times \frac{集群企业间技术协同能力}{知识粘性} \times \frac{集群整体技术水平或知识深度^2 - 单个企业知识位势^2}{\ln(知识距离/企业吸收能力)} \quad 式(4-5)$$

① 知识渗透系数

在模型中,使用集群企业间联系紧密性和知识粘性的综合作用来表示知识渗透系数,前者反映了集群的企业间联系特性对知识溢出效率的影响,后者反映了知识本身的特性对知识溢出效率的影响,由于集群企业间联系紧密程度和集群内部企业之间技术协同能力强弱相关,集群内部核心主体间技术协同和产学研间技术协同活动都将带来企业间技术行为的协同一致和资源的互补共享,这对增进企业间联系有利,集群技术协同能力越强,集群企业间联系紧密程度越高。由产业集群知识溢出程度公式可知知识渗透系数和集群技术协同能力呈正比关系,知识渗透系数和知识粘性呈反比关系。

在其他变量一定的条件下,产业集群的技术协同能力越强,知识溢出的效率越高,这是因为技术协同有利于企业间社会网络的形成和信任机制的构建,因此技术协同能力较强的产业集群比其他企业组织更容易产生知识流动。

知识粘性概念源自 Von Hipple 关于粘滞信息和信息粘性的研究,将信息粘滞视作信息获取、转移和应用中付出的成本,在其基础上将知识粘性定义为组织内部转移知识的难度。知识粘性与知识的复杂性、内隐性、专有性有关:越复杂的知识越难以被知识获取方吸收,因此其粘性较高;隐性知识相比显性知识更难以流动,因为隐性知识具有非正式、难以编码的特征,知识获取方很难对其吸收;专有知识的独特性、私有化和难以模仿性也使其比非专有知识具有更高的转移成本,因此其粘性也较高。总之,知识的复杂性、内隐性和专有性都将导致知识粘性的增强,不利于知识的外溢。对于产业集群而言,隐性知识的传播是极为重要的外部知识源,因为许多尚未编码化的产业前沿知识只存在于技术人员这一载体之中,唯一可行的溢出渠道就是人员的非正式交流渠道。降低知识粘性并提升隐性知识溢出效率的一种方法是隐性知识显性化,根据 Nonaka 和 Takeuchi(1995)的 SECI 模型,可以通过外在化将隐性知识转化为显性知识,具体的方式是通过技术学习或集体思考,利用隐喻或者模拟让知识携带者将隐性知识表达出来。技术学习能力越强的集群,隐形知识显性化越能顺利进行,随之隐形知识溢出效率得到提升[122]。

② 知识距离

知识主体对知识的获取、吸收和积累并不是一个随机的过程,知识更容易在知识基础接近的主体间流动,也就是说知识主体总是倾向于根据原有的知识基础来获取新的知识并自我强化,本研究用知识距离这一概念来反映知识的这种特性,并将其定义为知识基础上的差异。

根据知识距离理论,如果两知识主体的知识距离较近,具有更相似的知识基础,那么知识获取方更容易理解和吸收流出方的知识,从而提高知识溢出的效率;反之,如果两知识主体的知识距离较远,那么两者由于缺乏共同的知识基础,知识获取方要想吸收和消化流入的知识,必须花费更大的精力和更多的时间,这无疑会增大知识转移成本,从而降低知识溢出效率。在技术学习能力越强的产业集群中,尤其是前后向企业之间的技术学习能力越强的产业集群中,企业往往拥有越近似的技术发展路线。集群企业间互相派遣技术人员提供技术咨询或接受技术培训、组建联合研究所进行合作创新、建立供应商协会实现制度化的知识共享。这些行为都使得企业彼此间的知识距离往往较集群外企业更短,因此有利于集群的知识溢出。

③ 企业知识吸收能力

本研究把企业的吸收能力分解为显性知识吸收能力和隐性知识吸收能力两个维度,一般而言,学习能力较强的企业,吸收能力也较强,因为其现有的知识存量和知识平台有助于获取、理解、消化和应用新知识,尤其是已编码化的显性知识;而产业集群中社会资本的作用、人员的集群内交流或迁移更有助于企业对隐性知识的吸收,基于此,可以把吸收能力 s 视作学习能力 l、社会资本 c、人员的交流和迁移频率 h 的函数,即:$s = f(l,c,h)$。

由产业集群知识溢出程度公式可知在产业集群中,企业的吸收能力越强,集群知识溢出程度越高,从公式 $s = f(l,c,h)$ 可知学习能力、社会资本、人员的交流和迁移频率对企业吸收能力的提高具有正向作用。由于单个企业的技术学习能力是集群整体学习能力的基础,因此技术学习能力较强的集群中,单个企业学习能力也较强,自身的技术水平较高,知识存量较丰裕,吸收能力较强,集群知识溢出程度随之提升。集群内部技术学习活动有助于企业间的知识互动,企业在知识互动中形成的信任机制可以自我强化和良性循环,将进一步提升企业对隐

第四章 绿色创新能力对集群升级的影响机理

形知识的吸收能力,促进集群知识溢出效率的提升。人力资本也是吸收能力的重要因素,因为人是隐性知识的唯一载体,隐性知识的溢出依赖于人员间非正式渠道的传播,因此在技术学习能力越强的集群中,集群内人员的交流和迁移越频繁,越有利于知识溢出。

绿色创新能力对集群外部知识溢出也具有一定的影响。集群外部知识溢出则具体指的是来源于集群外部各个创新主体的知识和信息向集群内溢入,被集群内企业所共享。集群外部技术学习活动[如寻求加入跨国公司的分包网络、购买世界范围内产业领先者的技术许可、和有竞争力的知识源组建学习联盟或合资企业、和外部的大学及实验室建立产学研联合体、对行内领先产品进行分解研究、从外部招募高层次人才实现隐形知识转移、在"知识高地"(例如一个发达国家)建立"窗口式"机构、定期参加行业聚会如产品展销会和研讨会]越频繁,外部学习能力越强,集群能吸收到的外部知识越丰富。

(2) 绿色创新能力对专业化分工的影响

产业集群最主要的特征之一是集聚在某个地方的企业之间存在分工协作的关系,如果该地区的企业间不存在中间品的交易,彼此没有上下游关系,则只能称为集聚,而不是集群,专业化分工是集群重要的特性之一。当集群企业经济活动中某些职能从集群企业的核心业务中被不断的剥离出去的过程就是分工专业化过程。分工专业化的实质是各个企业都趋向于从事更为具体、更为专一、更为明确的一项产品生产过程中的某一项工作环节,而不是包揽产品生产过程中的全部生产环节。判断某个产业集群的生产力水高低的最好标准就是看这个产业集群内部有多少承担专属工作环节的具体职能部门。如果某个产业集群不太发达,那么整个生产过程不需要在很多职能部门之间分割,由少数几个企业就能完成;如果该产业集群比较发达,产品生产的整个过程不是单独一个或少数几个企业所能承担的,就催生了分工体系的形成,整个生产过程被不断分割。而且随着产业发达度的提高,生产过程被分割地越细,产业内部的职能部门就会越多,整个产品价值链就越长。

集群内部专业化分工程度受到技术和市场的影响,其中集群的技术学习能力和技术协同能力在集群内部专业化深化过程中起着关键的作用,下面本研究用一个简单的模型来对技术协作网络深化集群专业化程度的过程进行解释。

假设生产一个产品 b 需要两个环节:Ⅰ和Ⅱ,所得产品分别为 a,b,其中 a 为中间产品,b 为最终产品;中间产品只在企业间进行交易,最终产品不在企业之间交易,a 为中间产品自给量,a^d 为中间产品购买量,a^s,b^s 为两种产品出售量。c_a,c_b 为两种产品的专业化生产程度,x_a,x_b 为两种产品的相关生产系数。中间产品的交易效率是相等的,但有别于最终产品的交易效率,s_a,s_b 分别是中间产品的交易系数和最终产品的交易系数。

可以得到一个关于企业的定义：

企业受益函数为：$r = p_a x_a (a^s - a^d) + p_b s_b b^s$ 式(4-6)

企业最终产品生产函数：$b^s = (a + s_a a^d)^{\partial} c_b^{x_b \beta}$ 式(4-7)

企业中间产品生产函数：$a + a^s = c_a^{x_b}$ 式(4-8)

禀赋约束：$a + a^s = c_a^{x_b}$ 式(4-9)

根据模型假设：一个人至多卖一种产品，不买和卖或自给同一种产品，如果他不卖或自给最终产品的话，就不会自给中间产品。企业行为与此相同。因此，企业可能存在的生产结构如下：

第一种结构：$T_1(a \Delta b)$，这种结构由自给自足模式构成，即每个企业先生产中间产品 a，然后生产最终产品 b，企业之间没有交易。

这时，$a > 0$，$a^s = a^d = 0$，$c_a = \dfrac{x_a \partial}{x_a \partial + x_b \beta}$，$c_b = \dfrac{x_b \beta}{x_a \partial + x_b \beta}$，

$$r = p_b s_b c_a^{x_a \partial} c_b^{x_b \beta} \quad 式(4\text{-}10)$$

如果假定 $x_a = x_b = x$，$\partial = \beta = \dfrac{1}{2}$，则

$$c_a = c_b = \dfrac{1}{2}，\ r = \left(\dfrac{1}{2}\right)^x p_b s_b \quad 式(4\text{-}11)$$

第二种结构：$T_2(a \Delta b)$，这种结构由 $(a \Delta b)$、$(b \Delta a)$ 二种模式共同组成，$(a \Delta b)$ 模式指企业只生产中间产品，$(b \Delta a)$ 指企业只通过交易来获得中间产品，并用来生产最终产品。

对 $(a \Delta b)$ 模式而言，$a^s > 0$，$a = a^d = b^s = c_b = 0$，$c_a = 1$，

$$r = \partial s_a^{\partial + 1} p_b \quad 式(4\text{-}12)$$

对 $(b \Delta a)$ 模式而言，$a^d, b^s > 0$，$a = a^s = c_a = 0$，$c_b = 1$，

$$r = (s_b - \partial s_a) p_b s_a^{\partial} \quad 式(4\text{-}13)$$

将 $T_1(a \Delta b)$、$T_2(a \Delta b)$ 这两种结构进行比较，为研究方便，本研究依然假定 $x_a = x_b = x$，$\partial = \beta = \dfrac{1}{2}$，则 $T_2(a \Delta b)$ 取代 $T_1(a \Delta b)$ 的条件为：

$$s_a > \left(\dfrac{1}{2}\right)^{2(\partial - 1)} \quad 式(4\text{-}14)$$

通过上面的分析可以得出：分工经济与交易系数 s 成正比，与生产系数 ∂ 成正比。从命题可以看到，企业分工取决于企业之间的交易成本和专业化经济。

如果企业之间的技术学习能力越强,企业间信任资源就越丰富,企业之间的交易成本越低,则企业分工网络越发达;如果某环节的专业化经济高,则该环节倾向于从企业分解出来,即所谓的外包生产。因此,从这个意义上说,唯有待企业之间的分工协作网络广泛形成的时候,产业集群才真正得以形成并能进一步升级,即产业集群的形成与升级其实是企业分工协作网络深化和产业集群技术协同能力尤其是集群内部核心主体间技术协同能力不断提高的过程。总之,技术学习活动通过增加企业间信任资源,降低企业间交易成本来深化企业间分工;技术协同活动则是通过促进分工协作网络形成来深化企业间分工。

(3) 绿色创新能力对群体决策收敛性的影响

在一个拥有若干企业的产业集群中,成员企业群体决策由于集中了若干决策个体(成员企业)的知识而具有个体决策不可替代的优越性,然而,群体决策中各个决策个体(成员企业)的知识和信息、价值观及地位等因素均有不同,使得群体决策的一致程度和效率不能令人满意。如何使产业集群内的群体决策最终达成稳定一致的意见,成为学者研究的重点。学者们从不同角度对群体决策观点演化的影响因素开展研究:有学者认为群体思维是人们对于寻求一致所表现出的一种思维模式,对群体决策观点演化具有不可忽视的影响;也有学者利用实验的方法论证了群体凝聚力和决策程序是群体决策更快达成共识的重要因素。这些因素对研究产业集群内群体决策具有重要的启示。在产业集群内部,集群成员企业在沟通和讨论过程中除了发生意见的交换,也伴随着知识的运动,成员间的交互本身就是一种知识学习、转移的过程。为了尽快达成对某个问题的统一意见,决策个体(成员企业)有合作的愿望和行动,并进行互相沟通,通过有限的重复,最终可能取得共识。由此,群体决策过程中的有效沟通可以实现群体思维的收敛,得到一个群体满意的决策结果,同时也可提高集群内部群体决策的效率。

产业集群可以被看做是若干企业的集合体,是各决策个体(成员企业)认知资源的集合,个体交互的目的是对成员的认知资源,特别是决策个体的信息和专长知识进行充分有效的转移、分享和利用,在交互过程中产生新的知识,使后续决策能有效地随情境条件及决策过程变化而相应地调整。从决策过程看,成员企业之间的技术学习将改变决策个体的选择偏好,对群体决策偏好达成稳定的时间产生影响。在产业集群内部技术学习过程中,成员企业间被转移的知识对于决策问题是正确有效的且成员企业也乐于吸收自身所不具备的知识;群体交互会逐渐减少对同类知识的讨论,更倾向于分享新个体所独有的知识,进而辅助群体决策。随着交互过程的持续,成员企业能够更好地预知其他成员企业的观点,使自己的观点向其他成员企业观点的方向演化。此外,知识交互需要成本,技术学习活动和技术协同活动都能产生企业间的信任资源,有助于集群企业间知识交互成本降低,即信息成本的降低,这对知识交互有促进作用,对集群决策收敛性有利。技术学习能力和技术协同能力越强的集群内部越容易形成统一的群体决策,即集群的群体决策收敛性越强。

4.1.2 绿色创新能力作用下集群组织结构的改变

(1) 集群组织结构模块化的可能性

模块化是在信息技术革命背景下发展起来的用于解决复杂系统问题的有效方法。CAS理论认为复杂适应性系统的基本特征包括:系统有大量相互作用的元素——主体构成,这些主体构成复杂适应性系统的各个子系统,这些子系统具有很强的智能性,并能主动适应外界环境的变化;系统是一个处于非平衡状态的开放性系统,各个子系统之间交互作用的本质就是远离平衡态,复杂适应性系统的活力在于它的非平衡态;系统内各子系统间的关系是非线性的,子系统间的相互影响具有主动性和适应性,而不是仅仅是被动、单向的简单因果关系;系统具有自组织、自学习、自适应的功能,随着经验的积累,主体在参与复杂游戏时能够通过改变自身的结构和行为方式,并修订出新规则。产业集群正是一个具有众多参与主体、多个生产阶段和相关要素的,主要进行知识生产的典型复杂适应性系统,所以可以认为产业集群本身就是一个复杂适应性系统。更关键的是,模块化并不适用于所有的产品或服务,一个系统的组织结构能否模块化取决于是否具有特定的条件。美国学者雪琳认为,一个系统的组织结构是否可模块化取决于系统的可分解性(Separability)与系统的投入、需求的多样性(Heterogeneity of Inputs and Demands)。

首先,系统的可分解性是系统组织结构可模块化的前提条件。可分解性不仅指系统能够按照某种规则被分解成若干部件,而且这些部件能够进行重新整合,并在整合过程中保有原来的功能。系统的可分解性具体可以从物理功能、模块加工技术和知识这两方面的可分解性来看:一是产业集群具有物理功能方面的可分解性,产业集群中的研发设计者、产品制造商和中介机构各司其职,研发设计者的主要职能是产生各种创意,提供产品新技术,构思出产品设计方案;行业组织协会和中介机构则负责建立研发设计者和产品生产商之间的传播渠道,把众多技术成果按照类别分配给合适的产品生产商,实现技术成果向产品化方向的转变;产品制造商的职能是根据从中介机构中寻找到的合适的产品技术,将技术成果进行物理加工及商品化,可见,构成产品生产过程的三个部分,在物理功能上是可以相互分离的。二是产业集群在模块加工技术和知识方面具有可分解性,产业集群三个主体间物理职能的专业化分工就是基于他们在知识技术方面的可分解性,技术研发者精通产品技术及创意设计方面的知识,而相对缺乏商品化与渠道等方面的知识;产品制造商拥有丰富的将技术成果产品化的知识和技术,中介机构则拥有丰富的渠道资源,具有将产品技术和方案分门别类并投放到与之相适应的渠道的能力,并不一定要具备研发或生产方面的知识,因此三者在技术知识上具有可分解性。

其次,系统投入的多样性是指系统由许多不同种类且可相互替代的零部件构成,不同种零部件能够提供不同的产品与服务。系统的投入多样性与系统组织结构模块化程度之间成正相关关系。由于产业门类众多,因此存在着多种类型的产业集群,每种产业集群中可能集聚着多种类型的产业,而每个产业具有许多专业化设计企业,这些设计企业所提供的产品或服务横向差异性明显,具有风格多样、小批量和专业化的特征。同时,产品尤其是非单一要素构成的复杂产品,需要多种技术才能完成,可见产业集群具有投入多样性的特点。不同的投入,特别是不同技术的应用,能为模块化结构提供多种产品组合,大大增加产品数量,提高了产业集群满足不同市场需求的能力。

最后,系统需求的多样性,即系统的顾客对产品或服务有着多种形态的需求。如今的市场强调的是突出个人的感受,张扬个性,消费者更多的是基于精神层面的满足和喜好来选择产品,由于每个人皆具有其不同生活习性和成长背景,对事物的认知、观念和价值都千差万别,决定了人们对产品需求的多样化和个性化。多样化需求使模块生产者能从产品模块化中获益,产品模块化极易导致组织结构的模块化,从而推动了产业集群组织结构向模块化方向发展。

(2) 绿色创新能力在集群组织结构模块化中的作用

集群组织结构从传统的层级制垂直型结构到模块化扁平型结构转变的过程包括三个过程:扁平化过程、模块化过程、模块化程度深化过程,其中模块化过程包括了两个过程:模块分解和模块整合过程(详见图4.2)。在这些过程中,绿色创新能力起着关键的作用。

集群组织从传统层级制垂直型结构到扁平化结构的前提条件是组织内部有顺畅的信息交流,集群的技术学习活动可以使集群内部信息流通从传统的上下游单向流动向网状发散、多方向流动。集群外部学习活动,如寻求加入跨国公司的分包网络、购买世界范围内产业领先者的技术许可、和有竞争力的知识源组建学习联盟或合资企业、和外部的大学及实验室建立产学院联合体、对行内领先产品进行分解研究、从外部招募高层次人才实现隐形知识转移、在"知识高地"(例如一个发达国家)建立"窗口式"机构、定期参加行业聚会如产品展销会和研讨会,会使集群企业的知识获取不再完全依赖于其上游企业或下游企业,也不再完全依赖于集群中某个技术领先企业,这会改变集群企业知识获取的方式,使得整个集群内部的信息交流变得更为通畅。企业也不再仅仅局限于单一的上游对象或下游对象进行信息交流,传统层级制垂直型结构中的平级企业间可以自由进行各种信息的流通,这为企业选择与自己知识距离相近（功能相近或处在同一生产环节）的企业来组成"小团体"提供了契机，这个"小团体"也就是子模块的雏形。集群的技术学习能力越强，这种"小团体"的形成趋势越明显，随着集群技术学习活动的深入开展，技术学习能力不断提升，集群内模块分解过程随之发生，集群中的企业根据自身的实力变成了模块供应商或模块集成商。

集群技术学习活动尤其是内部技术学习活动除了使集群内部信息流通从传统的上下游单向流动向网状发散、多方向流动，在集群组织结构从传统的层级制垂直型结构到模块化扁平型结构转变的过程中还发挥着深化集群内部水平分工和垂直分工的作用，这对集群内模块分解有推动作用，因为分工是模块形成的最核心的原因。集群按照系统的功能标准进行模块化分解，可以从系统结构的横向和纵向两个方面进行划分：横向上，即水平分工方面，将构成产品的各单元中相同或相近的部分分离出来，加以合并形成一个个功能模块，这些功能模块通过相互作用来实现产品功能；纵向上，即垂直分工方面，产业集群内部存在着网络化的垂直分工体系，可以将各功能模块进一步分解为更多的二级功能模块，以此类推，随着垂直分工的细化，可以分解得到多级功能模块。集群内部学习能力越强，集群内模块分解越容易实现。

在模块化整合过程中，由于集群技术集成能力是集群为实现特定目标，根据自己掌握的技术和不断变化产品的市场信息，有效识别选择集群的外部技术知识，并将集群外部技术知识和集群自有的技术综合起来加以整合利用，开发出更加适合市场需求的产品一种能力，所以集群的技术集成能力越强，模块化要素主体与政府、大学、科研机构之间的合作越容易，越能充分发挥这些机构的科技、人才资源优势，不论是模块供应商之间还是模块供应商与模块集成商之间的耦合都越容易顺畅进行，在兼容和整合过程中遇到的障碍越小。

在模块化程度深化的过程中，不论是集群内部技术学习还是外部技术学习活动都有利于产业集群组织结构模块化过程中各个子模块的更新。通过技术学习，模块供应商对自身能进行更精准的定位，不断发展新的经营业务，加快模块内部的创新，促使模块供应商准确定位，进行绿色创新，提升自身的核心竞争力，只有在竞争中胜出的企业才能获得系统集成商的青睐，才有与其合作的机会。技术学习在集群内形成"淘汰赛"般的竞争环境，同时促进了各子模块间在标准界面上的横向合作，吸引更多的模块供应商企业进入集群，形成更多的模块供应商，为整个集群系统的模块集成商预留更多的选择余地，为进一步深化产业集群内部模块化水平奠定基础。

一个高效的信息反馈机制有助于提高模块化系统中模块供应商与模块集成商的能力和绩效，提高系统的模块化程度。通过集群企业间的技术学习和技术协同活动，产业集群组织结构模块化系统中的子模块能够清晰地认识自己与合作子模块的优势和不足,找到进一步提升自身能力的方向,促进系统的合理规划,帮助模块集成商重新设计系统界面规则。所以在产业集群组织结构模块化过程中需要构建一个有效的信息反馈机制,而技术学习活动和技术协同活动有利于集群信息反馈机制的建立。在产业集群组织结构模块化过程中,"看得见的信息"与"隐藏的信息"之间存在着正向反馈机制,它不断对模块系统规则和各个模块的内部设计知识进行创造性的破坏与再整合,由此实现系统的不断创新和演进。信息的实时反馈使得绿色创新与市场的需求关系同步,消除不确定性对产业集群系统的影响,保证模块供应商与模块集成商的创新活动的协调一致。通过创新信息的实时反馈,模块集成商能够对模块供应商进行监督与协调,并对创新成果进行阶段性的跟踪监控,并提供平台将信息与其他的模块供应商进行交流,选择出更优秀的成果,并提供了快速可靠的信息流通渠道。模块化生产充分利用信息技术快速方便的优势,通过搭建信息网络平台,实现信息共享,空间、时间距离被打破,客户的个性化需要、供应链信息能快速得到响应。同时,技术学习有利于集群模块化过程中设计规则的制定。系统设计规则的确立是产业集群组织结构模块化发展的前提条件,整个系统遵循设计规则进行模块化的分解与整合。

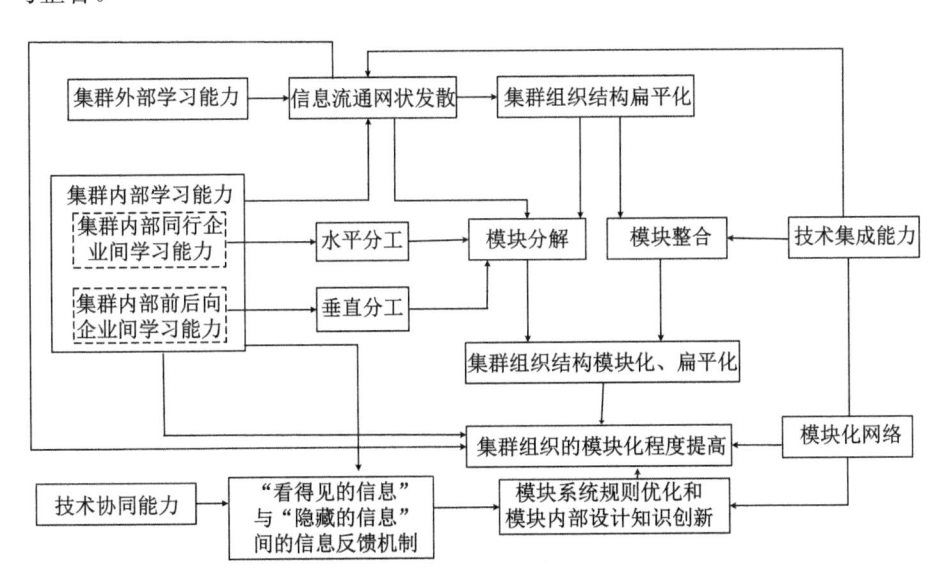

图 4.2 产业集群绿色创新能力对集群组织结构模块化的影响过程

技术集成有利于集群内模块化网络的形成,这会深化集群模块化程度,有利于改善集群同质化现象,有利于模块化生产网络的形成。产业集群内的企业大都是中小企业,由于资金缺乏和技术含量较低,导致创新能力不足,许多企业都在争相模仿,使得产品产生同质化现象。这将导致产业集群之间以及集群内部的恶性竞争,缺乏必要的合作与资源共享,使得各集群无法形成自身的核心竞争力,阻碍了产业分工的进行,不利于产业集群的模块化生产网络的建立。同时,技术集成有利于模块集成商和模块供应商之间形成优势互补、相互依赖、相互信任的关系,并加强集群内模块供应商之间的合作,共享优势资源,把企业核心能力转化为集群的竞争优势,共同把蛋糕做大。技术集成活动还加强了模块化要素主体与政府、大学、科研机构之间的合作,能够充分发挥这些机构的科技、人才资源优势,及时将科技成果转化。

4.1.3 绿色创新能力对集群组织行为的作用

（1）集群组织行为内涵及表现

集群组织行为主要包括集群治理集体行为和集群产业转移行为。

① 集群治理集体行为

产业集群竞争优势要不断维系,产业集群要实现升级,就必须针对集群发展过程中存在的问题展开持续治理。Victor Gilsing(2000)认为集群治理应该是为了实现集群升级的目标,建立和维护集群竞争优势的一种集体行为[123]。从 Victor Gilsing 这一概念可知:一是维护集群竞争优势,推动集群升级是进行集群治理的目的;二是集群治理主体发起集群治理集体行为。因此产业集群治理集体行为这一概念可以界定为:集群治理主体共同参与的,为了建立和维护集群可持续竞争优势而进行的一种集体行为。

一般从广义角度来看,集体行为只要有利于增加集群声誉,有利于提升集群整体竞争力,都可以看作是集群治理行为。集群治理行为范围比较广,主要包括共同打造专业市场、建设硬件基础设施、共同研发技术、共同治理环境污染、形成集群品牌、针对国外进口限制采取的多方合作努力和集体诉讼、针对国外不合理法案实行的集体抗辩等。研究集群发展过程存在的每一个需要采取集群治理集体行为的问题将会使得研究局限于微观环节,且无法应付纷繁复杂的实际,从而缺乏对中观甚至宏观层面的切实把握。故可将集体行为划分为三种类型:"先发型""反应型"和"竞争型"。本研究按照 Hobday 和 Rush(1999)的划分方法,主要研究内生型和外生型这两类集群治理集体行为[124]。

内生型集群治理集体行为指的是一个企业群体由于集群内部发展变化而采取的集体行为。换句话说,内生型集群治理集体行为具体指由于产业集群自身发展和集群治理的需要,为提高集群竞争力而采取的集体行为。内生型集群治理集体行为与"先发型"和"竞争型"集体行动一一对应。可以根据内生型集体行为内涵概括其特点:一是集体行为诱因具有内生性,这指的是导致集群治理集体行为的直接因素是集群内部需求或内部变化,如集群成员企业对基础性技术需求的不断增大可以产生技术研发联盟;二是集群治理集体行为具有长期性,一般而言,以合作为基础的集群治理集体行为,在集体的共同努力下一旦实施就会形成一个相对稳定的组织,不会在短期内解散;三是集群治理的集体手段具有温和性,一般而言,集群治理过程中主要采取温和的合作手段,这些手段包括打造专业市场、建设硬件基础设施、共同研发技术、共同治理环境污染、形成集群品牌等等。

外生型集体治理行为是当一个生物群体的资源受到其他群体占有威胁时采取的预防性行为。外生型集群治理行为的前提是群体遭受到了外界侵犯性行为,它与"反应型"集体行动对应起来。可以将其借用到产业集群领域,外生型产业集群治理集体行动指的是由于集群利益行为受到外部威胁而采取的产业集群治理集体行为。这种导致产业集群治理集体行为的事件我们可以称之为集群治理的外生性事件[125]。外生型产业集群治理集体行为具有如下特性:一是产业集群集体行动诱因具有外生性,也即外部环境的变化是产业集群治理集体行为的直接诱因,是由于外部事件或行为威胁产业集群利益被迫采取的集体行为;二是产业集群治理集体行为具有暂时性,暂时性指的是当外在威胁行为消失后,产业治理集体行为会随之解除;三是产业集群治理集体行为手段具有极端性,这与内生型产业集群治理行为相反,当受到来自外部的威胁时,产业集群治理集体行为主要采取反抗手段。典型的案例包括:针对美国的进口限制,巴基斯坦医疗产业集群采取的多方合作努力;针对欧盟CR法案,温州打火机产业集群实行的集体抗辩等。

② 产业转移行为

目前学术界对产业转移行为仍没有一致的定义,但是几乎所有的定义里都包含着以下的共同点,即产业转移是指某种产业的部分环节、要素乃至整体在区域间扩散和迁移的现象。产业转移的定义可以进行如下归类。

第一类观点认为产业转移的概念比较宽泛,既指成长性产业的空间扩张,又指衰退产业的空间转移,并不对两者作明确区分。例如魏后凯认为产业转移的实质是企业空间扩张过程,也是企业的再区位和区位调整的过程[126]。绝大多数学者都持此观点;第二类观点,产业转移概念涵盖的内容与第一类观点相同,但对成长产业和衰退产业的空间转移作了明确区分,根据产业转移主体的性质和动机的差别,把产业转移分为扩张性转移和撤退性转移。在定义产业转移时,需要明确其是成长性产业出于占领外部市场、扩大产业规模的动机而主动实施的,还是衰退产业迫于结构调整的压力,出于优势再生的目的而被迫实施的[127];第三类观点的产业转移,仅指产业衰退中的空间转移。该类观点认为产业转移是发达区域的某些产业中部分企业顺应区域比较优势的变化,通过跨区域的直接投资或搬迁,把部分环节转移到发展中区域进行,从而在产业的空间分布上表现出该产业由发达区域向发展中区域转移的现象[128],如陈计旺认为产业转移是经济发展过程中区域间比较优势转化的必然结果,是发达地区向落后地区不断转移已经丧失优势的产业[129]。

本研究中使用的产业转移概念是在对第一类观点拓展的基础上得来的,产业转移行为包含两方面,一方面是处于衰退中的产业的空间转移,是经济发展过程中区域间比较优势转化,发达地区向落后地区不断转移已经丧失优势的产业;另一方面是承接从发达地区转出的相对于本集群而言仍然具有相对优势的产业。简言之,本研究中的产业集群的产业转移行为是指产业转出行为和产业承接行为。

(2) 集群组织行为影响因素分析

① 集群治理行为影响因素分析

首先分析影响集群治理集体行为的因素。集群治理集体行为受到众多因素的影响,如集群内部行业协会的治理能力、集群内领军企业的领导号召能力、集群所在地区政府部门的协调能力、集群内各个成员企业的个体声音和群体讨论、集群内企业间信任水平、集群整体凝聚程度等,如表4.1所示。其中,集群整体的绿色创新能力作为一个重要因素,对集群治理集体行动有着重要的影响,若集群的技术协同能力尤其是产业集群核心主体间的技术协同能力、核心主体与辅助主体间技术协同能力较强,集群内大多数企业为了跟上领头企业的发展步伐,必定会主动与领头大企业对接,或者为了获得辅助主体如当地政府在与集群企业间技术协同活动中的所出台的种种利好政策的优势,必定会主动调整自身的决策,在这种形势下,领头企业的创新会带动整个集群的集群治理集体行为的发生,共同朝着集群升级的方向努力。此外,集群治理集体行为的发生离不开企业间的信任,若集群的技术学习能力较强,特别是企业和科研机构形成了合作关系,具有一定的稳定性,对行业技术发展趋势能够达成共识,势必对集群治理集体行为的发生有积极作用。

② 产业转移影响因素分析

产业转移行为受到很多因素的影响,例如市场和资源条件的变化、宏观经济政策的变动、产业机构变化等。对集群而言,产业转移包括产业转出和产业承接两方面内容,这里对影响产业转出行为和产业承接行为的因素分别进行分析。

Ⅰ. 市场、资源条件的变化。随着经济发展,不同地区的产业所处的资源要素供给、市场需求等条件都会产生变化。如劳动力成本上升、土地成本上升等问题。当这些变化积累到一定程度时,往往会引发产业转移行为,从而使得集群内逐渐失去比较优势的劳动密集型产业转移到其他地区。

表 4.1　集群治理集体行为的影响因素

集群治理集体行为类型	具体表现	影响因素
内生型集群治理集体行为	共同打造专业市场、建设硬件基础设施、共同研发技术、共同治理环境污染、形成集群品牌	集群内部需求例如基础性技术不断增大
		集群内部行业协会的治理能力
		集群内领军企业的领导号召能力
		集群所在地区政府部门的协调能力
		集群内各个成员企业的个体声音和群体讨论
		集群内企业间信任水平
		集群整体凝聚程度
外生型集群治理集体行为	针对国外进口限制，集群采取的多方合作努力；针对国外不合理法案，集群实行的集体抗辩等	外部事件或行为威胁
		集群内部行业协会的治理能力
		集群内领军企业的领导号召能力
		集群所在地区政府部门的协调能力
		集群内各个成员企业的个体声音和群体讨论
		集群内企业间信任水平
		集群整体凝聚程度

Ⅱ. 宏观经济政策的影响。国内早些年的西部大开发、中部崛起等战略也是某种意义上的产业转移。通过顺应宏观经济政策，集群企业往往能够获取如税费优惠、银行贷款、基础建设加强等方面的利益，从而有利于企业在剧烈的市场竞争中占据主动。

Ⅲ. 产业结构的变化。随着经济一体化的进程加速，产业的分工的地区跨度也越来越大。当这种产业分工所引起的要素转移效应累积到一定程度时，必然会发生产业结构革命性的转换，从而需要资源重新配置和生产要素流动加速产业要素的流动，故产业结构的调整影响到产业转移的进程。

(3) 绿色创新能力对集群组织行为的影响机理

① 绿色创新能力对集群治理集体行为的影响分析

为了研究绿色创新能力对集群治理集体行为的影响作用，本研究假设存在以下条件：假设参与集群治理集体行动的组织者或参与者由于能享受到集群技术协同活动或技术学习活动所带来的技术溢出和政策利好，进而获得价值 μ，而不参与集群治理集体行动，组织者或参与者将会被集群内其他成员企业所排斥，将会损失由于集群内部开展技术协同或技术学习活动而带来的好处，付出 μ 的损

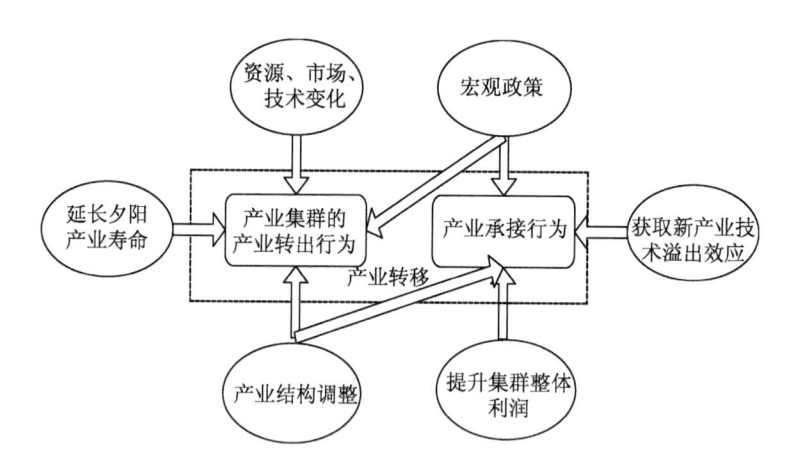

图 4.3 产业转移行为的影响因素

失,往往集群的技术协同能力和技术学习能力越强,集群内部的技术协同或技术学习活动给集群中参与集群治理集体行动的企业带来的好处将会越大,而对于那部分不参与集群治理集体行动的企业而言,所付出的损失会越大。见图 4.3。

参照之前学者的模型,假设集体行动中存在三种异质性个体,分别为自利者、对等者、利他主义者,并假定不同个体对集群治理集体行动可选择的策略组合为(组织,参与,参与),(不组织,参与,不参与),(不组织,不参与,不参与);由于本模型没有研究收入的决定,因此假设不同的个体收入是外生变量,用 s 表示,假设 $s_1 > s_2 > s_3$;假设不同个体用于物品消费的投入用 ∂_i 表示,不同个体对集体物品的贡献用字母 β_i 表示,集体物品的产出量用字母 h 表示,则相互之间的关系为 $h = \sum_i \beta_i$;集体物品的产出量是不同个体对集体物品贡献的加总;个体只能把收入用于物品消费或是集体物品,因此 ∂_i 与 β_i 可以相互替代,而且 $\partial_i + \beta_i = s_i$;假设 $\beta_i = (\beta, 0)$,即不同个体对集体物品的贡献要么为 0,要么相同的贡献份额。当 $\beta_i = 0$ 时,此个体为搭便车者。不同个体的效用用字母 λ 表示,个体效用与各自用于消费的投入 ∂_i 和集体物品的数量有关,假设 $\lambda_i = \lambda(\partial_i, h) = \partial_i + \varepsilon_i h + \partial_i h$,其中 ε_i 为不同个体对公共物品的偏好;达成集群治理集体行动的组织成本用字母 η 表示,假设组织者单独负担该成本;假设对所有个体而言,信息是对称的,不同的个体了解所有个体的收入、消费量、不同个体对集体物品的评价、效用函数等,且有 $\varepsilon_1 + s_1 > \varepsilon_2 + s_2 > \varepsilon_3 + s_3$,则企业 a 从集群治理集体行动中获得的效用超过其他个体,因而有成为集群治理集体行动领导者的激励。

由以上假设条件可知,最有可能成为领导者或组织者的是企业 a。如果企业 b 不参与集群治理集体行动,则企业 c 参与行动的概率为 0,如果企业 b 参与,企业 c 不一定参与。

企业 a 的策略选择第一种情况：如果企业 a 组织集群治理集体行动，企业 b 和企业 c 选择搭便车而不是参与到集群治理集体行动中，此时企业 a 必须衡量付出的成本和获得的收益，只收益大于成本时才会组织，即满足条件：

$$s_1-\beta+\varepsilon_1\beta+(s_1-\beta)\beta-\eta+\mu>s_1-\mu \qquad 式(4-15)$$

第二种情况：企业 a 组织，企业 b 参与，企业 c 不参与，企业 a 组织集群治理集体行动的条件为：

$$s_1-\beta+2\varepsilon_1\beta+2(s_1-\beta)\beta-\eta+\mu>s_1-\mu \qquad 式(4-16)$$

第三种情况：企业 a 组织，企业 b 和企业 c 都选择参与集群治理集体行动，则要满足的条件为：

$$s_1-\beta+3\varepsilon_1\beta+3(s_1-\beta)\beta-\eta+\mu>s_1-\mu \qquad 式(4-17)$$

如果不满足以上条件，则企业 a 理性的选择依然是不组织集群治理集体行动。也就是说，只有组织集群治理集体行动给企业 a 会衡量由此付出的成本和获得的收益，只有收益大于成本时才会选择组织，$\varepsilon_1+s_1>\dfrac{\mu}{\beta}+\beta+1-\dfrac{2\mu}{\beta}$，$\mu>\dfrac{1}{2}[\beta+\eta-\varepsilon_1\beta-(s_1-\beta)\beta]$ 的时候，企业 a 才会选择组织集群治理集体行动。

企业 b 的策略选择第一种情况：企业 a 组织，企业 b 参与，企业 c 选择搭便车，则企业 b 参与到集群治理集体行动必须满足条件：

$$s_2-\beta+2\varepsilon_2\beta+2(s_2-\beta)\beta+\mu>s_2+\varepsilon_2\beta+s_2\beta-\mu \qquad 式(4-18)$$

第二种情况：企业 a 组织，企业 b 和企业 c 都选择参与，则企业 b 参与到集群治理集体行动的条件为：

$$s_2-\beta+3\varepsilon_2\beta+3(s_2-\beta)\beta+\mu>s_2+\varepsilon_2\beta+s_2\beta-\mu \qquad 式(4-19)$$

如果信息不完全，只有满足 $\varepsilon_2+s_2>1+2\beta-\dfrac{2\mu}{\beta}$，企业 b 才会选择参与；考虑到假设参与集群治理集体行动，参与者由于能享受到集群内部技术协同活动或技术学习活动所带来的技术溢出，进而获得价值 μ，而不参与集群治理集体行动，参与者将会被集群内其他成员企业所排斥，将会损失由于集群内部开展技术协同或技术学习活动而带来的好处，付出 μ 的损失，往往集群的技术协同能力和技术学习能力越强，集群内部的技术协同或技术学习活动给集群中参与集群治理集体行动的企业带来的好处将会越大，而对于那部分不参与集群治理集体行动的企业而言，所付出的损失会越大，则 $\mu>\dfrac{1}{2}[\beta-\varepsilon_2\beta+s_2\beta-2(s_2-\beta)\beta]$，也就是说，只有参与集群治理集体行动带给企业 b 的效用大于由此付出的成本，或不参与集群治理集体行动遭受的损失足够大时，企业 b 才会作出参与的策略选择。

企业 c 的策略选择：与以上分析相同，企业 c 选择参与集群治理集体行动必须满足的条件为：

$$s_3 - \beta + 3\varepsilon_3\beta + 3(s_3 - \beta)\beta + \mu > s_3 + 2\varepsilon_3\beta + 2s_3\beta - \mu \quad 式(4-20)$$

只有满足 $\varepsilon_3 + s_3 > 1 + 3\beta - \dfrac{2\mu}{\beta}$，即 $\mu > \dfrac{1}{2}[\beta - 2\varepsilon_3\beta + 2s_3\beta - 3(s_3-\beta)\beta]$，企业 c 才会作出参与的策略选择。

接着来看集群治理集体行动实现的条件：如果个体都是理性作出决策的，由以上分析，当 $\varepsilon_1 + s_1 < \dfrac{\eta}{\beta} + \beta + 1 - \dfrac{2\mu}{\beta}$，企业 a 选择不组织集群治理集体行动，则集群治理集体行动无法实现，此时企业 a 遭受不参与集群内部技术协同活动或技术学习活动所带来的技术溢出和信息共享的好处流失 μ；当 $\varepsilon_1 + s_1 > \dfrac{\eta}{\beta} + \beta + 1 - \dfrac{2\mu}{\beta}$ 时，如果 $\varepsilon_2 + s_2 < 2\beta + 1 - \dfrac{2\mu}{\beta}$，企业 b 的理性选择是不参与，则企业 c 也不参与，此时企业 a 负担组织成本 η，得到参与集群内部技术协同活动或技术学习活动所带来的技术溢出和信息共享的好处 μ，企业 b 和企业 c 分别遭受不参与集群内部技术协同活动或技术学习活动所带来的技术溢出和信息共享的好处流失 μ；如果 $\varepsilon_1 + s_1 > \dfrac{\eta}{2\beta} + \beta + \dfrac{1}{2} - \dfrac{\mu}{\beta}$，$\varepsilon_2 + s_2 > 2\beta + 1 - \dfrac{2\mu}{\beta}$，$\varepsilon_3 + s_3 < 3\beta + 1 - \dfrac{2\mu}{\beta}$，企业 a 组织并承担组织成本，企业 b 参与，企业 c 不参与并遭受不参与集群内部技术协同活动或技术学习活动所带来的技术溢出和信息共享的好处流失 μ；如果 $\varepsilon_1 + s_1 > \dfrac{\eta}{3\beta} + \dfrac{1}{3} + \beta - \dfrac{2\mu}{3\beta}$，$\varepsilon_2 + s_2 > \varepsilon_3 + s_3 > 3\beta + 1 - \dfrac{2\mu}{\beta}$，个体 2 和企业 c 都参与，此时集体物品的数量为 $3h$，组织成本由企业 a 承担。

考虑集群内部技术协同活动或技术学习活动所带来的技术溢出和信息共享的好处的影响，不同企业组织或参与集群治理集体行动需要满足的条件为：

$$\mu_1 > \dfrac{1}{2}[\beta + \beta^2 + \eta - (\varepsilon_1 + s_1)\beta] \quad 式(4-21)$$

$$\mu_2 > \dfrac{1}{2}[\beta + 2\beta^2 - (\varepsilon_2 + s_2)\beta] \quad 式(4-22)$$

$$\mu_3 > \dfrac{1}{2}[\beta + 3\beta^2 - (\varepsilon_3 + s_3)\beta] \quad 式(4-23)$$

由前面的分析可知，企业 b 不参与，企业 c 也会作出不参与的策略选择，因此，满足企业 c 参与条件时，企业 b 参与集群治理集体行动的条件也必然已经得到满足。

可以看出,如果集群的技术学习能力、技术协同能力越强,集群内部技术协同活动或技术学习活动所带来的技术溢出和信息共享的好处越大,对集群治理集体行动实现的促进作用越强。由于集群内部技术协同活动或技术学习活动所带来的技术溢出和信息共享的好处的存在,不组织或参与集群治理集体行动的成本变大,组织者参与集群治理集体行动的收益也会增加,因而在一定程度上增加了集群治理集体行动达成的概率;此外,集群内部技术协同活动或技术学习活动所带来的技术溢出和信息共享的好处足够大时,能够解决集群治理集体行动中的搭便车问题,例如,现实中集体惩罚会使搭便车者失去市场。

② 绿色创新能力对产业转移的影响作用分析

对集群而言,产业转出的目的是为了将集群中的劣势产业或劣势环节转移出去,以此来实现集群内部产业结构优化。但是,产业转出在优化集群内部产业结构的同时,也会带来一些负面影响。产业转出可能造成产业链的中断,即如果集群网络由于核心企业的迁出,而没有其他集群企业具有占据新结构洞的能力,则集群内部的网络关系将会由于核心企业的外迁而断裂;此外,产业转出也可能造成产业空洞化。产业空洞化又称空心化,国际上通用的产业空洞化是指"因经营资源规模的转移而发生的行业性或地区空白现象"。"产业空洞化"必然带来"资金空洞化"和"人才空洞化",产业转出的效益将无法得到发挥,而且将对集群的长远发展造成损害。集群产业转出负面影响的弱化不仅需要政府部门运用一些行政手段作为干预,还必须依靠自身的绿色创新能力。集群内部技术协同活动能弱化这种负面影响。集群成员企业之间相互协作,形成较强的协同效应,集群内部的网络联结随之变得紧密,即使有一些企业选择从集群迁移出去,由于集群网络联结点多,其他企业之间的网络联结受到的冲击并不大,它们可以重新进行联结,集群内部的网络关系不会由于少数企业的外迁而断裂,这些都建立在强大的技术协同能力基础上。所以说,技术协同能力强的集群内部,产业转出负面影响会因为技术协同活动而得以弱化,产业转出的效益也将会得到有效实现。

集群进行产业承接,最重要的目的是获得产业承接效益。但是产业承接过程中出现的新旧产业无法有效融合、产业转出地对集群实现的技术封锁等问题都会影响产业承接效益。要解决两个问题,政府部门的行政干预手段必不可少,同时,集群自身具备强大的绿色创新能力也是十分重要的。

集群在产业承接的过程中可能出现新旧产业无法有效融合的现象。新旧产业无法有效融合的根本原因是新旧产业之间的协调失效。我国现有的产业集群大部分是基于地理邻近、业务相似,以社会资本为主要联接纽带,通过参与竞争、相互合作而形成,这种模式下形成的产业集群有其自身的稳定性,所以大量新的企业会被引入进来将意味着集群内原有的组织模式将被打破,产业集群内的各种行为主体在分工协作上也会出现重新布局,从而使产业集群面临各种内部协调难题。首先,产业转移会受到集群内非正式组织和主体的联合抵制,产业集群内各种行为主体具有相同的文化背景和环境条件,同时又经过长期的相互竞争和分工协作,并可能由此形成了固定的行为模式和规则,逐渐会形成产业集群内的非正式组织,这种组织的内部成员之间有着共同的经济利益。然而,通过产业承接引入的新行为主体带来新技术、新观念、高级人才、新的管理方式,这可能会威胁非正式组织成员的共同利益并遭到其抵制和反对,这样一来必然会影响到所引入的新技术、新观念、高级人才、新的管理方式等生产要素融入产业集群内部和发挥作用,甚至会打乱原有的较为稳定的集群内部秩序,进而导致产业集群效率下降。其次,产业承接可能会导致产业集群内部的信息沟通出现障碍,导致信息失灵,由于集群内非正式组织的反对和抵制,通过产业承接进入的产业与产业集群内原有产业必然会存在信息沟通与战略合作的障碍:原有企业和行为主体由于囿于原有的信息圈和行为模式,必然会出现信息滞后、人才缺乏的局面,甚至原有企业会因为抵制和排斥新承接产业而浪费大量的人力、物力资源,而新承接产业也会因为受到排挤和抵制,缺乏有效沟通,无法合理有效认知本地的经济、社会、文化等情况,从而导致其在生产过程中不能充分利用本地资源优势,造成资源浪费和竞争力低下。

针对产业承接中出现的这种协调失效现象,产业承接过程中最需要解决的问题是新旧产业之间的融合问题,一旦承接进来的新产业和集群中的原有产业之间无法实现有效耦合,将会严重影响转移产业的效益的发挥。集群企业间的技术集成活动将对新旧产业之间的融合产生一定的作用,集群企业间的技术集成活动本质上是企业间技术资源、创新成果、先进管理经验的相互交换,并在集群层面实现各项资源的最有效配置。集群企业间的技术集成能力越强,集群承接进来的新产业和集群中的原有产业之间进行技术集成活动的可能性越大,而且新旧产业之间进行技术集成的动力和意愿也会比技术集成能力弱的集群要大。技术集成能力能有效推动新旧产业融合,弱化产业"非集群化"现象,有助于产业承接效益的发挥。此外,集群企业间的技术学习活动能有效解决产业承接过程中可能出现的产业集群内部的信息沟通出现障碍进而导致信息失灵的问题,集群技术学习能力越强,意味着集群内部每个成员企业都具有较强的学习意愿,那么在新产业被承接进来的时候,在较强的学习意愿驱动下,集群企业敢于跳出原有的信息圈和行为模式,与新产业的行为个体之间开展技术学习活动,不但可以从新产业的行为个体中汲取到全新的有价值的异质知识,还可以使这些新产业行为个体更合理有效地认知本地的经济、社会、文化等情况,促进其在生产过程中充分利用本地资源优势,实现双赢。所以,技术协同能力和技术学习能力能推动新旧产业间的融合,提升产业承接的效益。

集群在产业承接的过程中还可能遭遇到产业转出地对集群实现的技术封锁。在承接产业转移的过程中,一方面,产业转出地的产业之所以进行转移,主要是受到当地资源要素成本上升的压力,可以说,相当多是不得已而为之的行为,因而它们虽然将加工生产基地转移到产业集群内,但是其研发中心、营运中心可能还仍然留在原地;另一方面,转出地可能在产业价值链的某些关键环节上设置各种壁垒,限制其技术、工艺、流程等向产业集群转移。在这种情况下,进行产业承接集群想要获得来自新产业的技术溢出是十分困难的,只能通过简单模仿和盲目跟随新承接而来的企业来获取极少的技术溢出,这必然会影响产业承接效益。而且一旦产业承接集群内部的要素成本上升或者优惠政策期满,集群所承接的产业可能就会寻找新的具有更大要素成本优势或政策优势的承接地,进行第二次转移,这种现象被形象的称为"蒙古包经济"。

这种技术封锁只有具备较强的技术学习能力,尤其是"反向工程"能力,才能实现突破。"反向工程"是集群企业间的技术学习活动中的一种,"反向工程"指的是通过对某一种产品的技术学习来反推出它所蕴含的技术工艺和技术成果,这种技术学习活动对突破技术封锁和技术保密尤其有效,即使转出地在产业价值链的某些关键环节上设置各种壁垒,限制其技术、工艺、流程向产业集群转移,但是集群中原有企业可以通过"反向工程"活动对新产业的产品进行反推,并借此获取核心技术。集群的技术学习能力越强,突破技术封锁的成功率越高,产业承接效益越容易得到发挥。

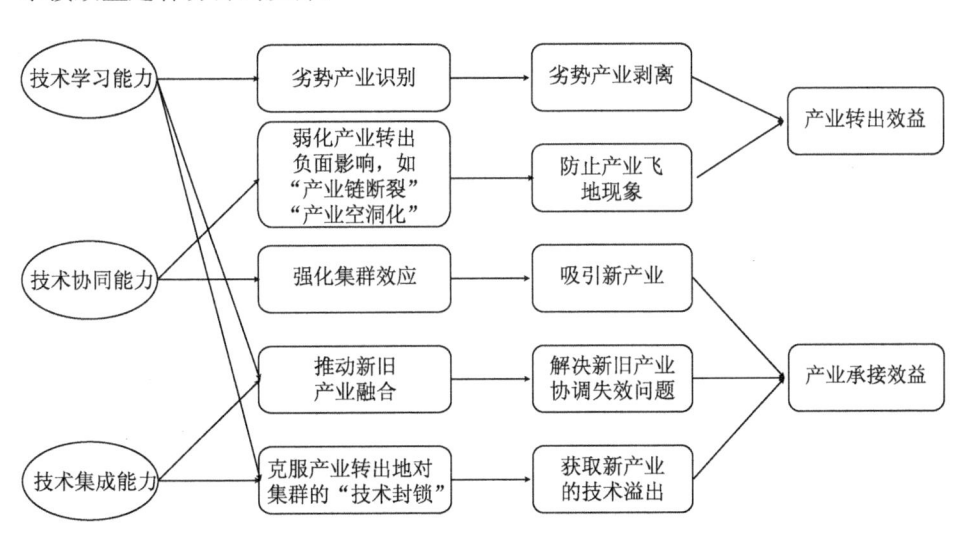

图 4.4 绿色创新能力对产业转移的影响

4.1.4 绿色创新能力作用下的集群组织效应

集群组织效应包括集群外部经济效应、集聚效应、锁定效应。

（1）绿色创新能力对集群外部经济效应的作用分析

所谓外部经济效应是指一个经济活动主体（生产经营者或消费者）的经济活动（生产或消费活动）对其他经济活动主体所施加的外部影响。当模仿创新达到一定程度时，集群的创新会因"搭便车"而陷入"囚徒困境"，此类市场失灵会导致外部经济由升转降。提升集群内企业之间的技术协作能力、技术学习能力和技术集成能力可促进群内各相关主体之间交易费用的降低和共生利益的形成，从而化解市场失灵，实现外部经济的由降转升，即集群绿色创新能力越强，集群外部经济效应越明显。借助在要素价格、运输成本、市场条件等方面的优势，行业内具有较强绿色创新能力的企业选择在特定区域聚集，集群诞生，进而能吸引更多生产和销售同类产品的企业、存在产业关联的上中下游企业和相关机构进入该集群，这些企业和相关机构的聚集使该区域的专门人才、专门机构、原材料产生很高的使用效率，这种使用效率是处于分散状态下的企业所不能达到的，这种高效率就形成了外部规模经济，产生了外部经济效应。具体来说，集群的绿色创新能力对外部经济效应的作用体现在以下三方面：

① 技术学习能力越强的集群，专业性劳动力市场越发达

集群技术学习活动包含集群企业间互相派遣技术人员提供技术咨询或接受技术培训、组建联合研究所进行合作创新、建立供应商协会实现制度化的知识共享、同行企业间技术人员的流动、反求工程、寻求加入跨国公司的分包网络、购买世界范围内产业领先者的技术许可、和有竞争力的知识源组建学习联盟或合资企业、和外部的大学及实验室建立产学研联合体等。越多企业聚集则集群整体的知识储存越丰富，知识多样性越丰富，集群核心主体储存在人力资源中的技术知识越丰裕，集群人力资源平台建设越健全，随之就会有更多的就业机会、培训机会和更高的薪酬等，会吸引更多专业人才到该区域就业，有更多相关培训机构和猎头公司来提升该区域劳动力的职业技能，产生专用性的劳动力市场。因此，技术学习能力会使集群内部专业性劳动力市场更发达。

② 技术学习能力和技术协同能力越强的集群，生产专业化而获得的中间产品越丰富

集群技术学习能力越强，储存在各个成员企业中的各类专业化的技术知识更易于集群生产专业化的中间产品，因为例如企业间技术人员的流动、反求工程等技术学习活动会给集群中生产中间产品的企业带来更多的异质知识。同时，集群技术协同能力越强，集群各种正式和非正式合作制度、规则和平台越完善，氛围越浓厚，企业之间、企业与相关机构之间协作更紧密，竞合关系更有效，专业

化分工进一步细化,集群能获得更多低价优质的中间产品。如意大利的家具产业集群,是一个以家族式中小企业为主,实施高度专业化分工,由终端企业、中间企业、服务业构成的联合经济体,该集群在全球家具行业中享誉盛名,生产设备和工艺都是全球领先,上下游企业之间以分工为基础形成紧密的合作关系,百分之八十五的分包商和客户有长期稳定的关系,各类惯例、平台在长期的发展过程中不断完善,整个工业区形成分工协作、竞争高效的完整产业链,中间产品丰富,在促进家具企业迅速发展的同时,也促进了家具企业的专业化和分工协作的深化,并最终导致相互交叉、分工协作的网状产业集群模式的形成。

③ 技术学习能力越强的集群,可获得的技术和信息越丰富

绿色创新能力越强的集群,本身就具有引领产业最新技术和信息的主体存在于该集群,所储存的隐性知识越丰富,各类新点子、发明和创新会首先在集群内部产生。即使没有,在集群企业间互相派遣技术人员提供技术咨询或接受技术培训、组建联合研究所进行合作创新、建立供应商协会实现制度化的知识共享、同行企业间技术人员的流动、反求工程、寻求加入跨国公司的分包网络、购买世界范围内产业领先者的技术许可、和有竞争力的知识源组建学习联盟或合资企业、和外部的大学及实验室建立产学研联合体、对行内领先产品进行分解研究、从外部招募高层次人才实现隐形知识转移、在"知识高地"(例如一个发达国家)建立"窗口式"机构、定期参加行业聚会如产品展销会和研讨会等集群内部技术学习活动和集群外部技术学习活动中,集群也会通过各类信息平台获取相关产业最新技术和信息,从而使集群内的企业和相关机构紧跟产业发展步伐,共享可获得的技术和信息。以硅谷为例,集群内有著名的斯坦福大学、加州大学等四所大学和其他几十所专业院校,斯坦福大学拥有世界上最好的电气工程和计算机系,以及由公司资助的一流实验室,知识和技术的密集度居美国之首,集群绿色创新能力全球领先。此外,硅谷还吸引了3 000多家高科技产业和许多研发机构,以及一批能够培养高级技术人员和管理人员的大众化教育机构。大学与产业部门互相依托,教学、科研、生产三者协调发展,知识信息的创造、加工、传播和应用互相促进,使硅谷成为美国新技术的摇篮。

(2) 绿色创新能力对集聚效应的作用分析

集聚效应受规模报酬递增、节约交易成本、企业协同效应的共同影响,技术学习能力和技术协同能力越强的集群,集群主体之间的专业化分工越深入,主体专业化能力越强,集群企业在搜寻和筛选合作伙伴时更便捷和有效;而在产业链和价值链上长期的分工合作与专业化协同,产生了具有社会根植性的合作惯例和信任机制,相互之间的结合越紧密,集群发挥集聚效应的关键是信任而不是契约,集群惯例和平台构成的基础就是信任和承诺等人文因素,各种正式和非正式的协作机制、监督机制、利益分配机制、信任机制越完善,各主体之间越容易建立

密切的协作关系,从而减少机会主义倾向,降低集聚的风险和成本,对内可以克服其内部规模经济的劣势,对外可以形成集群品牌、谈判力、集聚效应,使集群企业规模报酬递增,节约交易成本,产生更大的集聚效应和协同效应。以义乌市场为例,该市场最初从事小商品流通贸易,随着市场辐射面的不断扩大,逐渐形成了具有一定规模和影响力的专业化小商品市场,专业市场的需求聚集效应促进相关产业各类主体的聚集,随着集群技术学习能力和技术协同能力的不断提升,周边地区相继有八万多家中小企业与义乌市场建立了密切的业务联系,产生了具有社会根植性的合作惯例和信任机制,此外,专业市场还带动了会展、中介、物流、金融等平台的建设,在运营过程中各类惯例和平台的不断完善,进一步支撑了专业市场的发展,促进了集群绿色创新能力的提升,集群企业规模报酬递增,交易成本不断节约,产生了更大的集聚效应和协同效应。截至2008年底,义乌已形成了饰品、服装、针织、袜业、文化用品等十六大优势产业,以及制笔、化妆品、无缝针织服装、工艺礼品等10个国家级产业基地的聚集。

创新网络的形成与知识溢出、集体学习、内部竞争压力密切相关,集群技术学习能力越强,集群核心主体的绿色创新能力就越强。一方面通过知识应用获得的显著规模经济效应会吸引相关产业企业尤其是独立持续创新能力不强的中小企业不断聚集;另一方面,惯例和平台能激发集群"创新空气"的形成,促使集群主体之间无形之中相互学习、合作和竞争的动力更强,不断提升集群整体绿色创新能力。通过集群整体绿色创新能力的不断增强,集群知识溢出效应更加明显,在这一良性循环的过程中,创新网络不断积累形成。例如,硅谷拥有绿色创新能力很强的科研院所和著名企业,这些主体间频繁开展各类技术学习活动和技术集成活动,各主体之间的合作既包括老企业给予新企业鼓励、建议甚至金融支持,也包括各公司工程师之间非正式的交流与合作等等,更为重要的是建立在信任基础上的合作过程中所体现出的平等性与非正式特征。假如某企业出现原料供应短缺,同行企业可随时提供而不需要商业上的协议,日常生活、工作中,人们还通过邮件、电话、会餐、集会甚至闲聊来进行联系与交流,使得信息能够在区域内快速传递,而大学与企业的密切合作产生极强的知识溢出效应,这不仅为企业提供重要的技术成果,还为企业培训和输送人才,从而形成一个具有区域根植性的创新网络。

(3) 绿色创新能力对集群技术锁定效应的影响

集群技术学习活动通过提升集群内部知识异质化程度和知识流动速度来避免技术锁定。技术学习能力越强的集群,各主体所储存的技术知识越丰富,这些技术知识是集群在长期进行外部学习和内部学习活动中所累积的。当集群内相关产业面临渐进式变革的威胁时,集群能利用知识的累积效应和溢出效应,通过知识网络的有效扩散和选择,利用地理上的临近性和共同的产业文化背景,增加技术人员之间、相关企业之间的交流和沟通,这不仅可以加强显性知识的传播与扩散,还可以加强隐性知识的传播与扩散,并通过隐性知识的快速流动进一步促进显性知识的流动与扩散,提升集群利用性创新能力;技术学习能力越强的集群,其惯例和平台越坚实和完善,各行为主体形成的知识网络越丰富,在集群内相关产业面临激进式变革的威胁时,能从知识网络获取多元化隐性知识。通过跨越产业边界,探索产业变革趋势,集群内领先的企业会引导产业主导设计的革新,一旦某项核心技术获得创新性突破,在集群区内各专业细分的企业很快会在集群技术协同能力的作用下进行协同创新,相互支持,共同参与这种网络化的创新模式,从而使集群探索性创新能力得以培育和提升,避免技术锁定。

(4) 绿色创新能力对集群认知锁定效应的影响

集群技术学习能力越强,集群各类信息平台越有可能成为相关产业信息聚集的平台,集群利用各类信息平台获取的产业发展信息越及时和丰富,这些信息通过各主体在知识网络中的有效扩散,利用集群各种正式和非正式的制度、规则和平台的传播与沟通,在竞合机制的作用下,对集群内相关企业的影响力和促动性越大,竞争压力激励着企业的绿色创新、战略创新,也激发集群各主体相互攀比、不断学习,认知水平不断提升,使集群避免认知锁定的风险。

(5) 绿色创新能力对集群政治锁定效应的影响

技术学习能力和技术协同能力越强的集群,集群核心主体技术能力越强,在引领集群发展方面起到至关重要的作用,使集群依照市场机制进行自我更新与业务转型,而政府在其发展过程中则只是辅助和配合,形成集群内部的政府与企业之间的"政治行政系统"的可能性较小,从而避免政治锁定的风险。以硅谷为例,自20世纪70年代风险投资取代军费成为硅谷创业者的主要经费来源后,硅谷利用自身的社会网络造就了自我支持的金融系统,这一金融系统以市场机制为导向,没有打上政府行政系统的印记。纵观硅谷发展历程,由于其核心主体拥有很强的绿色创新能力,其成长主要依靠私人、企业和科研机构等民间技术力量,而政府除间接参与风险投资运作外,主要是制定有利的政策、出台各种法律、法规,以及给风险投资以优惠,另外还对风险投资的高科技企业进行监管,硅谷强大的集群技术能力避免了政治锁定。

通过4.1节的分析,本研究提出如下假设:

假设1:绿色创新能力对集群组织特性有正向影响

假设1a:技术协同能力对集群知识溢出特性有正向影响

假设1b:技术学习能力对集群知识溢出特性有正向影响

假设1c:技术学习能力对集群专业化分工特性有正向影响

假设1d:技术协同能力对集群专业化分工特性有正向影响

假设1e:技术学习能力对集群的决策收敛性有正向影响

假设 1f:技术协同能力对集群的决策收敛性有正向影响

假设 2:绿色创新能力对集群组织结构模块化有正向影响

假设 2a:集群技术学习能力对集群组织结构模块化有正向影响

假设 2b:集群技术集成能力对集群组织结构模块化有正向影响

假设 2c:集群技术协同能力对集群组织结构模块化有正向影响

假设 3:技术学习能力对集群组织行为有正向影响

假设 3a:技术学习能力对集群治理集体行为有正向影响

假设 3b:技术协同能力对集群治理集体行为有正向影响

假设 3c:技术学习能力对产业转出有正向影响

假设 3d:技术协同能力对产业转出有正向影响

假设 3e:技术学习能力对产业承接有正向影响

假设 3f:技术集成能力对产业承接有正向影响

假设 3g:技术协同能力对产业承接有正向影响

假设 4:技术学习能力对集群组织效应有正向影响

假设 4a:技术学习能力对集群外部经济效应有正向影响

假设 4b:技术协同能力对集群外部经济效应有正向影响

假设 4c:技术学习能力对集聚效应有正向影响

假设 4d:技术协同能力对集聚效应有正向影响

假设 4e:技术集成能力对集聚效应有正向影响

假设 4f:技术学习能力对锁定效应有负向影响

假设 4g:技术集成能力对锁定效应有负向影响

假设 4h:技术协同能力对锁定效应有负向影响

4.2 集群组织惯域对主导产业升级的影响

主导产业升级是从低附加值制造环节向附加值更高的设计研发和营销等环节转变,从低价值、劳动密集型产业向资本和技术密集型产业转变,从物质资源消耗巨大的产业向高新技术产业转变的过程。主导产业升级内容很丰富,包括集群的产品附加值得到提升、集群在市场中占据较大的市场份额、集群在市场中获取的超额利润较高、集群营销渠道拓展能力较强、集群产品系列丰富、集群生产效率得到提升、集群持续进行生产工艺改进等,归纳起来有如下几点:生产效率提升、产业结构优化、产品附加值提高、市场垄断地位增强、利润总额增加。

4.2.1 集群组织惯域对生产效率的作用

(1) 集群组织特性对生产效率的影响

集群组织特性中的专业化分工对生产效率具有一定的影响作用。分工是经济增长的源泉。产业集群最主要的特征之一是企业之间存在分工协作的关系，如果企业间不存在中间品的交易，彼此没有上下游关系，则只能称为集聚，而不是集群。无论是产业集群的形成还是产业集群的升级，专业化分工都是最主要的动力来源之一。通过专业化分工，集群内企业形成优势互补的弹性生产方式，或者形成规模较大的龙头企业，专门从事设计研发、市场营销、品牌管理等价值链高端的生产环节，而中小企业则专业化于生产过程中的某一部分。逐渐细化的分工和更多对中间产品的需求形成的规模经济使集群内部的价值链在纵向上向两头延伸，并因为专业化使生产过程的每个环节获得生产效率提升和产品附加值提升的可能。因此，产业集群专业化分工特性对集群主导产业升级有积极作用。

(2) 集群组织结构对生产效率的影响

在产品系统可模块化的前提下，集群组织结构模块化使产品的绿色创新不需要将产品设计全部推翻，而可以充分发挥替代经济的优势，利用分割、替代、扩展、排除、归纳、移植的模块化操作实现局部创新，进而达到生产效率的提升。

(3) 集群组织行为对生产效率的影响

① 产业转出行为对生产效率的影响

产业集群通过将不具备比较优势的生产环节（或工序）转移至其他国家与地区，使其能够更好地集中有限的资源从事产品研发和绿色创新活动。在未进行产业转出之前，产业集群为了维持生产延续性，必须将集群内部有限的生产要素分配在产品价值链的各个生产环节，由于要素总体数量有限，每一环节所能得到生产要素数量就会受到制约，虽然集群也会根据各个环节要素需求特性差异来进行内部资源的配置，但是集群内部的资源整合毕竟规模有限，而且由于土地、能源等生产资料的不可再生性，集群的生产要素成本也会随着规模扩大而增加，在激烈市场竞争中，集群要获得生存空间必须进行产业转出。在进行产业转出之后，集群内部有限的生产要素就被分配到能够带来较高价值的生产环节（工序）中去，有利于促进这些环节的技术革新与生产效率提升，因此产业转出对集群生产效率有积极作用。

② 产业承接行为对生产效率的影响

集群企业通过参与产业转移活动，大规模引入新产业或新企业，一方面能够让产业集群利用这些承接进来的新企业所拥有的生产要素，例如产业资本等有形生产要素将会解决集群内原先自然资源、劳动力资源相对充沛，但是资本相对稀缺的生产困境,有利于集群更好地发挥先天要素资源禀赋优势,先进知识、先进工艺技术、劳动者技能、营销管理模式等无形生产要素能提高产业集群生产要素层次、资源配置效率,推动集群由劳动力和资源密集型向资本、技术、知识等密集型集群演变。虽然对于产业移出主体而言,它所转出的主要是密集使用劳动和资本等生产要素的低附加值生产环节(或工序),这些生产环节或工序所包含的技术对产业移出主体而言可能是已过时的技术,但是对于开展产业承接活动的产业集群来说,这类技术可能仍然比区域内同类技术要先进很多,因此集群仍能通过对这些承接来的新技术进行消化吸收,实现自身技术进步的目的。新技术、生产组织管理经验等无形生产要素对于产业承接集群企业来说都是非常宝贵的财富,产业集群企业通过产业承接行为获得了窥探奥秘的机会,虽然期间不乏产业转出主体的干扰与阻挠,但是通过对所承接进来的新技术进行积极模仿、消化与吸收,产业集群往往能够获得技术水平的提升与管理方式的优化。这都将有利于产业集群优化生产组织形式,提高劳动生产率。另一方面,产业承接会通过改变集群内企业间分工协作关系来对生产效率产生作用。集群的产业承接行为势必会引进新的企业主体,这会对集群内既有的分工协作方式产生重大冲击,推动集群内原有的分工协作方式趋向完善,集群内行为主体形成新的更有利的分工协作方式。由于企业间存在外部性,企业间分工协作越有效,越能实现外部经济,就有可能在分工协作中实现生产效率提升。

(4)集群组织效应对生产效率的影响

首先来看集群组织效应中的集聚效应对生产效率的影响。一个区域内,企业在自由选址过程中,最初受到不同区位自然优势的影响进行厂址选择,当同类企业在同一区位集聚形成规模后,外围企业将同时受到自然优势和外溢效应的吸引,加入产业集群。产业集聚效应越强,就越能吸引外部规模经济,即产业规模经济,在此基础上,集群经济效益随整个产业集聚规模扩大而提高。同一区域内的高度集聚,企业在相同环境下相互接近和了解,彼此有了一定的可比和影响,加剧了企业间的竞争,进一步刺激企业创新和衍生,使得产业集群整体竞争力增强。在当今经济背景下,生产技术日益复杂,市场和技术变化节奏明显加快,谁掌握领先的行业技术,谁在行业就拥有话语权。和集群比起来,单个企业创新能力受到资金、规模的限制相对较弱,集群企业间地理和知识基础临近,科学知识能及时传播,令企业获得更多基础性知识,并且技术知识由于产业高度集聚可以在较大范围内持续积累和交流,使集群内部企业掌握大量经验和技术,有利于集群内工艺流程改造、产品改进,对集群生产效率和产品附加值提升都有推动作用。

其次来看集群组织效应中的技术锁定效应、认知锁定效应对集群生产效率的影响。由于技术锁定效应,集群内工艺、设备升级换代的知识、技术、配套设施等"转换成本"过大,企业的连续投入使集群内企业转向一种新的生产标准要承受巨大的转换成本,集群企业由于在已有技术上的沉没成本将怠于进行工艺流程改进,这对生产效率提升有阻碍作用。由于认知锁定效应,产业集群内部企业结构、生产过程将会呈现过度制度化、产品高度雷同的态势,直接后果是产业集群的创新意识削弱、人员思维僵化,在产业集群成熟甚至在其衰退期不能及时地进行产品和服务的创新,不能及时进行工艺设备和生产要素更新换代,阻碍集群生产效率提升。

4.2.2 集群组织惯域对产业结构的影响

(1) 集群组织行为对产业结构的影响

通过产业转出行为,集群内部要素密集度形成差异,产业间以及同一产业内部要素密集度不同的生产环节(或工序)间的结构比例将会发生变化,产业转出对集群内现有产业结构产生优化作用。

通过产业承接行为,集群的先天要素资源禀赋优势与后天获得性优势(例如规模经济)都将得到充分发挥,产业移出主体在向产业集群移入生产环节(或工序)的同时,也改变了集群的产业结构,集群承接进来的产业(或工序)规模会迅速扩大,集群劳动力向这些新生产环节(或工序)集聚,带动相关前向、后向与侧向产业的发展,推动集群工业化进程,使集群组织结构出现高级化趋势,因此产业承接行为对集群产业结构优化也有推动作用。

(2) 集群组织效应对产业结构的影响

集群组织效应中的技术锁定效应将会导致产业内部结构升级换代的成本提高。产业结构优化升级的知识、技术、配套设施等"转换成本"过大,企业的连续投入和消费者为这些产品的累积开支使集群内企业转向一种新的生产标准要承受巨大的转换成本,集群企业由于在已有技术上的沉没成本将怠于进行产业结构优化,这对产业结构优化有阻碍作用。

4.2.3 集群组织惯域对产品附加值的影响

(1) 集群组织特性对产品附加值的影响

知识溢出使得企业能够以较低的成本获得其他企业的知识,会降低企业的创新成本,给予集群成员企业进行产品创新的动力,促使它们不断进行产品改进,产品性能得到改进,产品附加值提升,产品获得市场竞争优势,集群利润得到提升。

(2) 集群组织结构对产品附加值的影响

产品附加值受到市场竞争效应的影响,一般而言,市场竞争效应越强,集群企业进行产品附加值提升的动力和压力也越大。相对于传统垂直管理的组织结构,模块化组织结构下的集群内部各个子模块间将展开更加激烈的市场竞争(市场竞争效应),即模块"半自律"属性决定了模块化组织结构具有强化市场竞争效应的作用,而市场竞争效应对产品附加值提升有推动作用。"半自律"是指各个模块能够在遵守共同设计规则的前提下实现具有充分自主性的设计和创新活动。它的存在基础是模块化系统内部存在的两类信息,即"可见信息"和"隐藏信息","可见信息"也被称为"设计规则",这是被所有模块设计和生产厂商所知晓并被严格遵循的规则,这些规则决定了模块与模块之间通用的界面和接口,奠定了模块化生产的基础,必须先于模块化设计被所有模块厂商了解,而设计规则一旦被确定,就不能随意改变,否则模块厂商生产体系将被打乱;"隐藏信息"则仅仅存在于每个独立子模块内部,其规范并不影响其他子模块的正常运行,可以由各子模块的设计者自行决定,而不用担心系统兼容性,在设计和生产过程中,如果发现本模块有改进余地,则可以随时更改,改进成本也较低。

一方面,模块的"半自律"属性降低模块企业参与分工的行业壁垒和技术难度。集群模块化组织结构的初衷是在集群内部原有的专业化分工基础上,将复杂生产系统分解成若干执行特定功能、彼此具有依赖性和兼容性的模块,再利用通用接口和界面将其进行组合,实现复杂问题简单化。模块的"半自律性"使这种生产方式高度开放,任何企业只要遵循公开"设计规则",就可参与到模块化生产体系中来,这将增强竞争效应,增大集群企业进行产品附加值提升的压力和动力,对集群产品附加值提升有利。

另一方面,首先,模块"半自律"属性可以最大限度包容创新带来的不确定性,从本质上讲,创新意味着不确定性,是对原有生产秩序的一种颠覆,而模块"半自律"属性可以将由创新导致的不确定性转移至各个子模块内部,不会影响整个集群创新系统的稳定性,并延伸了集群系统创新的可能性边界,同时还使集群系统创新活动可以同时在各个子模块中进行,降低了创新成本和风险,提升了产品附加值;其次,模块"半自律"属性使相同功能的子模块面临类似完全竞争的市场格局,集群内具备相同功能的子模块之间可以高度替代,甚至是完全替代,因此子模块之间的竞争非常激烈,它们在遵循公开可见的信息的前提下独立进行"背对背"技术研发,这种竞争方式的优势在于模块能够完全占有技术开发成功带来的全部价值,而不担心其他厂商"搭便车"行为。在这种竞争规则下,产业集群内各企业为了使处于竞争关系的子模块获得高额的创新效益,都会努力进行新产品、新技术研发和产品附加值提升,同时保证整个产业集群模块化生产体系创新动力的持久性和充足性。

(3)集群组织行为对产品附加值的影响

① 产业转出对产品附加值的影响

一方面,通过产业转出活动,产业集群具备的资本、科研技术以及管理者经验等生产要素与产业承接者的低成本劳动力、土地等生产要素优化整合,使产业集群内部原先不具备比较优势的环节(或工序)的生产成本大幅度降低,而集群内部具备比较优势的环节(或工序)由于实现了资源的密集使用,依靠科技进步与规模经济等也降低了生产成本。两方面因素相叠加,产品总生产成本大幅度下降,产品附加值随之得到提升。当其降低的幅度大于相应的转出成本(包括转出过程中产生的运输成本、制度成本等)时,产业集群就能从中获得更高的利润,这符合作为当前分工基础的比较优势原理。

另一方面,通过产业转出,产业集群能够将自身所拥有的比较优势转化为竞争优势,并且由于对价值链高端环节(高附加值)的掌控,集群所获得的收益同产业承接者所获得收益相比,往往要高出很多。对那些在价值链的产品设计、市场营销等环节具备比较优势(例如一些集群在产品设计方面拥有丰富经验并已经拥有知名品牌所有权,其市场营销渠道非常广阔等)的集群而言,主要通过贸易尤其是通过商业资本跨区域流动,将价值链中不具备竞争优势的环节(或工序)转移到其他国家(或地区),通过这种产业转出,产业集群所拥有的品牌优势、设计优势以及市场营销优势、产业承接者所拥有的低成本生产优势以及产业承接地具备的交易成本优势三者实现了整合,使得产品总成本大幅度下降,产品附加值随之提升。此外,产业转出还能延长产业集群转出的劣势产业的生命周期,使它们在产业承接地继续运营,并为原来集群带来利润。

② 产业承接对产品附加值的影响

产业集群通过产业承接引进新产业或新企业,这些新企业或新产业带来的先进生产技术、管理理念、高等人才等要素资源会对集群产品附加值产生影响。先进生产技术能提高产品的生产和制造能力、产品质量,先进管理理念的引进能提高资源配置效率,减少资源的浪费,高等人才的引进可以提升集群产品技术含量,提升产品附加值。

为了分析产业承接对集群产品附加值的作用机理,本节建立一个简单的基于内外部生产要素的产业集群产品附加值提升模型。首先给出基本假定:产业集群产品附加值提升是基于内部和外部两类性质的生产要素发展的;内外部生产要素之间可以相互替代;集群使用要素的原则是最小成本法则,即内外部生产要素的边际要素成本相等。图中横轴表示影响集群产品附加值的内部生产因素,纵轴表示影响集群产品附加值的外部生产因素,cu 曲线表示在内外部生产因素共同作用下,产业集群产品附加值的曲线图,上面任意一点表示产业集群所处的阶段。同时 cu 曲线上任意一点满足以下条件:

$$cu = f[\partial_i, rc(ic, oc), \delta_i] \qquad 式(4-24)$$

其中,∂_i 是集群内主要产品 i 及其知识复杂性;ic 表示推动集群产品附加值的内部生产因素；oc 表示推动集群产品附加值提升的外部生产因素能力；而由于内外部生产因素的相互作用，rc 表示内外部生产因素共同作用下的集群产品附加值提升潜力；δ_i 是产品 i 生产的其他影响因素。

然后对模型进行分析，在产业集群形成初期以及稳定发展期，依据产品 i 的生产知识复杂度 ∂_i 以及内外部因素共同作用下的集群产品附加值提升潜力 rc，产业集群会形成在生产要素边际成本等于边际收益的条件下，此时产业集群位于 h_0 点，这个时候，由于集群的形成主要是基于区域内廉价的劳动力、丰富的资源禀赋等，即主要是靠集群内部生产因素 ic 推动。因为要生产同样的边际产品价值，使用内部生产因素 ic 所耗费的边际要素成本小于使用外部生产因素 oc 所耗费的边际要素成本，即 $MFC_{ic} < MFC_{oc}$，因而集群所在点位于 cu 曲线的右下位置。

在产业集群的发展潜在压力期，由于劳动力价格上升、资源面临贫竭等，推动集群发展的各种内部生产要素的比较优势逐渐丧失，集群的发展趋于缓慢，这个时候集群面临升级转型的潜在压力。这个时候，要实现集群的产品附加值提升，有两条路径：一是依靠集群内部生产要素的提升要实现升级，强调集群内部要素的协调和优化；二是借助集群外部生产要素的推动来实现转型，强调外部因素的引进和消化。当然，外部生产因素的引进，必然会对内部因素产生影响，进而影响集群的升级转型，因而其对产业集群的影响实质上是内外部因素的共同作用。但是，由于内部生产要素的比较优势丧失，即内部生产要素的成本趋于上升；同时由于前期产业集群的形成和发展主要是基于内部的资源、劳动力等因素，因而集群的发展实际上处于价值链的低端环节，内部生产因素对集群产品附加值提升的边际推动能力明显小于外部生产因素的边际推动能力，即 $MFC_{ic} < MFC_{oc}$，（cu 曲线在右下方趋于平缓，而在左上方趋于陡峭）。因而，产业集群会更多地倾向选择引入外部生产因素推动产品附加值提升。

如图 4.5 所示，通过引入先进的技术、资本、管理方式、高级人才等外部要素 oc，会对集群发展产生冲击，导致 cu 曲线移动到 cu_0，同时产业集群所在点也会根据边际要素成本等于边际要素收益的原则，由 h_0 点移动到 h_1 点。同时，外部生产因素 oc 的引进，一方面会由于其对内部生产要素 ic 的替代作用，直接对集群产品附加值产生影响效应；另一方面也会对集群内部生产因素产生影响，这会导致内部生产要素 ic 的边际要素成本发生改变，进而推动 cu 曲线进一步发生移动，由 cu_0 移动到 cu_1。此时，产业集群再次根据边际要素成本等于边际要素收益的法则发展，导致其在 cu 曲线上位置由 h_1 点移动到 h_2 点。在 h_2 上，内部生产要素的边际要素成本和外部生产要素的边际成本相等，此时，产业集群发展得到了最有效的要素配置。

在内部生产要素丧失比较优势的条件下，基于外部生产要素对内部生产要

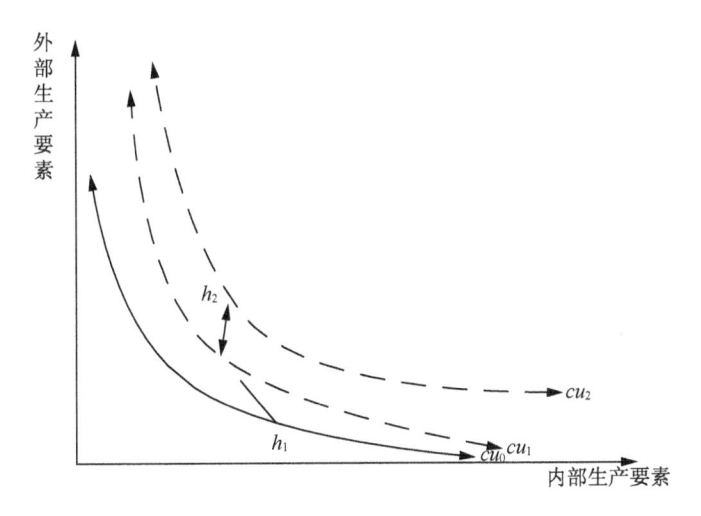

图 4.5　基于内外部生产要素的产业集群产品附加值提升曲线

素的替代作用以及其之间的相互影响作用,引入外部生产要素确实可以对产业集群产品附加值提升产生较大推动作用。

(4) 集群组织效应对产品附加值的影响

集群组织效应中的认知锁定效应会带来产业集群内部企业结构、生产过程过度制度化、产品高度雷同,直接后果是产业集群的创新意识削弱、人员思维僵化,在产业集群成熟甚至在其衰退期不能及时地进行产品和服务的创新,不能及时进行工艺设备和生产要素更新换代,不能因势利导并及时采取对策进行产品附加值提升,认知锁定效应对集群产品附加值提升有阻碍作用。

4.2.4　集群组织惯域对市场垄断地位的影响

(1) 集群组织结构对集群市场垄断地位的影响

集群生产方式从传统垂直化向模块化转变能使集群更快速应对技术更新和高度不确定的市场,准确、快速、及时抓住市场需求,提高市场占有率。产业集群组织结构模块化可以通过把设计参数分为可见参数和隐藏参数两种来降低市场不确定性。一是通过可见参数来降低成员企业外部的不确定性。由于可见参数对系统的界面和接口做了统一规定,使得各子模块具有即插即用的功能,因此通过模块整合成的产品具有灵活、快捷的特点,能迅速应对市场环境的变化;二是通过隐藏参数来降低成员企业内部的不确定性。躲藏在模块中的隐藏参数是不确定的,系统可以通过多个模块供应商间的"背对背"竞争,产生数个可替代的创新方案进行风险应对,能把大量不确定性包容起来;更有效地应对市场竞争。随着当今科学技术的迅猛发展,产品生命周期不断缩短、替代产品层出不穷、消费需求日益多样化和个性化,而这很容易导致企业生产效率低下,成本增加。为了协调这种矛盾,产业集群必须采用模块化这种柔性生产方式来激发企业的创新活力,并按照界面标准把具有"即插即用"功能的各模块进行整合,产生多种能迅速且大批量地推向市场的产品组合。模块化还使产业集群具有更强的外界适应能力,这种生产方式革命性地改变了原有的生产流程,加快了集群更新换代的速度,集群仅仅通过在模块层面的操作,如对子模块进行整合、转化、拆分、添加,就可以实现系统功能的改变,从而使整个集群富有弹性,能够更好地适应外界市场。对于企业组织的模块化导致子模块的横向一体化,并在经济全球化背景下形成市场垄断地位这一问题,Grossman 和 Helpman(2002)曾经做过深入研究,本研究将在他们研究的基础上提出一个包含模块化分工的均衡模型,证明模块化生产能够加强产业集群的市场垄断地位[130]。

① 模型说明

假定存在这样一个两步垂直生产系统,最终产品 a 要在中间产品 b 的基础上生产出来。在模块化生产方式下,由于整个社会生产的模块化程度不确定,因而中间产品生产的专业化水平也有所不同。假设最终产品与中间产品分别分布在两个同心圆上,其中最终产品在半径大的圆上,中间产品在半径小的圆上。如果中间产品和最终产品处于同一条半径上,那么中间产品无需进行专业化改动即可直接供应给最终产品,因而是理想的;如果中间产品和最终产品不在同一条半径上,那么中间产品就需进行专业化改动才能够供应给最终产品,因而是不理想的,在这一过程中要付出专业化改造成本 φ,φ 在模型中可以直观地用中间产品所在圆弧上、中间产品实际所处位置与理想中间产品的圆弧长度来表示。假设现实中存在三家生产最终产品的厂商,它们分别为 a_1、a_2、a_3,均匀地分布于外圈,存在三家生产中间产品的厂商,它们分别为 b_1、b_2、b_3,均匀地分布于内圈,如果这三家中间产品厂商生产的中间产品是理想的,则无需付出专业化改造成本 φ,而如果这三家厂商为了追求规模经济和范围经济,通过定制模式或者标准化同时给两家最终产品厂商提供中间产品,那中间产品厂商将要付出专业化改造成本 φ,φ 在图中可以表示为 b_1 与 b_2 之间的圆弧距离。在这一模型中,模块化的中间产品生产商有两种选择,一种是将产品只供应给一个最终产品厂商,这种做法能够节约专业化改造成本 φ,但不能获得规模报酬;另一种是通过定制模式或者标准化将中间产品供应给多个最终产品厂商,虽然能够获得规模报酬,但是中间产品厂商将不得不付出专业化改造成本 φ。中间产品生产商进行选择的依据在于规模报酬与专业化改造成本 φ 的大小。为了简化问题,这一模型假定每个中间厂商同时最多能给两个最终厂商提供产品。均衡的结果包括两种可能,一种是每家中间厂商都针对特定的最终厂商生产理想化产品,此时所付出的专业化改造成本 φ 都为零;一种是每家中间厂商将标准化的产品提供给两个最终厂商,在内圈上都位于两家生产理想化产品的中间厂商的中点,在最终厂商均匀地分布于外圈的前提下,可以计算出专业化改造成本 φ 为 $\frac{\beta}{2\kappa}$,其中 β 是中间厂商分布的内圈的周长,κ 是所有最终厂商的个数。因此对于 φ 的取值,可以归纳为:

当中间厂商只生产理想化的中间产品时,$\varphi = 0$;

当中间厂商只生产标准化的中间产品时,$\varphi = \frac{\beta}{2\kappa}$。

由此可知,中间厂商通过定制模式生产标准化产品时所面临的专业化改造成本 φ 直接取决于 β 和 κ。β 是中间厂商分布的内圈的周长,β 越大,整个生产系统内中间厂商存在的空间越大,则说明模块厂商的替代性越差,因而 β 与整个中间产品市场的模块化程度呈现此消彼长的关系,可以用 $\frac{1}{\beta}$ 代表中间产品产业集群的模块化程度。κ 代表整个生产系统内最终厂商的数量,κ 越大,每个中间厂商所需要提供的中间产品的差异性将会降低,这将直接导致中间厂商专业化改造成本 φ 的降低,在图中反映为内圈上各个生产理想化产品的中间厂商的弧线距离的缩短。因此,在模块化生产方式下,中间厂商通过定制模式或者标准化将中间产品供应给多个最终产品厂商,所需付出的专业化改造成本是由中间产品市场的模块化程度和最终产品市场的厂商数量决定的。

② 模型前提设定

考虑到不同部门所需劳动的异质性,设定模块化厂商生产中间产品所需支付的每单位劳动力工资为 π,最终厂商生产最终产品所需支付的每单位劳动力工资为 ε;另外,厂商所需支付的固定成本都用劳动力工资来衡量;中间产品市场上的任何一个模块化厂商 b 生产不同种类的产品,存在规模经济递增;最终产品市场上的任何一个厂商 a 也生产不同种类的产品;中间企业将根据规模经济、范围经济、专业化改造成本选择生产标准化或者理想化的产品。在这种情况下,存在三种生产组织类型:垂直一体化,也是理想化的外包,即每个中间厂商只为一个最终厂商提供专业化的中间产品;标准化的外包,即每个中间厂商为两个最终厂商提供专业化的中间产品,中间厂商的专业化改造成本由最终厂商承担;定制化的外包,即每个中间厂商为两个最终厂商提供专业化的中间产品,中间厂商的专业化改造成本由自身承担;此外,还设定消费者总收入 μ 按照比例 θ 用于消费最终产品,而且各种最终产品相互间对于消费者有着固定不变的替代弹性系数 η,因此可以表示出消费者的效用函数:

$$u = \int_0^\kappa a(i)^{\frac{\eta-1}{\eta}} \mathrm{d}i \qquad \text{式(4-25)}$$

在效用函数中，$a(i)$ 代表消费者对第 i 种最终产品的消费量，κ 代表 κ 个最终厂商生产的 κ 种最终产品。由于所有最终产品企业对消费者实际上都是没有差异的，而且企业也是均匀分布的，因此 $a(i)$ 都是相等的，并由下式决定：

$$a = \frac{\mu\theta}{\kappa p_a^{1-\eta}} p_a^{-\eta}, \text{即 } a = \frac{\mu\theta}{\kappa p_a} \qquad \text{式}(4-26)$$

③ 模型构建

在非垂直一体化情况下，中间厂商生产中间产品能够享有范围经济和规模经济，假设中间厂商的固定成本为 c_b，边际成本恒定为 σ，另外专用化改造所需付出的成本为 $\sigma\varphi_b$，其中 b 代表产量。因此，在三种外包情形下，即理想化的外包、标准化的外包、定制化的外包下，所有中间厂商所需支付的总成本为：

$$c_b^1 = c_b + \sigma(1+\varphi_b)b \qquad \text{式}(4-27)$$

中间厂商的总利润函数为：

$$\omega_b^1 = [p_b(b) - \sigma(1+\varphi_b)]b - c_b \qquad \text{式}(4-28)$$

当边际成本应该与边际收益相等时，利润实现最大化，对中间厂商利润函数求导处理可以得到利润最大化所要满足的条件：

$$p_b^1 = \xi_b^1 \sigma(1+\varphi_b), \xi_b^1 > 1 \qquad \text{式}(4-29)$$

式中，ξ_b^1 是产品销售价格超过边际成本的部分，在理想化外包情形下，每家中间厂商只对口供应一家最终厂商，产量较小，而在标准化和定制化情形下，每家中间厂商能够供应两家最终厂商，产量较大，能够充分享受到规模经济，因而 ξ_b^{11} 大于 ξ_b^{12} 和 ξ_b^{13}，ξ_b^{11}、ξ_b^{12} 和 ξ_b^{13} 分别代表理想化外包、标准化外包、定制化外包情形下的产品销售价格超过边际成本的部分。

三种外包情形下最终厂商的利润可以表达为：

$$\omega_a^1 = [p_a^1(a) - (1+\upsilon\varphi_a) - p_b^1(b)]a - g \qquad \text{式}(4-30)$$

另外，p_a 代表最终厂商购买中间厂商产品的价格，$\upsilon\varphi_a$ 代表最终厂商所承担的将中间产品进行专用化改造所需承担的成本，υ 代表中间厂商与最终厂商进行专用化改造时的成本效率比值。将 $p_b^1 = \xi_b^1\sigma(1+\varphi_b)$ 代入式(4-30)可以得到：

$$\omega_a^1 = [p_a^1(a) - (1+\upsilon\varphi_a) - \xi_b^1\sigma(1+\varphi_b)]a - g \qquad \text{式}(4-31)$$

由 $a = \frac{\mu\theta}{\kappa p_a^{1-\eta}} p_a^{-\eta}$ 可以得到：

$$p_a^1 = \left(\frac{\kappa p_a^{1-\eta}}{\mu\theta}\right)^{-\frac{1}{\eta}} a^{-\frac{1}{\eta}} \qquad \text{式}(4-32)$$

将 a 代入到 $\omega_a^1 = [p_a^1(a)-(1+\upsilon\varphi_a)-p_b^1(b)]a-g$,可以将最终厂商利润函数化为:

$$\omega_a^1 = \left[\left(\frac{\kappa p_a^{1-\eta}}{\mu\theta}\right)^{-\frac{1}{\eta}} a^{-\frac{1}{\eta}} - (1+\upsilon\varphi_a) - p_b^1(b)\right]a - g \qquad 式(4-33)$$

为了实现最终厂商利润的最大化,对其进行求导,可得到:

$$\left(\frac{\kappa p_a^{1-\eta}}{\mu\theta}\right)^{-\frac{1}{\eta}} a^{-\frac{1}{\eta}} - (1+\upsilon\varphi_a) - p_b^1(b) - \eta\left(\frac{\kappa p_a^{1-\eta}}{\mu\theta}\right)^{-\frac{1}{\eta}} a^{-\frac{1}{\eta}} = 0$$

$$式(4-34)$$

可以将其化简为:

$$p_a^1 = \frac{\eta}{\eta-1}[1+\upsilon\varphi_a+\xi_b^1\sigma(1+\varphi_b)] \qquad 式(4-35)$$

将 $a = \frac{\mu\theta}{\kappa p_a^{1-\eta}} p^{-\eta}$ 和 $p_a^1 = \frac{\eta}{\eta-1}[1+\upsilon\varphi_a+\xi_b^1\sigma(1+\varphi_b)]$,同时带入 $\omega_a^1 = [p_a^1(a)-(1+\upsilon\varphi_a)-\xi_b^1\sigma(1+\varphi_b)]a-g$

可以得出外包情形下最终厂商的总利润:

$$\omega_a^1 = \frac{\mu\theta}{\kappa p_a^{1-\eta}}\eta^{-\eta}(\eta-1)^{\eta-1}[1+\upsilon\varphi_a+\xi_b^1\sigma(1+\varphi_b)]^{1-\eta} - g$$

$$式(4-36)$$

由于整个最终产品市场是开放的,因而最终厂商整体无法取得经济利润,所以:

$$\frac{\mu\theta}{\kappa p_a^{1-\eta}}\eta^{-\eta}(\eta-1)^{\eta-1}[1+\upsilon\varphi_a+\xi_b^1\sigma(1+\varphi_b)]^{1-\eta} - g = 0 \qquad 式(4-37)$$

将 $a = \frac{\mu\theta}{\kappa p_a^{1-\eta}}$ 和 $p_a^1 = \frac{\eta}{\eta-1}[1+\upsilon\varphi_a+\xi_b^1\sigma(1+\varphi_b)]$,一起代入 $\frac{\mu\theta}{\kappa p_a^{1-\eta}}\eta^{-\eta}$ $(\eta-1)^{\eta-1}[1+\upsilon\varphi_a+\xi_b^1\sigma(1+\varphi_b)]^{1-\eta} - g = 0$ 中可以得到:

$\kappa = \frac{\eta^{-1}\mu\theta}{g}$,进而可以得到:

$$\varphi = \frac{\upsilon}{2k} = \frac{\beta\eta g}{2\mu\theta}, a = \frac{g(\eta-1)}{1+\upsilon\varphi_a+\xi_b^1\sigma(1+\varphi_b)} \qquad 式(4-38)$$

其中,$a = \frac{g(\eta-1)}{1+\upsilon\varphi_a+\xi_b^1\sigma(1+\varphi_b)}$ 表示达到均衡时每个最终产品生产商的生产量;$\varphi = \frac{\upsilon}{2k} = \frac{\beta\eta g}{2\mu\theta}$ 说明中间厂商的专用化改造成本 φ 由哪些外生因素决定,其

中占此与最终厂商的固定成本和消费者对最终产品的替代弹性系数 η 正相关，η 同时可以作为衡量最终产品市场竞争激烈程度的指标，与整个最终产品市场的总需求量 $\mu\theta$ 和中间产品市场的模块化程度 $\frac{1}{\beta}$ 负相关。

④ 模型结论

在中间产品市场上，中间产品的专用化成本 φ 与模块化程度 $\frac{1}{\beta}$ 呈负相关关系，因而中间产品的模块化程度提高将导致专用化改造成本的降低，进而导致生产组织形式从理想化外包朝着定制化外包和标准化外包的方向转变，这意味着，在中间产品市场的集中度将提高，有形成垄断市场势力的趋势。而且，中间厂商固定成本的上升将使规模效益更加显著，也有助于市场集中度的提高。

(2) 集群组织行为对市场垄断地位的影响

接着分析 4.1.3 中所建立的集群治理集体行为实现的条件，如果个体都是理性做出决策的，由以上分析可知：

当 $\varepsilon_1 + s_1 < \frac{\eta}{\beta} + \beta + 1 - \frac{2\mu}{\beta}$，企业 a 选择不组织集群治理集体行动，则集群治理集体行动无法实现，此时集体物品的供给量为 0；所有个体都无法获得收益；

当 $\varepsilon_1 + s_1 > \frac{\eta}{\beta} + \beta + 1 - \frac{2\mu}{\beta}$ 时，如果 $\varepsilon_2 + s_2 < 2\beta + 1 - \frac{2\mu}{\beta}$，企业 b 的理性选择是不参与，则企业 c 也不参与，此时集体物品的数量为 h；

如果 $\varepsilon_1 + s_1 > \frac{\eta}{2\beta} + \beta + \frac{1}{2} - \frac{\mu}{\beta}$，$\varepsilon_2 + s_2 > 2\beta + 1 - \frac{2\mu}{\beta}$，$\varepsilon_3 + s_3 < 3\beta + 1 - \frac{2\mu}{\beta}$，企业 a 组织并承担组织成本，企业 b 参与，企业 c 不参与，此时集体物品的数量为 $2h$；

如果 $\varepsilon_1 + s_1 > \frac{\eta}{3\beta} + \frac{1}{3} + \beta - \frac{2\mu}{3\beta}$，$\varepsilon_2 + s_2 > \varepsilon_3 + s_3 > 3\beta + 1 - \frac{2\mu}{\beta}$，个体 2 和企业 c 都参与，此时集体物品的数量为 $3h$。

可以看出，集群治理集体行动参与方增多，会增加集体物品的供给数量，集群市场占有率得到提升，集体行动的预期收益会增大，市场垄断地位得到增强。

4.2.5 集群组织惯域对市场利润的影响

(1) 集群组织特性对市场利润的影响

决策收敛性越强的集群，越容易形成完善的知识交互记忆系统。集群交互记忆系统在产业集群内的企业间构成了一种重要的创新环境，它的重要作用在于把整个产业集群连接成一个存储知识的网络，每个集群企业成为这个知识网络中的一个节点,在这个知识网络内,任何一个企业都成为其他企业的外部记忆体。此外,需要注意的是,知识交互记忆系统同样受到知识溢出的影响,知识溢出程度越高,知识溢出活动越活跃的集群内,知识交互的频率也越高,这是集群交互记忆系统形成的前提条件,但此处重点分析群体决策收敛性通过对集群交互记忆系统的影响进而作用于集群升级的过程。

集群交互记忆系统提供了关于知识的目录检索系统。当集群内的企业需要某种知识的时候,很容易通过这种目录检索系统寻找到所需要的知识,从而使得集群内的知识具有了某种公共的属性。每个集群企业都似乎很容易获得存在于产业集群中的技术知识,虽然这种知识是存储在一个个的集群企业内部的,对于集群中的某个企业 a 来说,如果它在产品开发的过程中需要某种知识 k,而这种知识存储在企业 b,那么企业 a 在产品开发的过程中有两种方式可以利用知识 k,第一种是从企业 b 获取知识 k,第二种是企业 a 与企业 b 建立合作关系,把与知识 k 相关的任务交给企业 b 来完成。同时知识记忆交互系统是一个关于知识的目录检索系统,这需要参与其中的集群成员企业都秉持同一个目标,向着同一个方向进行各种发展活动。换言之,知识记忆交互系统的形成与完善需要所有成员企业的共同努力,若其中有一企业有投机心理、"搭便车"心理,整个集群的知识记忆交互系统的完善必然会受到影响,因此,集群成员企业的决策一致性对记忆交互系统的完善很重要,集群的决策收敛性越强,知识记忆交互系统越容易得到形成与完善。

集群交互记忆系统使产业集群内出现了马歇尔所说的产业氛围现象。但是集群交互记忆系统不同于产业氛围的地方在于产业氛围表示的是存在于产业集群中的所有的集群企业公有的某种技术知识,强调的是知识的公共属性,而集群交互记忆系统本质上是一种关于知识的目录检索系统,而不是知识的本身。因此,产业氛围强调的是集群企业间的知识溢出,当企业需要的时候可以获取这种知识,而集群交互记忆系统强调的是知识的整合。集群交互记忆系统的解释比产业氛围更加符合产业集群的实际情况,因为如果按照产业氛围的说法,知识在产业集群中是一种公共产品,每个企业都可以具有相同的机会获得这种公有的知识,知识在产业集群内可以跨越企业的边界自由转移,但实际上,如果集群内部知识溢出特性并不强,知识交互活动不活跃,即使是在企业边界的内部知识交换也是非常困难的,更何况跨越企业边界的知识交换。而集群交互记忆系统则构成了集群企业间的一种知识分工体系,即使并没有发生知识交换,在集群专业化分工特性作用下,仍然可以实现不同企业间的知识整合。所以,本研究认为集群交互记忆系统的真正作用是在产业集群层面上形成一种有利于企业间进行知识整合的环境。集群交互记忆系本身不会直接影响集群升级,但是它会影响集群企业间的知识交换对于集群升级的影响程度。如果一个产业集群存在很完善的交互记忆系统,那么知识获取或者知识溢出对于集群升级的正向的促进作用可能会增强。

下面将用一个简易模型来分析集群知识交互系统对集群升级的影响作用。完善的集群知识交互记忆系统可以使集群企业获取由绿色创新成果带来的超额市场利润。为了便于分析,本研究将产业集群企业间关系分为两种情况:一种是集群企业间没有形成知识交互记忆系统,另一种是在强大的绿色创新能力作用下,集群企业间已经形成了完善的知识交互记忆系统。分别从这两种情况中选取两个企业,企业 A 和企业 B。假设集群企业的市场需求不变,集群知识交互记忆系统对集群企业市场利润的影响经济学分析如图 4.6 所示:

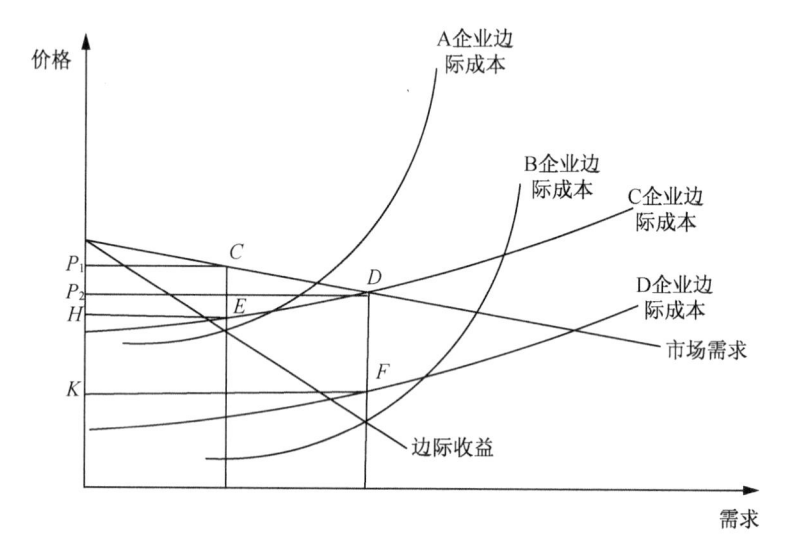

图 4.6 集群知识交互记忆系统对集群企业市场利润的影响经济学分析

图中 C 点和 D 点表示价格为 P_1 和 P_2 时候的市场需求量。在产业集群中,企业 A 未与集群内企业之间形成完善的知识交互记忆系统,其边际成本曲线与边际收益曲线交点所对应的价格就是均衡价格,获得的利润为 P_1CHE 矩形里所表示的面积。同理,企业 B 的边际成本曲线和边际收益曲线交点所对应的均衡价格 P_2,从图中可知,虽然 P_2 低于 P_1,即处在完善的集群知识交互记忆系统中的企业的商品价格比未处在一个完善的集群知识交互记忆系统中的企业的商品价格低,但是企业 B 所获得的利润空间 P_2DFK 矩形的面积远远大于 P_1CHE 矩形的面积,说明所获取的市场利润高于企业 A 的利润。企业 B 通过发挥集群知识交互记忆系统的优势创造了知识租金,知识租金一方面通过绿色创新带来组织成本、知识转化成本、交易成本的降低,因此企业 B 的边际成本曲线和平均成本曲线位于企业 A 的边际成本曲线和平均成本曲线下方;另一方面推动集群知识交互记忆系统作用下的成员企业充分发挥知识溢出的特性来进行绿色创新,获得集群租金。由于整体的市场需求不会随着集群知识交互记忆系统的完善而有所改变,对于企业 B 而言,需求曲线是不变的。显然,企业 B 的价格下降了,但是市场利润却大大提高了。所以,群体决策收敛性提升了单个企业的租金状况和整个集群的利润总额。

(2) 集群组织效应对市场利润的影响

集群组织效应中的外部经济效应对利润总额存在一定的影响。首先,集群外部经济效应使企业能以较低成本利用集群知识储存,并且这种知识多样性非常丰富,直接结果是导致企业的工艺效率改进速度加快,产品性能提升,在市场上获得的利润增多;其次,集群外部经济效应的存在能使企业有较大的中间产品选择空间,并且中间产品成本较低,外部经济效应越强,企业所利用的中间产品越丰富,获取的市场利润越高;最后,集群人力资源平台、集群内完善的硬件和软件设施、集群品牌等无形资本都会在外部经济效应的作用下为企业带来好处,企业市场利润随之提高。

根据本节的分析,将集群组织惯域对主导产业升级的作用路径可以用图4.7表示出来,并提出研究假设:

假设 5:集群组织特性对主导产业升级有正向影响

假设 5a:知识溢出对集群的主导产业升级有正向影响

假设 5b:专业化分工对集群的主导产业升级有正向影响

假设 5c:集群决策收敛性对集群的主导产业升级有正向影响

假设 6:集群组织结构模块化对主导产业升级有正向影响

假设 7:集群组织行为对主导产业升级有正向影响

假设 7a:集群治理集体行为对集群的主导产业升级有正向影响

假设 7b:产业转出行为对集群的主导产业升级有正向影响

假设 7c:产业承接行为对集群的主导产业升级有正向影响

假设 8:集群组织的外部经济效应和集聚效应对主导产业升级有正向影响

假设 8a 外部经济效应对集群的主导产业升级有正向影响

假设 8b:集聚效应对集群的主导产业升级有正向影响

假设 9:集群组织的锁定效应对集群的主导产业升级有负向影响

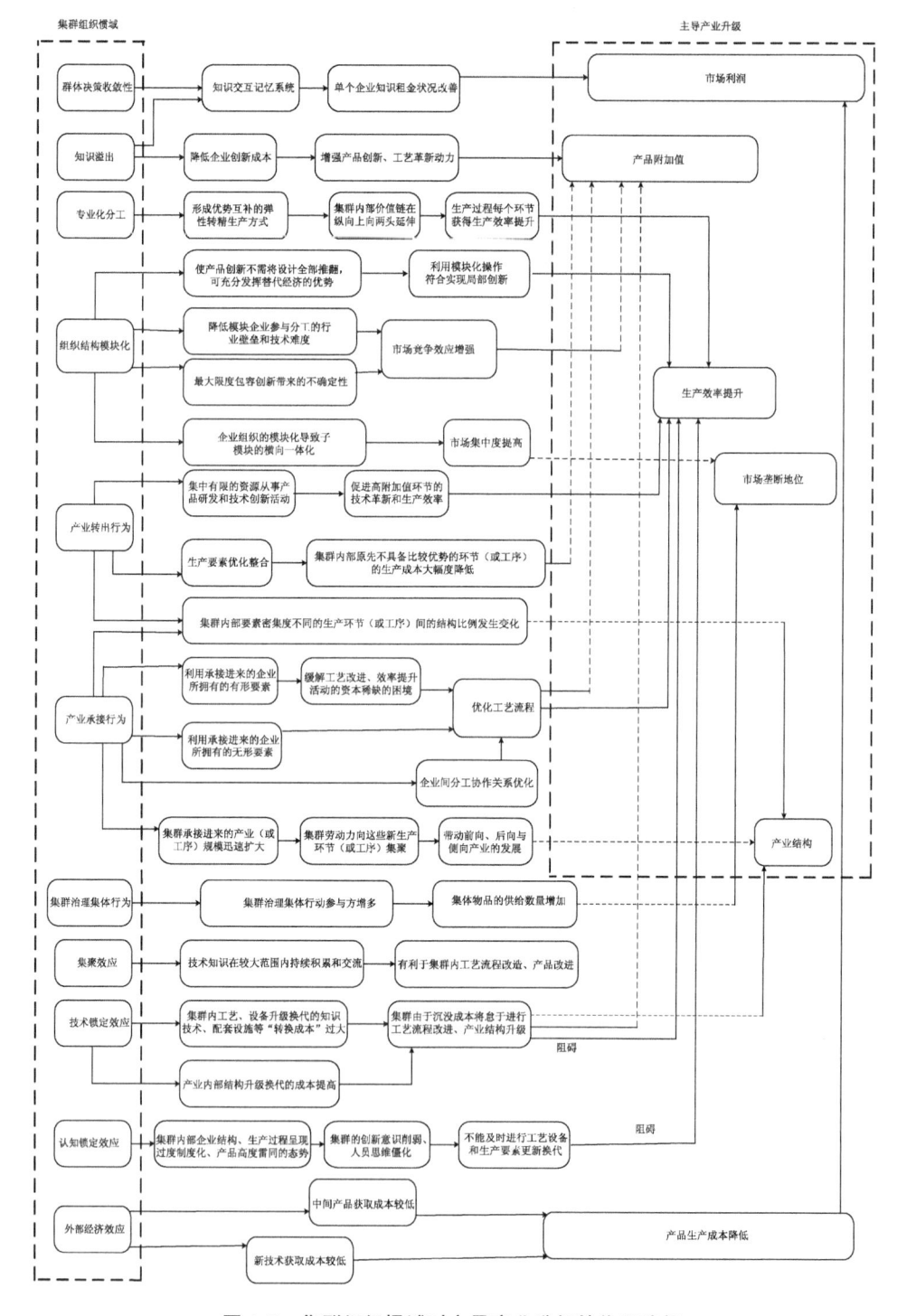

图 4.7 集群组织惯域对主导产业升级的作用路径

4.3 集群组织惯域对知识网络升级的影响机理

产业集群知识网络升级主要包括网络结构和网络关系的升级,知识网络结构升级包括网络规模升级和网络开放度升级,网络关系升级包括关系质量、关系强度、关系稳定性的升级。

4.3.1 集群组织惯域对知识网络结构升级的影响

模块化组织结构使产业集群只关注模块产品本身,并不关心具体的生产过程,模块或者由企业自身完成,或者外包给其他厂商,或者直接从外部市场采购,由于生产工序不再局限于本产业集群内部,社会分工得以在更大的范围展开,产业集群知识网络的联结广度被大大加深,网络规模和网络开放度随着联结广度的加深得到升级,集群知识网络的网络结构得以升级。在图 4.8 中,模块化组织结构的信息处理特征使模块化组织结构下的集群内信息共享总量增大,共享面扩大,降低了因信息不对称导致的机会主义行为,其中 a、b、c、d、e 是对应 A、B、C、D、E 企业的信息。在传统生产方式下的产业集群中,企业与企业之间主要是基于产业链纵向分工的上下游企业关系,只有相邻的企业之间才发生信息接触,整个产业链上的信息总量为 $5a+4b+3c+2d+e$;而模块化组织结构下的产业集群中,企业间以专业化分工协作为基础,在同一产业链上紧密结合,各个模块之间形成了纵向和横向分工的相互依赖、相互联系的平行立体网络关系,企业可以不受模块所处的分工位置、地理位置以及时间的约束,而就统一的设计规则进行全方位的信息交流或合作,整个集群内信息总量达到 $5(a+b+c+d+e)$,大大超过了传统生产方式下的产业集群的信息总量数额,这意味着不论是知识网络中各个节点之间的联结广度还是联结深度都得到提升,即知识网络的网络规模、网络开放度、网络关系强度、网络关系质量都得到升级,集群知识网络随之升级。

4.3.2 集群组织惯域对知识网络关系升级的影响

(1) 集群组织特性对知识网络关系的影响

集群知识溢出对知识网络升级存在一定的影响作用。一方面,犹如物理学中的"势能",集群企业间的技术水平差距越大,"势能"就越大,只有通过知识溢出,企业才能够快速地消除彼此之间的技术差距。集群知识溢出程度越高,集群企业间技术差距越小,它们之间的网络关系稳定性就会越高,企业与企业之间就会越趋向于合作,而且关系质量将得到持续改善,这对集群知识网络关系升级有很大的促进作用。另一方面,企业之间的差别,必然导致企业拥有知识的异质性,而获取其他企业的异质性知识,是企业进行绿色创新获得竞争优势的重要途

```
传统生产方式下的集群内信息传输量        模块化生产方式下的集群内信息传输量
```

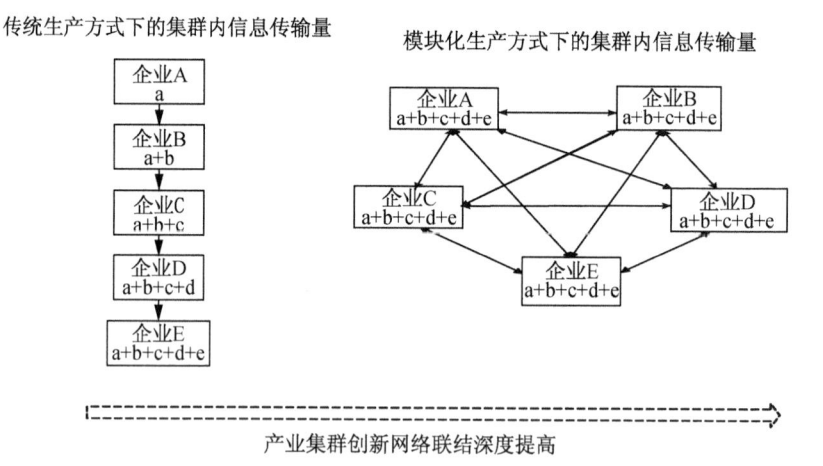

图 4.8　传统生产方式和模块化生产方式下的信息传输量比较

径。集群知识溢出能弥补知识结构的缺陷,优化各成员企业的知识结构。集群知识网络的网络结构和网络关系都能得以升级的基础是集群内每个成员企业都有完善的知识结构,因此集群成员企业各自的知识结构都得到优化,集群知识网络升级就能顺利实现。

(2) 集群组织结构模块化对知识网络关系升级的影响

一方面,模块化组织结构下的产业集群中,系统集成商与模块化供应商间是基于模块化设计共同完成产品的平等关系,双方通过采用长期合作策略降低成本,实现双方利益最优,本节已运用博弈论对系统集成商与模块供应商的长期合作关系进行了分析,证明两者通过多次的博弈,能有效避免交易双方的机会主义行为,从而实现帕累托最优的纳什均衡;另一方面,模块化组织结构下的集群中存在大量的模块簇,在同一时间内基于统一的系统规则、标准界面,可以降低协调成本,提高交易频率,知识网络关系质量、关系强度、关系稳定性随着交易的重复发生而得到进一步升级。此外,集群内可以同时进行多个模块的设计和组合,从而在时间和空间上将交易的约束性降到最低,使交易频率提高,也提高了集群知识网络中各个联结主体间的关系强度和稳定性,推动了集群知识网络的网络关系升级。

(3) 集群组织特性对知识网络关系升级的影响

由于集群的集聚效应,本地或外地供应商和客户更乐于与集群企业进行知识交流,集群内大多数企业与本地或外地供应商进行经验、技术交流的频率也将得到提升,在长期的技术交流和合作过程中,集群内大多数企业与供应商或客户之间信任程度加深,双方都避免提出严重有损于对方利益的要求,而且双方都不会利用对方;由于集群企业相互接近和了解,彼此有了一定的可比性影响,集群内大多数企业之间也相互信任,所以集聚效应对集群知识网络的网络结构升级和网络关系升级都具有正向影响。

根据本节的分析,将集群组织惯域对知识网络升级的作用路径可以用图4.9表示出来,并提出研究假设:

假设10:集群组织特性对集群知识网络升级有正向作用

假设10a:知识溢出对集群知识网络升级有正向作用

假设11:集群组织结构对集群知识网络升级有正向作用

假设11a:组织结构模块化对集群知识网络升级有正向作用

假设12:集群组织的集聚效应对集群知识网络升级有正向作用

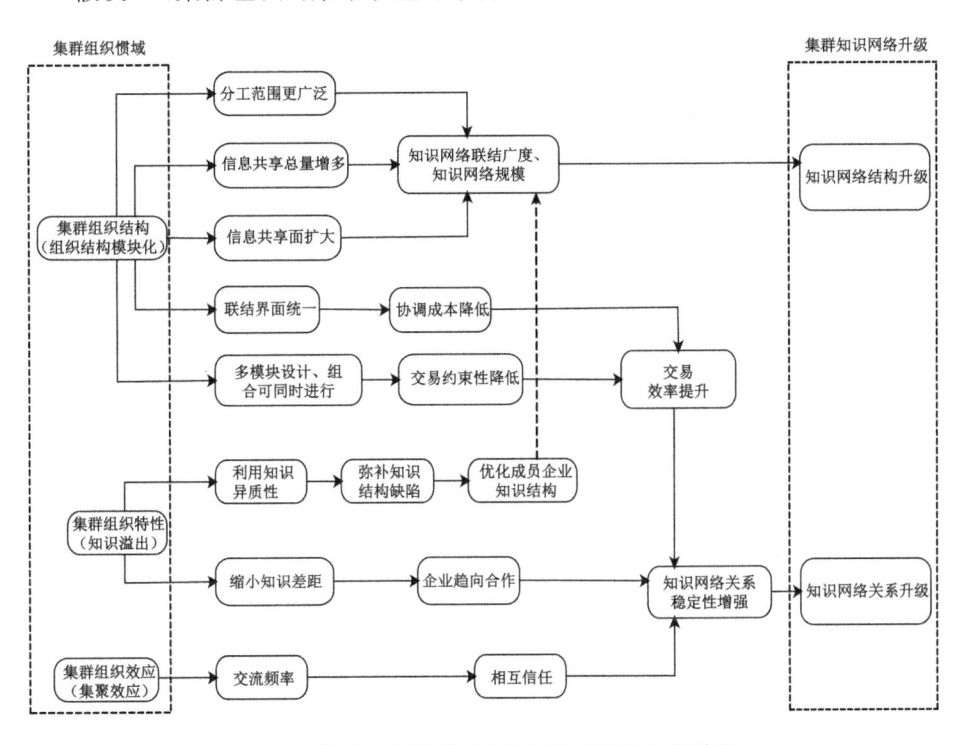

图 4.9 集群组织惯域对知识网络升级的作用路径

4.4 集群组织惯域对组织效率升级的影响机理

集群内部产业组织效率的升级表现在市场协调效率、信息传递效率、交易效率等,即产业集群组织效率的提高。市场协调效率升级指的是市场协调机制的完善、集群用更具有柔性的方式去应对市场变化;信息传递效率升级是集群内部企业之间信息传递趋向通畅、信息传递速度变快、信息传递量加大的过程;交易效率升级指的是企业之间交易活动发生难度降低、交易活动趋向频繁、交易费用降低的过程。

4.4.1 集群组织惯域对集群市场协调效率的影响

(1) 产业集群组织结构模块化对市场协调效率升级的影响

模块化结构的产业集群组织中协调方式不再是契约和权威治理,而是设计规则。设计规则是模块间的接口,贯穿了模块化产业的全部过程:确定系统中子模块的数量、功能、结构;规定各子模块间的联系媒介和方法;确立系统和子模块性能的检验标准。设计规则反映了子模块设计的独立性和自由度,系统集成的信度和效度,企业知识积累水平、设计创造能力以及战略管理空间(张治栋与荣兆梓,2007)[131]。在模块化系统中,系统设计者将产品的制造规则依据模块化设计原理编码,并分为"显性的设计规则"和"隐形的设计规则"。模块集成商只需把握显性设计规则,通过外包采购附加值低或自己不擅长的模块并整合,就能及时满足市场需求。在模块化网络结构中,企业只要有通用的设计规则就可以进行交流而不受所处产业链位置和时间的约束。显性的设计规则保证了模块化系统有秩序地运行,而隐性的设计规则为系统中各功能模块的技术和功能创新提供了保障。两种设计规则将新的产业价值链中的松散结构协调为一个市场效率较高的柔性组织,大大提升了市场协调效率,实现市场协调效率的升级。

(2) 产业集群组织行为对市场协调效率升级的影响

通过产业承接行为,集群吸收产业资本投资,融入了价值链。新企业的进入会对产业承接集群所在的当地市场带来一定的激励效应,其往往会打破集群所在地区的市场的原先均衡。集群原先市场上的无序竞争市场和低效垄断的格局被打破,市场上的众多参与者开始为获取融入价值链的机会而展开激烈的市场竞争,一个完善的崇尚自由竞争的市场格局逐步显现,这种竞争受到了来自产业承接集群所在地区政府、产业移出国政府以及跨区域企业的多方面监督,从而使得产业承接集群的市场结构和市场协调机制得到了优化,市场协调效率得到升级。同时,伴随着产业转移的是资本、技术、管理等生产要素的流入和市场需求与生产规模的扩大,产业承接集群当地其他的企业为了争夺这些资源,获得生存与发展的空间,不得不通过新技术、新工艺、新产品来拓展市场,由此产业承接集群所在地区原有产业的低效垄断局面被打破,产业间与产业内的竞争加剧,产业承接集群的经济运行效率得到提高。产业承接集群通过本地企业与跨区域企业的合作,融入了价值链。同样,通过与跨区域企业的合作,产业承接集群所在地区的市场的原先均衡会被打破,只是与融入价值链相比,由于非耐用消费品的产业分类导致承接集群所在地区市场上原本就有为数众多、规模相当的生产者,他们之间原本就存在着无序竞争。随着产业转移的进行,为了争夺利用跨区域企业带来的品牌和营销渠道,获得生存与发展的空间,众多承接集群所在地区的企业之间的市场竞争进一步加剧,在产业关联带动的作用下,承接集群所在地区其他产业间与产业内的竞争也会加剧,市场协调机制得到完善,促使承接集群所在地区的企业革新技术、工艺并提高质量,从而使得承接集群的经济运行效率和市场协调效率得到提高。

(3) 集群组织效应对市场协调效率的影响

集群组织效应中的政治锁定效应对集群组织效率升级具有一定程度的影响作用。政府在主动实现产业集群战略的过程中,其政策和行为容易被锁定。产业集群战略是政府主动地规划本地区的产业,根据本地丰富的资源和具有优势的产业,制定符合本地经济发展特点和发展趋势的计划。在这个过程中,政府将有很多制度安排,这些优惠措施和引导制度都有可能导致集群组织效率低下,例如,政府为了实现所谓的产业促进经济发展的目标,就很有可能制定不利于集群企业长远发展的政策措施,甚至是产权配置,这些支持政策在某种程度上其实损害了集群的利益,这些政策或措施一旦被锁定,短期之内就难以更改,将严重扰乱公平竞争的市场秩序,对集群的市场协调效率形成危害。

4.4.2 集群组织惯域对集群信息传递效率的影响

与传统的层级制垂直型组织结构不同,模块化产业集群组织结构呈模块化、扁平化,信息不再是自上而下单向流动,而是呈网状发散的双向流动,使信息传递更便捷,反馈更及时。一些具有长远发展战略的产业集群都在模块企业之间建立了有序、高效的信息集成系统,以满足模块企业的信息反馈和知识交流。模块化产业集群内部企业通过信息系统,不仅与集群内核心层企业实时沟通,而且还与集群外围部门建立有效联系,做到各模块企业、核心企业及政府服务机构之间的信息交换。通过该信息集成系统,集群成员企业大大减少了信息的传输环节和交流成本,可及时获取准确、真实的信息资源,实现了产业集群内信息的高度共享,实现集群内信息传递效率升级。

4.4.3 集群组织惯域对集群交易效率的影响

(1) 产业集群组织结构模块化对交易效率升级的影响

产业集群组织结构模块化对交易效率升级的影响主要是通过节约交易费用来实现,而对交易费用的节约主要是通过弱化集群内企业间的资产专用性和降低未来的不确定性而实现的。首先,产业结构模块化弱化了集群企业的资产专用性。传统的产业集群是在其内部产业价值链进行纵向的专业分工,各专用性资产间的依赖关系很强。当价值链某一环节出现问题时,就可能产生"多米诺骨牌效应"(吴晓波与耿帅,2003)[16]。模块化产业集群将上下游关系转变为模块间平行的立体网络,简化了模块间的链接并降低依赖关系,降低了企业生产领域的进退壁垒,最直接表现为集群企业的资产专用性得到了弱化,交易费用大大节约,集群内部交易效率升级得以实现。其次,产业集群组织结构模块化降低交易的不确定性。交易的不确定性主要来自交易环境和交易者两个方面:一方面,模块的产业集群多在空间区位上集聚,不仅为集群企业的发展提供了良好的硬件环境,而且庞大的生产组织体系也为企业产品和服务拓展了需求空间,同时,模块化产业系统也将产业内交易的对象和范围进行了筛选,使之维持在相对稳定的状态,特别是模块系统中"明确设计规则"的公开,保障了模块供应者竞争的公平性;另一方面,模块化增大了信息的共享,也就减少了由于信息不对称导致的机会主义的发生频率,降低交易的不确定性,节约了交易费用,实现集群内部交易效率的升级。

(2) 集群组织行为对集群交易效率的影响

对 4.1.3 节中所建立的集群治理集体行为实现条件的模型继续进行分析,如果个体都是理性做出决策的,由 4.1.3 节的分析可知:当 $\varepsilon_1 + s_1 < \frac{\eta}{\beta} + \beta + 1 - \frac{2\mu}{\beta}$,企业 a 选择不组织集群治理集体行动,则集群治理集体行动无法实现,此时集体物品的供给量为 0;所有个体都无法获得收益;当 $\varepsilon_1 + s_1 > \frac{\eta}{\beta} + \beta + 1 - \frac{2\mu}{\beta}$ 时,如果 $\varepsilon_2 + s_2 < 2\beta + 1 - \frac{2\mu}{\beta}$,企业 b 的理性选择是不参与,则企业 c 也不参与,此时集体物品的数量为 h;如果 $\varepsilon_1 + s_1 > \frac{\eta}{2\beta} + \beta + \frac{1}{2} - \frac{\mu}{\beta}$,$\varepsilon_2 + s_2 > 2\beta + 1 - \frac{2\mu}{\beta}$,$\varepsilon_3 + s_3 < 3\beta + 1 - \frac{2\mu}{\beta}$,企业 a 组织并承担组织成本,企业 b 参与,企业 c 不参与,此时集体物品的数量为 $2h$;如果 $\varepsilon_1 + s_1 > \frac{\eta}{3\beta} + \frac{1}{3} + \beta - \frac{2\mu}{3\beta}$,$\varepsilon_2 + s_2 > \varepsilon_3 + s_3 > 3\beta + 1 - \frac{2\mu}{\beta}$,企业 b 和企业 c 都参与,此时集体物品的数量为 $3h$。可以看出,集群治理集体行为的参与方增多,集体物品数量越多,意味着集群内部的集群治理结构正逐渐趋向完善,集群内部交易效率随之得到提高。

根据本节的分析,将集群组织惯域对组织效率升级的作用路径可以用图 4.10 表示出来,并提出研究假设:

假设 13:集群组织结构对组织效率升级有正向影响

假设 13a:集群组织结构模块化对组织效率升级有正向影响

假设 14:集群组织行为对组织效率升级有正向影响

假设14a：集群治理集体行为对组织效率升级有正向影响
假设14b：集群产业承接行为对组织效率升级有正向影响
假设15：集群组织的锁定效应对组织效率升级有负向影响

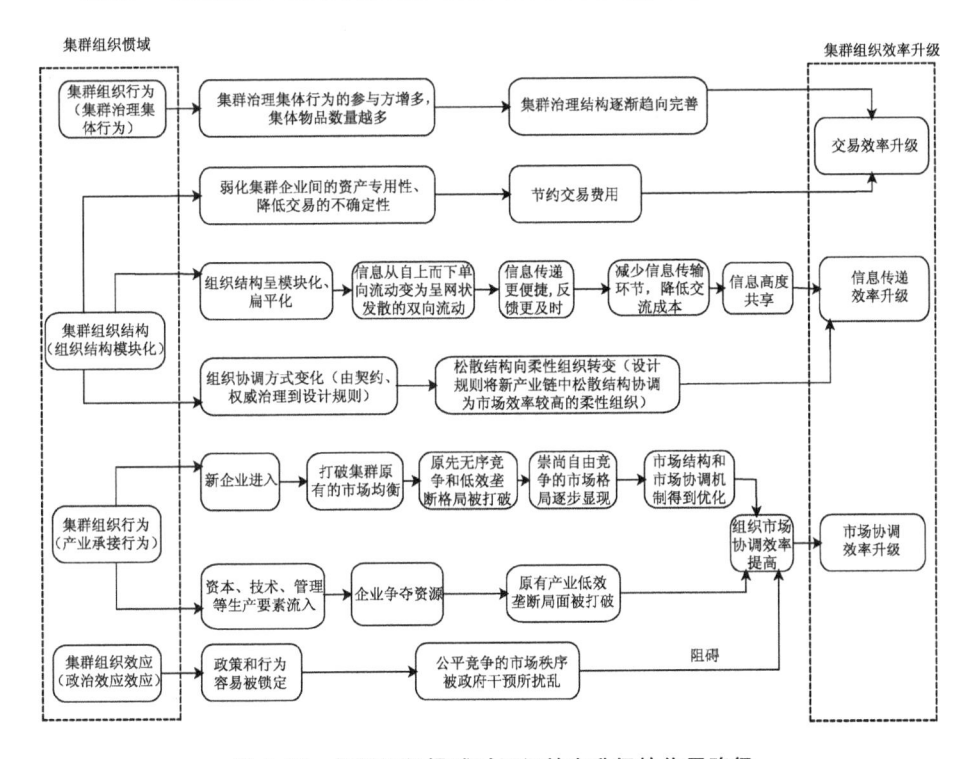

图 4.10　集群组织惯域对组织效率升级的作用路径

4.5　集群组织惯域对区位升级的影响机理

集群的区位升级包含两部分主要内容：一是集群品牌效应升级，二是集群的区域经济嵌入程度、政治嵌入程度。品牌效应升级是集群依托有竞争优势的核心业务，成为某些产品主要的供应地，影响范围逐渐扩大，形成产业知名度、美誉度以及强大的市场影响力的过程。集群品牌将促使更多企业向集群内集聚，大量的资金、充沛的劳动力、先进的技术、及时的市场信息等要素会源源不断地涌入集群，为产业集群的规模扩张和技术升级创造有利条件。集群的区域经济嵌入程度、政治嵌入程度的提升指的是产业集群在区域内和当地的企业、政府、金融机构、高校院所及大型科研机构之间的有机融合程度提高，通过人际和企业关系网络所能获得的资源，包括信任、凝聚力、互惠、忠诚、情感支持等，它们一起构成了集群的精神源泉。

4.5.1 集群组织惯域对品牌效应的影响

（1）集群组织特性对集群品牌升级的影响

一方面，集群知识溢出会降低企业的创新成本，给予集群成员企业进行产品创新的动力，促使它们不断进行产品改进，从而使得产品性能得到改进，产品附加值提升，产品获得市场竞争优势，集群在产品性能不断提升、市场竞争优势不断加强的过程中形成集群品牌，对集群品牌效应形成与增强有利，推动了集群区位升级。另一方面，隐性知识是一种具体的实际的时空背景下产生的"此时此地的知识"，很难规范化也不易传递给他人，集群企业只有有效地积累和激活其隐性知识，才能获取持续的竞争优势。企业之间各方面的差异使外部组织对特定企业内部具有自身特性的默会性知识难以模仿与吸收。在集群内部，由于成员企业间存在知识溢出而形成集群水平的共同理解，不仅使集群内企业间的隐性知识溢出变得容易，而且还提高集群企业对其他企业的隐性知识的理解与吸收能力，这样既激活了特定企业的隐性知识，又激活了整个集群的隐性知识，从而使集群企业及整个集群获得一种特殊的持续的竞争优势，这种集群特殊的竞争优势为集群品牌效应的形成带来积极作用。

（2）集群组织行为对集群品牌升级的影响

① 产业转出行为对集群品牌的影响

产业集群通过将自身处于比较劣势的产业价值链低端环节（或工序）转移至其他国家与地区，能够更好地集中有限的资源从事产品研发与设计、品牌塑造和创新的活动。在未进行产业转移之前，虽然集群在产品设计、市场营销方面也可能具备一定的优势，但是其可能需要付出比较高的交易成本（具体表现在产品运输成本与制度成本方面），有时高昂的交易成本可能会导致这类产业集群盈利能力受到制约，其能用于巩固自身竞争优势的资金就相对较少，集群企业规模与营销渠道的拓展也受到了一定的制约，这类产业集群要实现范围经济，必须将大部分的精力耗费于降低交易成本，在实施产业转出后，集群面临的交易成本大幅降低，其就能将内部有限的生产要素分配到能够带来较高价值产品设计、品牌创新与市场营销等环节中去，从而将自主品牌的发展推向一个新的高度，实现区域品牌效应的升级。

② 产业承接行为对集群品牌的影响

一方面，通过产业承接活动被引入产业集群的新企业品牌经营模式、在广泛市场营销渠道上的宝贵经验与管理技术能够被集群所借鉴、模仿、吸收、消化，有利于集群自主品牌的研发与推广，促进集群品牌效应的形成。虽然通过产业承接活动被引入产业集群的新企业在转移过程中严格限制其核心技术外泄，但是产业集群在较强的绿色创新能力支撑下还是能够得到较大技术溢出效应，形成集群品牌效应。另一方面,产业承接行为能产生制度优化效应。产业转出主体作为理性的经济人,在转出环节选择目标区位时会综合考虑许多因素,而开展产业承接活动的集群所在地区的制度因素是产业转出主体所考虑的众多因素中最重要方面。在价值链中,产业转出主体转出的产业(或产品)一般是属于耐用消费品、中间商品以及资本商品的范畴,虽然这些产业转出主体在建立垂直一体化生产体系时比较注重基础设施建设等硬环境,但如果待选目标区位的硬环境差异不大,政策制度等软环境将成为决定性因素。开展产业承接活动的集群所在地区为了吸引产业转出主体对本区域进行产业资本投资,必然会对相关产业政策与制度进行优化,并改善投资环境。产业集群所在地区的优惠政策、制度或战略(例如出口导向战略)等投资软环境就会在这个过程中得到完善,对这些产业转出主体将更具吸引力,在产业转出主体处甚至更广阔的范围内就会形成较好的品牌效应。

(3) 集群组织效应对品牌的影响

集群组织效应中的认知锁定效应会导致集群创新意识薄弱,技术人员和管理人员思维僵化,而集群品牌效应的形成很大程度上是依赖于管理人员的全局发展的战略眼光,若管理人员思维局限于已得的市场利益,怠于进行进一步拓展,那么集群品牌效应无法形成,更不用提品牌效应的强化,从这点来看,认知锁定效应对集群区位升级存在负向的作用。

4.5.2 集群组织惯域对区域文化嵌入程度的影响

知识溢出对集群在区域内的文化嵌入程度有一定的影响。在产业集群中,比邻而居的企业之间由于频繁的交往和经常性的合作,产生了面对面的观察与学习的便利性。一项绿色创新很容易通过知识溢出在集群内扩散,其他企业通过对此项科技创新的消化、吸收与模仿,在此基础之上进行技术改良,又导致渐进性的绿色创新不断发生,形成强大的挤压效应,进一步提高知识溢出程度,从而减少了学习交流的交易费用。这一切将导致"集群中飘荡着行业秘密的空气",集群中默会知识更容易扩散,集群与当地其他主体(包括当地企业、当地政府、当地高校院所及大型科研机构、当地金融机构)的联系更便利,这对集群的区域文化嵌入、社会嵌入、经济嵌入有利。若集群与本土企业在外部知识溢出过程中建立较好的联系,那么当地企业在和集群企业进行交易的时候,就不会做出排斥行为,也更容易遵守相关的约定,集群的经济嵌入性随之提升;若集群在外部知识溢出过程中与当地政府建立较紧密的联系,那么当地政府在做区域发展规划时会考虑集群的发展状况,而非简单地将根植性较弱的集群忽略,集群的社会嵌入性也随之提升。根据本节的分析,将集群组织惯域对区位升级的作用路径可以用图4.11表示出来,并提出研究假设:

假设16：集群组织特性对区位升级有正向影响

假设16a：知识溢出对区位升级有正向影响

假设17：集群组织行为对区位升级有正向影响

假设17a：集群产业转出行为对区位升级有正向影响

假设17b：集群产业承接行为对区位升级有正向影响

假设18：集群组织的锁定效应对区位升级有负向影响

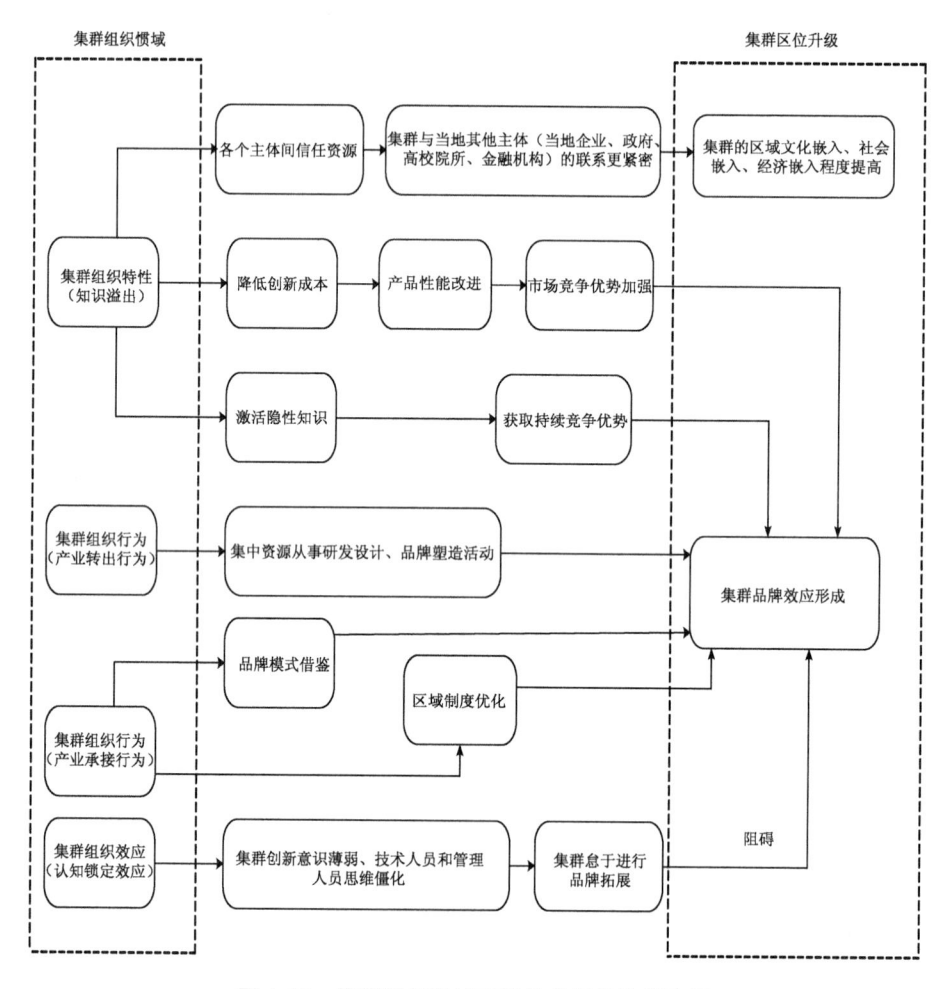

图 4.11 集群组织惯域对区位升级的作用路径

4.6 本章小结

本章主要研究绿色创新能力对集群升级的影响机理。从集群组织惯域视角分别选取集群组织特性、集群组织结构、集群组织行为、集群组织效应这四个方面,分析绿色创新能力通过增强集群知识溢出特性、深化专业化分工、提升集群群体决策收敛性、催化集群组织结构模块化、促进集群治理集体行为的发生、推动集群产业转移效益的充分发挥、强化集群外部经济效应和集群集聚效应、弱化集群的技术锁定效应、认知锁定效应、政治锁定效应等诸多锁定效应来影响集群主导产业升级、知识网络升级、组织效率升级、区位升级的过程。

第五章
绿色创新能力对集群升级影响实证研究

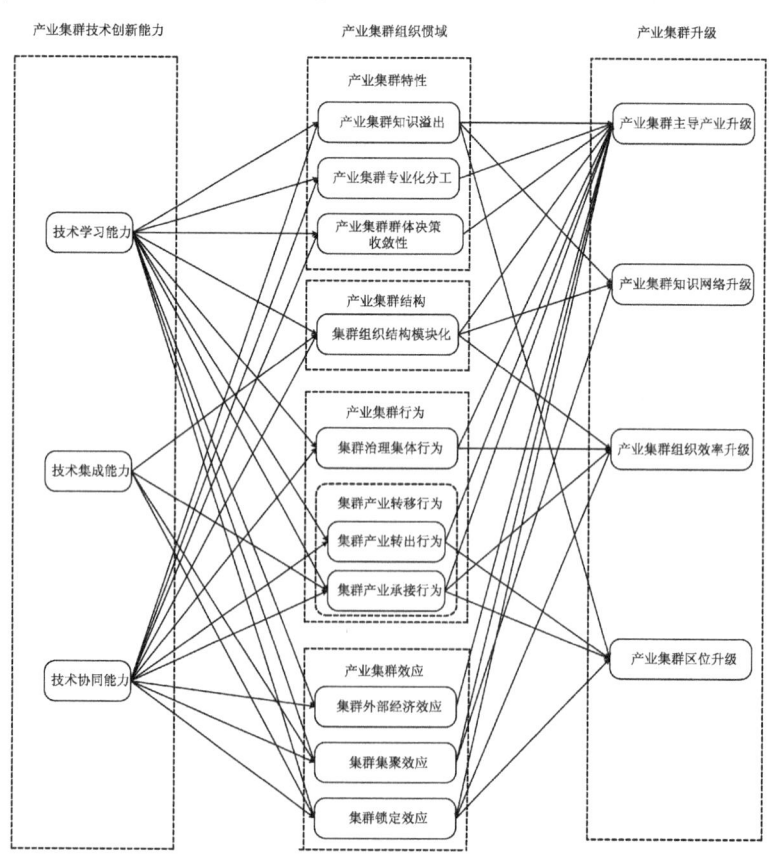

5.1 绿色创新能力对集群升级影响的概念模型构建

在第四章绿色创新能力对集群升级的影响机理的分析基础上,本节构建了绿色创新能力影响集群升级的概念模型,如图 5.1 所示,为进一步地实证分析奠定基础。

图 5.1 绿色创新能力对集群升级影响的概念模型

5.2 绿色创新能力对集群升级影响研究的问卷设计与数据收集

本节主要对问卷设计的流程、问卷内容、各变量的测度、数据收集的程序和方法等内容进行阐述。通过发放调查问卷收集数据,为下一节数据分析和理论假设的验证提供了依据。

5.2.1 技术创新能力对集群升级影响研究的问卷设计

(1) 问卷设计流程

本研究主要通过调查问卷的发放与回收对所需数据进行收集。问卷设计的具体流程如图 5.2 所示。首先,在对现有研究成果的基础上,根据本研究的具体内容与概念模型确定所引入的若干个研究变量,在对各个变量加以定义后确定各个变量的测量维度以及具体题项。在设计这些变量的测量维度时,如果有一些变量的测度已经在目前研究成果中有所交代,就对这部分变量的研究成果进行整理,结合本研究需要加以适当修改。对于在目前研究成果中尚未形成成熟量表的变量,本研究从其定义出发,主要是通过专家讨论的方式,自行开发尽可能合理的题项对各变量进行测度。在对变量的量表设计完成后,通过对问卷内容、编排、用词等方面进行多次探讨与修正,不断完善问卷。随后,通过与已工作的企业人士和专家进行访谈及问卷的试测,进一步修改问卷中有歧义的较难令人理解的题项或题项中不恰当的问法和用语,并对问卷的卷面结构加以完善。问卷初次修改后,形成问卷初稿,通过在小规模范围内发放和回收后进行量表的测量信度和效度分析,对不符合的题项进行修改或删除,即对问卷进行第二次修改,最终形成问卷。最后,进行大规模的样本发放与回收,并根据回收的问卷数据进行描述性统计分析与量表的信度和效度检验(量表品质检验)。

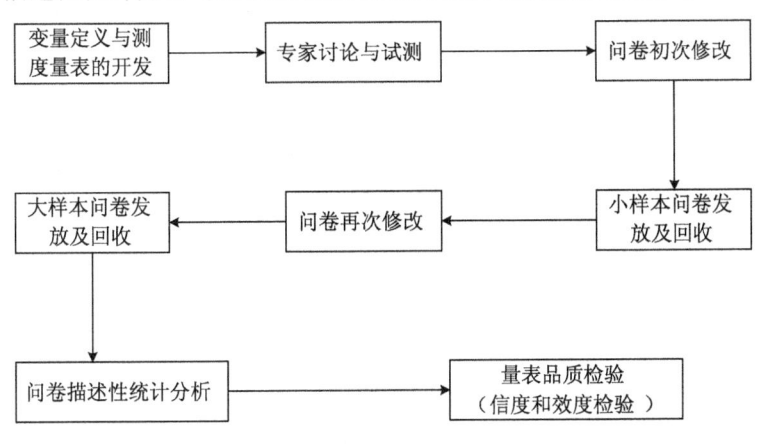

图 5.2 问卷设计的流程

(2) 问卷内容

调查问卷设计的最高层次是问卷量表的构思与目的,不同的目的和理论依据决定了调查问卷项目的总体安排、内容以及量表的构成(王重鸣等,2002)[105]。本研究调查问卷设计的目的在于探讨绿色创新能力对集群升级的影响机制。围绕该研究目的和研究内容,所设计的调查问卷包括以下内容(详见附录):

① 集群基本信息
② 集群的技术学习能力的测度
③ 集群的技术集成能力的测度
④ 集群的技术协同能力的测度
⑤ 集群知识溢出程度的测度
⑥ 集群专业化分工程度的测度
⑦ 集群群体决策收敛性的测度
⑧ 集群组织结构模块化程度的测度
⑨ 集群治理集体行为的测度
⑩ 集群产业转出行为的测度
⑪ 集群产业承接行为及行为效益的测度
⑫ 集群外部经济效应的测度
⑬ 集群集聚效应的测度
⑭ 集群各种锁定效应的测度
⑮ 集群主导产业升级的测度
⑯ 集群知识网络升级的测度
⑰ 集群组织效率升级的测度
⑱ 集群区位升级的测度

(3) 变量测度

考虑到问卷内容不涉及商业机密且上述变量大多难以客观量化测度,本研究采用 Likert 五级量表评分法予以度量。数字 1、2、3、4、5 表示被调查对象对某个问题的反映强度或态度由完全不同意逐渐过渡到完全同意,或者从很低逐渐过渡到很高,其中 3 表示中立态度或中间状态。

在相关文献的基础上,本研究分别对集群绿色创新能力、集群组织特性、集群组织结构模块化、集群组织行为、集群组织效应、集群升级等相关变量进行了测度。

① 产业集群绿色创新能力

本研究 2.3.2 节中将产业集群的绿色创新能力定义为:产业集群绿色创新能力是集群所拥有的一种知识体系,它反映出产业集群内在的绿色创新的潜力和实力,凭借它能够推动产业集群不断进行绿色创新,通过集群成员的技术学习活动积累起来的,嵌入在集群知识网络内部并附着在集群成员企业、使能组织、当地政府及其构架机制的所有内生化知识的总和。产业集群绿色创新能力反映的是集群内在技术潜力和实力。这一知识体系是产业集群在其长期成长过程及其特定的情景中,不断进行创新主体间技术学习、创新主体间技术集成、创新主体间技术协同,并结合原有技术知识存量所形成的累积性知识。并将集群绿色创新能力分为:技术学习能力、技术集成能力、技术协同能力。对集群绿色创新能力的量表设计具体内容如表 5.1 所示:

表 5.1 产业集群绿色创新能力量表设计

	测度题项	测度依据
技术学习能力	集群企业间经常互相派遣技术人员提供技术咨询或接受技术培训或组建联合研究所进行合作创新	Bharadwaj(2000)、Raviehandran(2005)、Powell(1997)、Subramani(2004)、吴晓波等(2003)、赵晓庆等(2009,2002)、Barton(1995)、朱海就(2004)、Korshunov等(2014)、陈雪梅(2003)等[18,20,22,16,132-138]
	集群内部同行企业间技术人员流动和反求工程活动频率高	
	集群企业经常寻求加入跨国公司的分包网络、购买世界范围内产业领先者的技术许可、和有竞争力的知识源组建学习联盟或合资企业、和外部的大学及实验室建立产学研联合体	
	集群企业经常对行内领先产品进行分解研究,并经常在"知识高地"(例如一个发达国家)建立"窗口式"机构,定期参加行业聚会,如产品展销会和研讨会	
技术集成能力	集群企业能根据市场需求有效整合集群内外的技术资源	
	集群企业能够根据创新需要不断搜寻和吸收外界资源和能力要素来完善内部能力结构,做到从各个方面搜寻要素,再在原系统的基础上,对这些技术要素比较、甄别,进行重新组合与优化	
	集群企业经常与外界组织(如:供应商、用户、竞争对手、非相关企业、大学、研究机构、技术中介组织、知识产权机构、风险投资机构、政府部门)不断交换和发生作用,吸取外部资源要素的精华	
技术协同能力	集群企业之间技术协同活动比较频繁,协同效率较高	
	集群企业、高校和科研机构间活动比较频繁,协同效率较高	
	集群研发主体与政府间的技术协同活动比较频繁,协同效率较高	
	集群研发主体与中介机构间的技术协同活动比较频繁,协同效率较高	

资料来源:本研究根据有关文献资料研究整理

② 集群组织特性

集群组织具有一些不同于其他组织的特性,例如知识溢出、专业化分工、群体决策收敛性。根据本研究 4.1 节中的内容,知识溢出是指主要产生于创新主体间知识和信息的频繁交流,是生产经营相关的知识、技术、信息、管理经验及企业组织结构等方面的创新成果在企业间迅速被共享的现象;专业化分工指的是当集群企业经济活动中某些职能从集群企业的核心业务中被不断的剥离出去的过程,分工专业化的实质是各个企业都趋向于从事更为具体、更为专一、更为明确的一项产品生产过程中的某一项工作环节,而不是包揽产品生产过程中的全部生产环节;群体决策收敛性指的是决策个体(成员企业)有合作的愿望和行动,并进行互相沟通,通过有限的重复,最终可能取得共识。关于产业集群组织特性的量表设计的具体内容如表5.2所示:

表5.2 集群组织特性量表设计

	测度题项	测度依据
知识溢出	集群成员企业经常与当地的绿色创新中介服务部门进行技术合作	Malmberg等(2002)、Mehta等(2001)、Feldman等(1994)、王子龙(2005)、孙兆刚等(2004)、宝贡敏,徐碧祥(2006)、李庆满等(2013)、杨皎平等(2011,2012)、Thünen(1826)、André(2010)、Marshall(1922)、Bernanke等(1999)、Storper(1997)、Christopherson(1993)、Harrison和Handson(1999)、Kokko(1992)、陈莞等(2007)、吕耀平等(2007)、刘柯杰(2002)、虞晓芬等(2005)、刘顺忠和官建成(2002)、等[139-160]
知识溢出	集群成员企业通常会有免费或低成本从集群内部企业或集群外部企业获得新产品信息或新技术知识的机会	
知识溢出	集群成员企业和高校及科研机构经常进行绿色创新合作	
专业化分工	为了获得制造商较高频率的业务联系,集群成员企业需要购置高度专业化的生产设备	
专业化分工	集群成员企业在制造商采用新的特别的技术规范与标准时需对生产工艺及生产设备作相应的调整	
群体决策收敛性	集群内多数企业经常对领头企业的决策表示赞同	
群体决策收敛性	集群内多数企业倾向于跟随领先企业的决策	
群体决策收敛性	集群内多数企业内部就某个问题易达成统一决策	

资料来源:本研究根据有关文献资料研究整理

③ 集群组织结构模块化

集群组织结构模块化指的是在通畅的信息流中形成的基于复杂性产品的可模块化和设计规则,集群中的企业自发形成若干个子模块的过程。按各模块的职能不同,这些子模块可以分为系统集成商、模块供应商。关于产业集群组织结构模块化的量表设计的具体内容如表5.3所示:

表 5.3 集群组织结构模块化量表设计

	测度题项	测度依据
集群组织结构模块化	集群企业已经自发形成了若干个功能子模块	青木昌彦(2003)、Baldwin 和 Clark (2000)、雷如桥等(2004)、李春田(2007)、安藤晴彦(2002)、闫星宇,高觉民(2007)等[161-166]
	集群内各个子模块内部都拥有完善的自我更新系统	
	集群内各子模块已经初步完成模块集成商和模块供应商的角色定位	

资料来源:本研究根据有关文献资料研究整理

④ 集群组织行为

在本研究中,集群组织行为包括两种:集群治理集体行为和产业转移行为,其中产业转移行为包含产业转出和产业承接两方面。关于产业集群组织行为的量表设计的具体内容如表 5.4 所示:

表 5.4 集群组织行为量表设计

		测度题项	测度依据
集群治理集体行为		对集群内部技术环境的变化,集群成员能采取统一应对的行动	Gilsing(2000)、Gilsing 和 Nooteboom (2006)、郑小勇(2013)、余秀江(2003)、朱华友等(2008)、格兰多里(2005)、魏后凯(2003)、刘力(2008)、陈建军等(2002, 2009)、卢根鑫(1994)等[167-176,123]
		对来自集群外部的威胁性事件,集群成员能积极采取集体抗辩等集体行动	
		集群内部存在某个或某几个较权威的对整个集群有治理作用的核心企业	
产业转移行为	产业转出行为	集群经常将劣势产业或夕阳产业从集群内转移到外地	
		集群经常将不具有比较优势的生产环节从集群内转移到外地	
		集群产业转出所带来的负面效应较小	
	产业承接行为	承接进来的新产业和集群内原有产业之间的融合比较顺利	
		集群能从承接进的新产业中获得新技术和先进管理经验	

资料来源:本研究根据有关文献资料研究整理

⑤ 集群组织效应

在本研究中,重点关注集群的这几种效应:外部经济效应、集聚效应、锁定效应,其中锁定效应包括技术锁定、认知锁定、政治锁定、功能锁定。关于产业集群组织效应的量表设计的具体内容如表 5.5 所示:

表 5.5 集群组织效应量表设计

	测度题项	测度依据
外部经济效应	成员企业都能获得由集群这个特殊的组织所带来的更多低价优质的中间产品	贺彩玲(2003)、胡宇辰(2004,2007)、李庆华等(2005)、刘春芝(2005)、刘友金等(2011)、雷如桥等(2004)等[177-183]
	成员企业从集群中可获得的技术和信息非常丰富	
集聚效应	集群对外部企业有着较强的吸引力	
	集群内某个产业已经形成了较大的集聚规模	
锁定效应	集群存在着技术锁定现象	
	集群存在着认知锁定现象	
	集群存在着管理人员思维僵化现象(功能锁定)	
	集群存在着政治锁定现象	

资料来源:本研究根据有关文献资料研究整理

⑥ 集群升级

本研究中将集群升级分为集群主导产业升级、集群知识网络升级、集群组织效率升级、集群区位升级四方面内容。关于产业集群升级的量表设计的具体内容如表 5.6 所示:

表 5.6 集群升级量表设计

	测度题项	测度依据
主导产业升级	集群的产品附加值得到提升	Gereffi(1999)、Bazan 和 Navas-Aleman (2003)、刘伟等(2008)、梅丽霞等(2005)、文娉等(2005)、黄永明等(2006)、曹群(2006)、刘志彪,张杰(2007)、张杰,刘东(2006)、郭金喜(2007)、吴义爽,蔡宁(2010)、阮建青等(2010,2008)、代文彬等(2012)、陈晓峰、邢建国(2013)、郭金喜、杨雪萍(2009)等[24,28,41,184-195,33]
	集群在市场中占据较大的市场份额	
	集群在市场中获取的超额利润较高	
	集群营销渠道拓展能力较强	
	集群中非物质性生产要素的比例逐渐增大	
	集群产品系列丰富	
	集群生产效率得到提升	
	集群持续进行生产工艺改进	
知识网络升级	与本集群内所有企业进行知识交流的本地供应商、客户、本地同行竞争者的总数量较多	
	与本集群内所有企业进行知识交流的外地供应商的总数量较多	
	本集群内所有企业参加外地产品展销会或技术交流会总次数较多,且在外地设立分公司或办事处的总数量较多	
	本集群成员企业之间相互信任,经常进行经验、技术交流	

续表

	测度题项	测度依据
知识网络升级	本集群内大多数企业经常与本地供应商和本地客户进行经验、技术交流	
	本集群内大多数企业在与供应商或客户进行技术交流过程中，双方都避免提出严重有损对方利益的要求，都不会利用对方	
	集群内大多数企业与供应商建立知识交流关系的时间超过一年	
	本集群内大多数企业间的建立的知识交流关系已经超过一年	
组织效率升级	本集群内存在完善的信息共享平台，企业间信息传递高效、快捷	
	本集群企业间交易成本较低，交易频率较高	
	本集群内大多数企业能柔性应对市场需求的变化	
	本集群内大多数企业之间相互信任，不会做损害对方的事	
	本集群内大多数企业在应对外界变化时能形成统一联盟	
	本集群内大多数企业听从集群内领先企业的决定，并服从管理	
	本集群内有完善的行业治理协会	
区位升级	本集群有较强的品牌效应	
	本集群能充分吸取文化精髓，并融入当地文化形成区域根植性	
	本集群在区域内拥有固定的客户和供应商	
	本集群所在区域的政府部门经常出台政策扶持集群发展	

资料来源：本研究根据有关文献资料研究整理

5.2.2 技术创新能力对集群升级影响研究的问卷修改与试测

（1）修改意见征集

① 专家修改意见

在初始问卷形成之后，向所在学术团队的教授、博士后、博士等专家进行了咨询。咨询内容主要包括题项的措辞、长度、归类、合并、删除、增加等内容。根据学术专家的意见，对问卷中集群知识网络升级中的"本集群内大多数企业间的建立的知识交流关系已经超过一年"这个变量题项进行了删除，因为专家认为已经在集群知识网络升级中出现了"本集群成员企业之间相互信任，经常进行经验、技术交流"，所以在知识网络升级的测量中就不必再出现"本集群内大多数企业间的建立的知识交流关系已经超过一年"这一题项。此外，专家还指出为避免填表人疲劳，最好将问卷中不同变量用不同模块分开填写，并对同一变量中相邻的两个题项使用两种不同底色来显示。

② 企业界修改意见。根据专家意见进行修改之后,就调查问卷的内容向在企业工作的朋友进行了咨询,主要是否存在歧义或用词不当等问题。他们提出了宝贵的意见,主要有是关于各个变量的概念问题,建议在问卷填写前的说明中给出具体解释。同时还指出了问卷中几个不当措辞。文章根据企业人士的修改意见对调查问卷做了进一步的修改。

(2) 问卷试测

本研究分两阶段进行数据回收。第一阶段为试测,即在小范围内发放问卷,检验问卷量表的品质,对表意不清的题项进行措词的修改,对明显影响变量测试信度和效度的题项进行修改或删除,形成最终问卷。随后再对修改后的最终问卷进行第二阶段的大规模发放。问卷试测的目的在于通过小样本测试净化问卷的测度题项,并检验量表的品质。本研究选择的试测对象主要是本校 MBA 和工程硕士学生、企业工作人员,因为这些人都已经具有在企业工作的经验,基本符合本研究的要求。此次主要是通过纸质问卷和 Email 邮件的形式向符合条件的学员发放与回收问卷,历时两周,共发放了 79 份问卷,回收 68 份,有效问卷 60 份。问卷发放及回收的情况总结如表 5.7 所示。

表 5.7 试测阶段问卷发放及回收情况统计

发放途径		发放份数	回收份数	回收率	有效问卷份数	有效回收率
直接发放	直接走访	42	39	92.9%	38	90.5%
间接发放	委托政府部门	9	9	100%	8	88.9%
	委托亲戚朋友	28	20	71.4%	14	50%
合计		79	68	86.1%	60	75.9%

然后,对回收的 60 份有效问卷数据进行了初步的量表信度和效度检验,结果显示,这些有效问卷的量表信度和效度均符合要求。

5.2.3 技术创新能力对集群升级影响研究的问卷数据收集

本研究定位于集群层面的研究,考虑到问卷中涉及较多集群运营方面的问题,只有集群所在区域的地方政府或工业园区管委会中层以上管理人员才能对整体运营情况熟悉,因此将问卷发放对象选定为我国本土集群所在区域的地方政府或工业园区管委会中层以上管理人员;在问卷发放途径方面,鉴于多渠道多途径所得到的数据比单一途径得到的数据更有说服力、更客观,因此采用多种途径相结合的方法进行问卷发放,这些途径包括了作者直接走访、委托南京当地行业协会、教育机构、政府部门及亲戚朋友进行问卷发放。

5.3 绿色创新能力对集群升级影响的数据分析过程

5.3.1 技术创新能力对集群升级影响研究的数据分析方法选择

(1) 描述性统计分析

描述性统计分析主要对样本的基本信息进行统计分析,包括样本集群的规模、成立年限、企业数量、所属行业等。本研究中对集群的一些主要特性采用了简要的统计,包括集群规模、所处行业等样本的分布。

(2) 结构方程模型

结构方程建模法(简称 SEM)是一种综合运用多元线性回归分析、路径分析和验证性因子分析方法而形成的一种统计数据分析工具,可用来对一个或多个自变量与一个或多个因变量之间的关系进行解释,所适用的数据类型既可以是连续型数据也可是离散型数据。结构方程模型作为一种验证性分析方法,以一种假设的理论框架为出发点,通过收集数据对这种假设成立与否进行验证,它把一些研究者想进行研究但是无法直接观测的问题作为潜变量,然后选取一些可直接观测的变量来表征潜变量,达到在潜变量之间建立结构关系的目的。在实际运用中,相对于回归分析,结构方程建模法具有很多优点,例如能同时处理多个因变量、允许自变量和因变量存在测量误差、允许测量模型存在较大弹性、能同时探析因子关系和因子结构及整个模型拟合度。鉴于本研究涉及的集群绿色创新能力和集群升级等变量存在较强的主观性、较大的直接观测难度、较大的测度误差、复杂的因果联系等特点,结构方程模型对本研究的研究非常适合。

(3) 信度和效度分析

信度和效度分析是实证研究过程中的一个重要环节,信度反映了测量变量的稳定性和一致性程度,也就是说,对于同一个对象,运用同样的测量方法得出同样的测量结果的可能性,它考察了测量变量的可靠性,是效度的必要而非充分条件。而效度则反映了我们所测量的事物是否的确是我们想要测量的,只有同时满足信度和效度要求的实证研究,其分析及结果才具有说服力(李怀祖,2004)[196]。

① 信度分析。内部一致性信度是目前比较流行而且效果比较好的信度评价方法,主要以 Cronbach's Alpha 值为重要指标(王重鸣,2000)[197]。只有具有较高的一致性指数 Cronbach's Alpha 值才能保证变量的测度符合信度要求。按照经验判断方法,测量变量的 Cronbach's Alpha 值应该大于 0.70;当 Cronbach's Alpha 值大于 0.70 时,认为变量测度可靠性较强,可以进行进一步分析;而当 Cronbach's Alpha 值小于 0.70 时,认为变量测度的可靠性较差,建议

对变量题项进行修改或删除以提高信度。在采用结构方程建模时,变量的 Cronbach's Alpha 值同样也要大于 0.70(侯杰泰,温忠麟等,2004)[198]。

②效度分析。效度是指所测量题项能够在多大的程度上反映我们想要测度的变量的真实情况,揭示了变量和题项之间的关系。效度越高,表示问卷题项所反映的测量变量的真实性越好。在本研究中,主要通过探索性因子分析来评价变量的效度。探索性因子分析法(EFA)是一项用来找出多元观测变量的本质结构、并进行处理降维的技术。因而,EFA 能够将具有错综复杂关系的变量综合为少数几个核心因子。

5.3.2 技术创新能力对集群升级影响研究的数据描述性统计分析

(1) 问卷发放与回收情况

本研究实际发放 838 份调查问卷,回收到 728 份有效问卷,问卷的有效回收率为 86.9%,具体如表 5.8 所示。从问卷有效回收率总体来看还是比较高的,可以对问卷回收中未答复偏差基本忽略。作者于 2014 年 7 月在江苏省人才创新创业促进会和江苏省经信委的大力支持下对南京智能电网产业集群、常州刀具产业集群、盛泽丝绸纺织产业集群、连云港新医药产业集群等近 50 个产业集群进行直接走访,向这 50 余家产业集群所在的工业园区管委会中层以上管理人员发放问卷 209 份,回收有效问卷 198 份,有效回收率高达 94.7%;委托河海大学 MBA 中心向其学员发放问卷 137 份,回收 132 份,有效问卷为 119 份,有效回收率为 86.9%;在南京各个行业协会的帮助下,发放了 329 份调查问卷,回收 290 份问卷,其中有效问卷为 273 份,有效回收率为 83.0%;委托亲戚朋友协助发放问卷 60 份,回收 39 份,有效问卷为 39 份,有效回收率为 65.0%。在江苏省人才创新创业促进会的帮助下发放 103 份问卷,回收 100 份,其中有效问卷为 99 份,有效回收率为 96.1%。

表 5.8 调查问卷发放及回收情况统计

发放途径		发放份数	回收份数	回收率	有效问卷份数	有效回收率
直接发放	直接走访	209	209	100%	198	94.7%
间接发放	委托教育机构	137	132	96.4%	119	86.9%
	委托行业协会	329	290	88.1%	273	82.9%
	委托亲戚朋友	60	39	65.0%	39	65.0%
	委托政府部门	103	100	95.8%	99	96.1%
合计		838	770	91.9%	728	86.9%

注:回收率=回收份数/发放份数;有效回收率=有效问卷份数/发放份数

样本数据的总体分布情况如表5.9,表5.10,表5.11所示：

表5.9 绿色创新能力变量的样本数据描述统计量（$N=728$）

项目	N 统计量	极小值 统计量	极大值 统计量	均值 统计量	标准差 统计量	偏度 统计量	偏度 标准误差	峰度 统计量	峰度 标准误差
X1	728	1.00	5.00	2.287 5	1.000 43	0.827	0.093	0.052	0.185
X2	728	1.29	5.00	3.743 0	0.76 196	−0.842	0.093	0.781	0.185
X3	728	1.00	5.00	3.178 4	0.97 777	−0.235	0.093	−0.506	0.185
有效的 N（列表状态）	728								

表5.10 集群组织特性、集群组织结构模块化、集群组织行为、集群组织效应变量样本描述统计量

项目	N 统计量	极小值 统计量	极大值 统计量	均值 统计量	标准差 统计量	偏度 统计量	偏度 标准误差	峰度 统计量	峰度 标准误差
M1	728	1.00	5.00	2.913 1	0.87 398	−0.096	0.093	−0.623	0.185
M2	728	0.25	3.00	1.941 5	0.61 828	−0.299	0.093	−0.404	0.185
M3	728	0.50	3.00	2.104 2	0.66 862	−0.236	0.093	−0.988	0.185
M4	728	0.25	2.00	1.197 2	0.53 560	−0.505	0.093	−1.127	0.185
M5	728	1.00	2.00	1.315 1	0.42 238	0.792	0.093	−1.163	0.185
M6	728	2.00	5.00	4.150 9	0.86 299	−0.907	0.093	−0.113	0.185
M7	728	1.00	2.00	1.578 5	0.43 459	−0.400	0.093	−1.586	0.185
M8	728	1.00	2.43	1.504 8	0.45 270	−0.003	0.093	−1.783	0.185
M9	728	1.00	4.00	2.876 0	0.76 855	−0.347	0.093	−0.570	0.185
M10	728	1.00	4.50	2.898 0	0.85 390	−0.288	0.093	−0.500	0.185
有效的 N（列表状态）	728								

表5.11 集群升级变量的样本数据描述统计量

项目	N 统计量	极小值 统计量	极大值 统计量	均值 统计量	标准差 统计量	偏度 统计量	偏度 标准误差	峰度 统计量	峰度 标准误差
Y1	728	1.00	5.00	3.139 4	0.89 802	−0.219	0.093	−0.620	0.185

续表

项目	N 统计量	极小值 统计量	极大值 统计量	均值 统计量	标准差 统计量	偏度 统计量	偏度 标准误差	峰度 统计量	峰度 标准误差
Y2	728	2.00	5.00	3.343 4	0.745 66	1.152	0.093	0.609	0.185
Y3	728	1.00	4.50	2.706 2	0.775 68	0.201	0.093	−0.813	0.185
Y4	728	1.00	4.50	2.432 2	0.2 238	0.121	0.093	−0.764	0.185
有效的 N（列表状态）	728								

为了提高问卷发放的回收率和问卷填写的正确率，此次问卷中格外注明是为了毕业论文而恳请他们帮忙，强调正确填写问卷的重要性以及问卷回收时间的紧迫性，言辞恳切。此次有效问卷的删选依据以下标准进行：

第一，每个集群作为一个研究样本，对于一个集群有多份问卷的情况下取其平均值；

第二，有超过5%的题项未填写的问卷作为无效样本处理，予以剔除。如果只有极个别的题项忘记填写的问卷，取平均值作为该题项的值；

第三，如果一份问卷中存在大量题项连续选择同一值，那么该份问卷作为无效样本处理，予以剔除。

另外，对于采用电子邮件形式发放的问卷，对那些在问卷发放两周后仍未回复的被调查者再次向他们发送一封提醒邮件，恳请其抽时间尽快恢复。如果仍然不回复的，则作为无法回收的问卷处理。对于题项漏填或填写不明确的问卷，如果被调查者有留下姓名和联系方式，那么在问卷回收的两个星期内打电话或发送邮件询问；如果未留下姓名和联系方式的，则根据上述的第二、第三点对问卷进行处理。

(2) 问卷基本信息统计

为了对本研究样本的构成有更好的了解，在数据分析之前，本研究项目对回收的有效样本进行了基本信息的描述性统计，其结果如表5.12所示。

表5.12 样本集群特征分布情况统计（N=728）

样本特征		样本数量	百分比	累计百分比
所处行业	智能电网产品研发行业	33	4.6%	4.6%
	生物制药行业	90	12.4%	16.9%
	汽配零部件制造行业	126	17.3%	34.3%

续表

样本特征		样本数量	百分比	累计百分比
所处行业	化工与轻纺制造行业	117	16.1%	50.3%
	新材料开发行业	169	23.2%	73.5%
	日化用品制造行业	30	4.1%	77.6%
	软件研发行业	68	9.3%	86.9%
	农产品加工行业	60	8.2%	95.1
	工具模具行业	12	1.6%	96.7%
	其他行业	23	3.3%	100.0%
存续年限	5年以下	288	39.6%	39.6%
	5～10年	340	46.7%	86.2%
	10年以上	100	13.7%	100.0%
集群规模	20个企业以下	203	27.9%	27.9%
	20～80个企业	320	43.9%	71.8%
	80个企业以上	205	28.2%	100.0%

5.3.3 技术创新能力对集群升级影响研究的数据信度和效度检验

（1）变量说明

本研究的变量说明是采用序号缩写分别对不同变量进行命名，这种命名方式比较简洁和方便。为了便于对后面章节分析结果的说明和讨论，对将要涉及的变量符号和相应名称做了具体介绍，如表5.13所示：

表5.13 变量名称和符号说明

变量名称	符号	变量名称	符号	变量名称	符号
技术学习能力	X1	结构模块化	M4	集群锁定效应	M10
技术集成能力	X2	集群治理集体行为	M5	集群主导产业升级	Y1
技术协同能力	X3	产业转出行为	M6	集群知识网络升级	Y2
知识溢出	M1	产业承接行为	M7	集群组织效率升级	Y3
专业化分工	M2	外部经济效应	M8	集群区位升级	Y4
群体决策收敛性	M3	集群的集聚效应	M9		

(2) 信度分析

信度反映了对某一事物测度的稳定性和一致性程度(李怀祖,2004)[196],信度越高说明同一量表内不同的题项所测度的变量的一致性越高。目前最常用的是 Alpha 信度系数,一般情况下本研究主要考虑量表的内在信度,即项目之间是否具有较高的内在一致性。通常认为,信度系数应该在 0~1 之间,如果量表的信度系数在 0.9 以上,表示量表的信度很好;如果量表的信度系数在 0.8~0.9 之间,表示量表的信度可以接受;如果量表的信度系数在 0.7~0.8 之间,表示量表有些项目需要修订;如果量表的信度系数在 0.7 以下,表示量表有些项目需要抛弃。

首先对集群绿色创新能力的量表进行信度分析,具体信度分析结果汇总如表 5.14 所示:

表 5.14 绿色创新能力量表的信度分析结果

变量	题项数	Cronbach's Alpha
X1	4	0.741
X2	3	0.880
X3	4	0.846

从表 5.14 的结果中,可以看出,自变量的内部一致性均较为理想。从表 5.14 可以看出,绿色创新能力量表所有变量的 Cronbach's Alpha 值均超过 0.70,其中最小的 Cronbach's Alpha 值为 0.741,符合要求。由此可以得到,本研究所采用的绿色创新能力量表满足信度分析的要求。

然后对集群组织特性、集群组织结构模块化、集群组织行为、集群组织效应的量表进行信度检验,具体信度分析结果汇总如表 5.15 所示:

表 5.15 集群组织特性、集群组织结构模块化、集群组织行为、集群组织效应量表信度分析

变量	题项数	Cronbach's Alpha
M1	4	0.741
M2	3	0.880
M3	4	0.846
M4	4	0.759
M5	3	0.856
M6	3	0.815
M7	2	0.674

续表

变量	题项数	Cronbach's Alpha
M8	2	0.705
M9	2	0.753
M10	4	0.739

从表 5.15 显示的结果中可以看出,内部一致性均大于 0.7,可以认为集群组织特性、集群组织结构模块化、集群组织行为、集群组织效应的量表内部一致性较好,可信度较高。

最后,对集群升级量表的信度进行分析,具体分析结果汇总如表 5.16 所示:

表 5.16 集群升级量表信度分析结果

变量	题项数	Cronbach's Alpha
Y1	8	0.875
Y2	7	0.924
Y3	7	0.935
Y4	4	0.752

从表 5.16 显示的结果中可以看出,集群升级量表内部一致性均大于 0.7,可以认为集群升级量表内部一致性较好,可信度较高,本研究所采用的集群升级量表满足信度分析的要求。

(3) 效度分析

效度是指所测量题项能够在多大的程度上反映我们想要测度的变量的真实情况,揭示了变量和题项之间的关系。效度越高,表示问卷题项所反映的测量变量的真实性越好。在本研究中,主要通过探索性因子分析来评价变量的效度。探索性因子分析法(EFA)是一项用来找出多元观测变量的本质结构、并进行处理降维的技术。因而,EFA 能够将具有错综复杂关系的变量综合为少数几个核心因子。本研究使用的探索性因子分析按照特征根大于 1 的准则或碎石准则来确定因子个数,根据主成分方法选择合适的因子提取方法,由于初始因子综合性太强,难以找出实际意义,因此本研究主要是使用方差最大法对因子进行旋转,以便于对因子结构进行合理解释。本研究最终提取出 17 个主成份,累计贡献率达到了 75.257%。具体结果见表 5.17 和附录 2 的旋转成分矩阵。

表 5.17 变量解释的总方差

成分	初始特征值 合计	方差%	累积%	提取平方和载入 合计	方差%	累积%	旋转平方和载入 合计	方差%	累积%
1	10.722	16.395	16.395	10.722	16.395	16.395	5.263	8.097	8.097
2	5.599	8.614	25.110	5.599	8.614	25.110	4.909	7.552	15.649
3	4.554	7.006	32.116	4.554	7.006	32.116	3.702	5.695	21.344
4	3.593	5.527	37.643	3.593	5.527	37.643	3.124	4.807	26.151
5	3.254	5.007	42.650	3.254	5.007	42.650	3.120	4.800	30.951
6	2.772	4.365	46.915	2.772	4.365	46.915	3.088	4.751	35.702
7	2.604	4.007	50.922	2.604	4.007	50.922	2.885	4.539	40.141
8	2.413	3.559	54.580	2.413	3.559	54.580	2.782	4.380	44.521
9	2.138	3.289	57.769	2.138	3.289	57.769	2.674	4.114	48.535
10	1.917	2.949	60.718	1.917	2.949	60.718	2.642	4.065	52.600
11	1.817	2.796	63.514	1.817	2.796	63.514	2.589	3.983	56.583
12	1.523	2.443	65.857	1.523	2.443	65.857	2.452	3.772	60.355
13	1.452	2.234	68.090	1.452	2.234	68.090	2.192	3.373	63.728
14	1.372	2.111	70.201	1.372	2.111	70.201	2.186	3.362	67.091
15	1.257	1.934	72.135	1.257	1.934	72.135	2.109	3.244	70.335
16	1.190	1.831	73.966	1.190	1.831	73.966	1.739	2.676	73.011
17	1.060	1.630	75.596	1.060	1.630	75.596	1.460	2.246	75.257

提取方法:主成分分析

经过最大方差法旋转后,17个主成分具体分配如下:

F1:F11—F18　　　　F2:F21—F27
F3:F31—F37　　　　F4:F41—F44
F5:F51—F54　　　　F6:F61—F64
F7:F71—F74　　　　F8:F81—F84
F9:F91—F93　　　　F10:F101—F103
F11:F111—F113　　　F12:F121—F123
F13:F131—F133　　　F14:F141—F142
F15:F151—F152　　　F16:F161—F162
F17:F171—F172

通过对信度效度的检验,结果表明本研究所涉及的所有变量都具有良好的信度和效度,即测量模型已经符合要求,可以进行第二个步骤结构模型的路径分析。

5.3.4 技术创新能力对集群升级影响研究的结构方程模型运行

本节基于初始概念模型及研究假设,构建初始结构方程模型,然后对绿色创新能力对集群升级影响的初始结构方程模型进行拟合。在结构方程模型运用中,模型适配度即拟合程度是评价一个结构方程模型的关键指标,研究者需要事先对所提出的各个变量间关联模式是否和实际的样本数据拟合及拟合程度如何进行考察,以达到检验理论研究假设是否成立的目的。在实践中,研究者往往需要采用多个参数标准对结构方程模型的拟合度进行评价。根据温忠麟、张雷等(2004)[199]和易丹辉(2008)[200]所提出的观点,本研究将采用绝对指数 χ^2/df、RMSEA、GFI 和相对指数 NFI、NNFI、IFI 等进行综合评价结构方程模型拟合度。调整卡方 χ^2/df 是一种基于拟合函数的绝对指数,尤其适用于进行多组模型比较[172-173]。通常认为,χ^2/df 取值低于 2 时,结构方程模型的拟合性较好。近似误差均方根 RMSEA 是一种评价不需要底线的测量模型适配度的绝对指数。通常认为,若 RMSEA 小于 0.05 时,模型拟合性较好,且越接近 0 值,模型拟合性越好;若 RMSEA 处在 0.05 至 0.08 间,意味着模型的拟合性可以接受;若 RMSEA 处在 0.08 至 0.10 间,说明模型的拟合性勉强可接受;若 RMSEA 高于 0.10,意味着模型的拟合性不能接受。对拟合优度指数 GFI 而言,若其处在 0 至 1 之间,越接近 1,意味着模型的拟合性越好,通常认为 GFI 高于 0.90,模型的拟合性可接受。在相对指数中,一般认为,若标准拟合指数 NFI 的取值在 0 至 1 之间,且越接近 1,模型拟合性越好,而当 NFI 为 0 时,模型拟合性最差;非标准化拟合指数 NNFI 高于 0.9,且越接近 1,模型的拟合性越好;比较拟合指数 CFI 高于 0.9 时,且越接近 1,模型的拟合性越好。

从表 5.18 可以看出,初始结构模型的 χ^2/df 为 1.253,大于 2,RMSEA 为 0.062,处在 0.05 至 0.08 之间,IFI 为 0.903,NNFI 为 0.918,CFI 为 0.902,均高于 0.9。依据判别标准,初始结构方程模型通过检验,不需要对模型进行修正。

表 5.18 初始结构方程模型拟合指标

χ^2/df	GFI	AGFI	RMSEA	RMR	NFI	NNFI	IFI	CFI
1.253	0.944	0.811	0.062	0.486	0.838	0.918	0.903	0.902

本节在对绿色创新能力对集群升级影响的初始结构方程模型进行拟合后发现,该结构方程模型拟合情况良好,如表 5.18 所示。经过运行后的绿色创新能力对集群升级影响的结构方程模型如图 5.3 所示,具体的路径系数如表 5.19

所示。

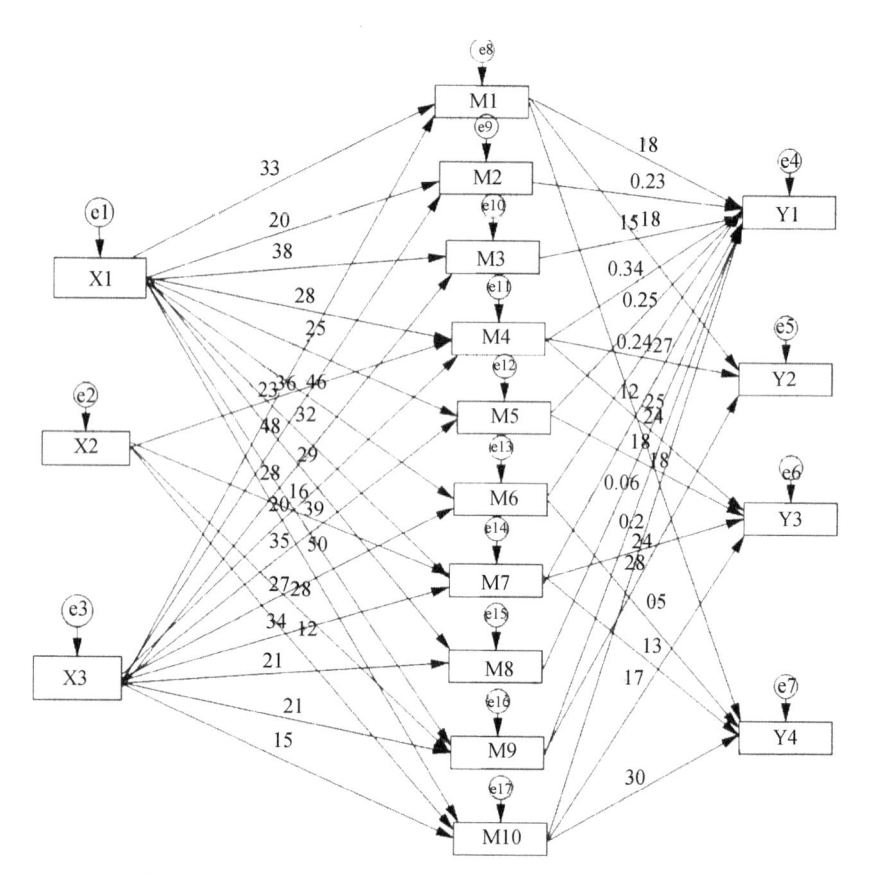

图 5.3 运行后的绿色创新能力对集群升级影响的结构方程模型

表 5.19 SEM 模型相关性分析

			Estimate	S. E.	C. R.	P
M1	<---	X1	0.331	0.026	5.446	***
M2	<---	X1	0.204	0.059	5.336	***
M3	<---	X1	0.379	0.026	6.466	***
M4	<---	X1	0.279	0.036	4.728	***
M5	<---	X1	0.247	0.028	4.118	***
M6	<---	X1	0.459	0.040	8.182	***
M7	<---	X1	0.316	0.040	5.461	***
M8	<---	X1	0.290	0.069	7.406	***

续表

			Estimate	S.E.	C.R.	P
M9	<----	X1	0.390	0.040	6.917	***
M10	<----	X1	−0.495	0.046	−8.819	***
M4	<----	X2	0.303	0.053	5.129	***
M7	<----	X2	0.159	0.059	2.745	0.006
M9	<----	X2	0.282	0.059	5.006	***
M10	<----	X2	−0.116	0.068	−2.073	0.038
M1	<----	X3	0.234	0.039	3.858	***
M2	<----	X3	0.464	0.060	8.100	***
M3	<----	X3	0.279	0.126	5.269	***
M4	<----	X3	0.197	0.006	3.222	***
M5	<----	X3	0.353	0.041	5.892	***
M6	<----	X3	0.275	0.136	2.090	***
M7	<----	X3	0.340	0.026	3.166	***
M8	<----	X3	0.212	0.044	3.431	***
M9	<----	X3	0.213	0.060	3.783	***
M10	<----	X3	−0.158	0.069	−2.810	0.005
Y1	<----	M1	0.176	0.135	2.911	0.004
Y1	<----	M2	0.030	0.084	0.485	0.007
Y1	<----	M3	0.154	0.133	2.507	0.012
Y1	<----	M4	0.056	0.094	0.925	0.015
Y1	<----	M5	0.058	0.126	0.964	0.022
Y1	<----	M6	0.008	0.086	0.123	0.032
Y1	<----	M7	0.123	0.087	1.983	0.047
Y1	<----	M8	0.182	0.121	3.047	0.002
Y1	<----	M9	0.157	0.084	0.521	0.512
Y1	<----	M10	−0.084	0.073	−1.351	0.177
Y2	<----	M1	0.184	0.089	3.138	0.002
Y2	<----	M4	0.267	0.063	4.594	***
Y2	<----	M9	0.282	0.086	3.167	***

续表

			Estimate	S.E.	C.R.	P
Y3	<---	M4	0.243	0.078	4.160	***
Y3	<---	M5	0.184	0.103	3.167	0.002
Y3	<---	M7	0.243	0.070	4.099	***
Y3	<---	M10	−0.166	0.058	−2.806	0.005
Y4	<---	M1	0.246	0.086	4.099	***
Y4	<---	M6	0.046	0.054	3.755	0.450
Y4	<---	M7	0.129	0.054	2.134	0.033
Y4	<---	M10	−0.305	0.046	−4.977	***

注：***＝p<0.01,单尾检验

5.4 绿色创新能力对集群升级影响的数据分析结果

5.4.1 技术创新能力对集群升级影响研究的假设检验结果

根据绿色创新能力对集群升级影响的数据分析结果,本研究将概念模型的所有假设验证情况总结如表5.20所示。从表中看出,除了集群集聚效应对集群主导产业升级有正向影响的假设没有通过检验,其他研究假设均通过了检验。集群集聚效应对集群主导产业升级有正向影响的假设没有通过检验的重要原因除了样本选取的问题之外,还可能是样本选取的集群内部集聚程度超过一定范围,在某个范围之内,集聚程度将对集群主导产业升级有促进作用,但是超过一定范围,即过度集聚,对集群主导产业升级就不存在正向作用,因为在集聚不断加强后,集群内厂商密度增加,外溢度不断增加,知识传播加快,集群内模仿的难度不断降低,模仿成本也不断减低,导致了行业结构上的趋同性,形成同类种群同向高速增长以及低水平、平面式分散的数量扩张,从而导致恶性的过度竞争局面。此时,集群企业为规避绿色创新带来的收益风险,不断减少科研投入,从而使得集群内外溢收益弹性不断递减。外溢收入弹性的减低,直接导致集群内整体科研投入的减少,从而使得模仿驱逐创新的集群内形成"柠檬市场",使得创新被模仿驱逐,创新没有动力,产业集群主导产业升级受到阻碍。可见,过度集聚反而会对集群升级进程产生阻碍作用。例如,改革开放以来,具有比较优势的劳动密集型产业在珠三角迅速发展,形成了珠三角地区劳动密集型的产业集群,但是由于缺少引导规范,珠三角地区低级产业集群迅速发展,集聚效应不断增强。这些产业集群集聚度提高起初促进了地方经济的快速发展,但是集聚度不断提高也给经济持续发展带来了很多问题,其中最突出的问题就是产业集群主导产业升级缓慢。

表 5.20 假设验证情况

假设内容	验证情况
技术协同能力对集群知识溢出特性有正向影响	通过
技术学习能力对集群知识溢出特性有正向影响	通过
技术学习能力对集群专业化分工特性有正向影响	通过
技术协同能力对集群专业化分工特性有正向影响	通过
技术学习能力对集群的决策收敛性有正向影响	通过
技术协同能力对集群的决策收敛性有正向影响	通过
知识溢出对集群的主导产业升级有正向影响	通过
知识溢出对集群的知识网络升级有正向影响	通过
知识溢出对集群的区位升级有正向影响	通过
专业化分工对集群的主导产业升级有正向影响	通过
集群决策收敛性对集群的主导产业升级有正向影响	通过
集群技术学习能力对集群组织结构模块化有正向影响	通过
集群技术集成能力对集群组织结构模块化有正向影响	通过
集群技术协同能力对集群组织结构模块化有正向影响	通过
集群组织结构模块化对集群主导产业升级有正向影响	通过
集群组织结构模块化对集群知识网络升级有正向影响	通过
集群组织结构模块化对集群组织效率升级有正向影响	通过
技术学习能力对集群治理集体行为有正向影响	通过
技术协同能力对集群治理集体行为有正向影响	通过
技术学习能力对产业转出有正向影响	通过
技术协同能力对产业转出有正向影响	通过
技术学习能力对产业承接有正向影响	通过
技术集成能力对产业承接有正向影响	通过
技术协同能力对产业承接有正向影响	通过
集群治理集体行动对集群主导产业升级有正向影响	通过
集群治理集体行动对集群组织效率升级有正向影响	通过
集群产业转出行动对集群主导产业升级有正向影响	通过

续表

假设内容	验证情况
集群产业转出行动对集群区位升级有正向影响	通过
集群产业承接行动对集群主导产业升级有正向影响	通过
集群产业承接行动对集群组织效率升级有正向影响	通过
集群产业承接行动对集群区位升级有正向影响	通过
技术学习能力对集群的外部经济效应有正向影响	通过
技术协同能力对集群的外部经济效应有正向影响	通过
技术学习能力对集群的集聚效应有正向影响	通过
技术集成能力对集群的集聚效应有正向影响	通过
技术协同能力对集群的集聚效应有正向影响	通过
技术学习能力对集群的锁定效应有负向影响	通过
技术集成能力对集群的锁定效应有负向影响	通过
技术协同能力对集群的锁定效应有负向影响	通过
集群外部经济效应对集群主导产业升级有正向影响	通过
集群集聚效应对集群主导产业升级有正向影响	不通过
集群集聚效应对集群知识网络升级有正向影响	通过
集群锁定效应对集群主导产业升级有负向影响	通过
集群锁定效应对集群组织效率升级有负向影响	通过
集群锁定效应对集群区位升级有负向影响	通过

5.4.2 技术创新能力对集群升级影响研究的结构方程模型运行结果讨论

（1）技术学习能力对集群升级的影响结果分析

根据表 5.19 所示，产业集群技术学习能力 X1 对集群知识溢出 M1、集群专业化分工程度 M2、集群内部群体决策收敛性 M3 影响系数分别为 0.331、0.204、0.379，而且，临界比都大于 2，路径系数在 0.05 水平上显著，说明产业集群技术学习能力影响集群知识溢出程度、专业化分工程度、群体决策收敛性，而且这种影响为正效应；集群知识溢出 M1、集群专业化分工程度 M2、集群内部群体决策收敛性 M3 对集群主导产业升级 Y1 的影响系数分别为 0.176、0.030、0.154，路径系数在 0.05 水平上显著，说明集群知识溢出程度、专业化分工程度、群体决策收敛性对集群主导产业升级都具有影响作用,而且这种影响为正效应;集群知识溢出 M1 对集群知识网络升级 Y2 和集群区位升级 Y4 的影响系数为 0.184、0.246,路径系数在 0.05 水平上显著,说明集群知识溢出对集群区位升级都具有影响作用,而且这种影响为正效应。

技术学习能力 X1 对集群组织结构模块化 M4 影响系数为 0.279,路径系数在 0.05 水平上显著,说明产业集群技术学习能力对集群组织结构模块化存在影响作用,而且这种影响为正效应。集群组织结构模块化 M4 对集群主导产业升级 Y1、集群知识网络升级 Y2、集群组织效率升级 Y3 的影响系数 0.056、0.267、0.243,路径系数在 0.05 水平上显著,说明集群组织结构模块化对集群主导产业升级、集群知识网络升级、集群组织效率升级都具有影响作用,而且这种影响为正效应。

产业集群技术学习能力 X1 对集群治理集体行为 M5、集群产业转出行为 M6、集群产业承接行为 M7 影响系数分别为 0.247、0.459、0.316,而且路径系数在 0.05 水平上显著,说明产业集群技术学习能力对集群治理集体行为、产业转移行为都存在影响,而且这种影响为正效应;集群治理集体行为 M5、集群产业转出行为 M6、集群产业承接行为 M7 对集群主导产业升级 Y1 的影响系数分别 0.058、0.008、0.123,路径系数在 0.05 水平上显著,说明集群治理集体行为、集群产业转出行为、集群产业承接行为对集群主导产业升级都具有影响作用,而且这种影响为正效应;集群治理集体行为 M5 对集群组织效率升级 Y3 的影响系数为 0.184,集群产业转出行为 M6、集群产业承接行为 M7 对集群区位升级 Y4 的影响系数分别为 0.046、0.129,路径系数在 0.05 水平上显著,说明集群产业转出行为、集群产业承接行为对集群区位升级都具有影响作用,而且这种影响为正效应。

产业集群技术学习能力 X1 对集群外部经济效应 M8、集聚效应 M9、锁定效应 M10 影响系数分别为 0.290、0.390、-0.495,而且路径系数在 0.05 水平上显著,说明产业集群技术学习能力对集群外部经济效应、集聚效应存在正效应,对集群锁定效应存在负效应;集群外部经济效应 M8、集聚效应 M9 对集群主导产业升级 Y1 的影响系数分别为 0.182、0.157,集群外部经济效应 M8 对集群主导产业升级 Y1 路径系数在 0.05 水平上显著,但是集聚效应 M9 对集群主导产业升级 Y1 路径系数在 0.05 水平上不显著,说明集群外部经济效应 M8 对集群主导产业升级存在正向影响,集聚效应 M9 对集群主导产业升级不存在显著正向影响;集聚效应 M9 对集群知识网络升级 Y2 的影响系数分别为 0.282,路径系数在 0.05 水平上显著,说明集群集聚效应 M9 对集群知识网络升级存在正向影响;锁定效应 M10 对集群主导产业升级 Y1、集群组织效率升级 Y3、集群区位升级 Y4 的影响系数分别为 -0.084、-0.166、-0.305,路径系数在 0.05 水平上显著,说明集群锁定效应 M10 对集群主导产业升级、集群组织效率升级、集群区位升级具有负向影响作用。

所以,产业集群技术学习能力越强,集群知识溢出越容易发生,集群专业化分工程度越深,群体决策越容易趋向收敛,集群组织结构模块化程度越高,集群治理集体行为越容易实现,集群产业转出和产业承接绩效越高,集群外部经济效应和集聚效应越强,技术锁定、政治锁定、认知锁定、功能锁定效应越弱,集群越容易实现升级。

(2) 技术集成能力对集群升级的影响结果分析

根据表 5.19 所示,产业集群技术集成能力 X2 对集群组织结构模块化 M4 影响系数为 0.303,路径系数在 0.05 水平上显著,说明产业集群技术集成能力对集群组织结构模块化存在影响作用,而且这种影响为正效应。集群组织结构模块化 M4 对集群主导产业升级 Y1、集群知识网络升级 Y2、集群组织效率升级 Y3 的影响系数为 0.056、0.267、0.243,路径系数在 0.05 水平上显著,说明集群组织结构模块化对集群主导产业升级、集群知识网络升级、集群组织效率升级都具有影响作用,而且这种影响为正效应。

产业集群技术集成能力 X2 对集群产业承接行为 M7 影响系数为 0.159,而且路径系数在 0.05 水平上显著,说明产业集群技术集成能力对集群的产业承接行为存在影响,而且这种影响为正效应;集群产业承接行为 M7 对集群主导产业升级 Y1、集群组织效率升级 Y3、集群区位升级 Y4 的影响系数分别 0.123、0.243、0.129,路径系数在 0.05 水平上显著,说明产业集群承接行为对集群主导产业升级、集群组织效率升级、集群区位升级存在正向影响作用。

产业集群技术集成能力 X2 对集聚效应 M9、锁定效应 M10 影响系数分别为 0.282、−0.116,而且路径系数在 0.05 水平上显著,说明产业集群技术集成能力对集群集聚效应存在正效应,对集群锁定效应存在负效应;集聚效应 M9 对集群主导产业升级 Y1、集群知识网络升级 Y2 的影响系数分别为 0.157、0.282,集聚效应 M9 对集群知识网络升级 Y2 的影响路径系数在 0.05 水平上显著,对集群主导产业升级 Y1 的影响路径系数在 0.05 水平上不显著,说明集聚效应 M9 对集群主导产业升级不存在显著正向影响,对集群知识网络升级存在正向影响;锁定效应 M10 对集群主导产业升级 Y1、集群组织效率升级 Y3、集群区位升级 Y4 的影响系数分别为 −0.084、−0.166、−0.305,路径系数在 0.05 水平上显著,说明集群锁定效应 M10 对集群主导产业升级、集群组织效率升级、集群区位升级具有负向影响作用。

因此,产业集群技术集成能力越强,集群组织结构模块化程度越高,集群产业承接绩效越高,集聚效应越强,技术锁定、政治锁定、认知锁定、功能锁定效应越弱,集群越容易实现升级。

(3) 技术协同能力对集群升级的影响结果分析

根据表 5.19 所示,产业集群技术协同能力 X3 对集群知识溢出 M1、集群专业化分工程度 M2、集群内部群体决策收敛性 M3 影响系数分别为 0.234、0.464、0.279 而且,临界比都大于 2,路径系数在 0.05 水平上显著,说明产业集群技术协同能力影响集群知识溢出程度、专业化分工程度、群体决策收敛性,而且这种影响为正效应;集群知识溢出 M1、集群专业化分工程度 M2、集群内部群体决策收敛性 M3 对集群主导产业升级 Y1 的影响系数分别为 0.176、0.030、0.154,路径系数在 0.05 水平上显著,说明集群知识溢出程度、专业化分工程度、群体决策收敛性对集群主导产业升级都具有影响作用,而且这种影响为正效应;集群知识溢出 M1 对集群知识网络升级 Y2 和集群区位升级 Y4 的影响系数为 0.184、0.246,路径系数在 0.05 水平上显著,说明集群知识溢出对集群区位升级都具有影响作用,而且这种影响为正效应。

技术协同能力 X3 对集群组织结构模块化 M4 影响系数为 0.197,路径系数在 0.05 水平上显著,说明产业集群技术协同能力对集群组织结构模块化存在影响作用,而且这种影响为正效应。集群组织结构模块化 M4 对集群主导产业升级 Y1、集群知识网络升级 Y2、集群组织效率升级 Y3 的影响系数 0.056、0.267、0.243,路径系数在 0.05 水平上显著,说明集群组织结构模块化对集群主导产业升级、集群知识网络升级、集群组织效率升级都具有影响作用,而且这种影响为正效应。

产业集群技术协同能力 X3 对集群治理集体行为 M5、集群产业转出行为 M6、集群产业承接行为 M7 影响系数分别为 0.353、0.275、0.340,而且路径系数在 0.05 水平上显著,说明产业集群技术协同能力对集群治理集体行为、产业转移行为都存在影响,而且这种影响为正效应;集群治理集体行为 M5、集群产业转出行为 M6、集群产业承接行为 M7 对集群主导产业升级 Y1 的影响系数分别 0.058、0.008、0.123,路径系数在 0.05 水平上显著,说明集群治理集体行为、集群产业转出行为、集群产业承接行为对集群主导产业升级都具有影响作用,而且这种影响为正效应;集群治理集体行为 M5 对集群组织效率升级 Y3 的影响系数为 0.184,集群产业转出行为 M6、集群产业承接行为 M7 对集群区位升级 Y4 的影响系数分别为 0.046、0.129,路径系数在 0.05 水平上显著,说明集群产业转出行为、集群产业承接行为对集群区位升级都具有影响作用,而且这种影响为正效应。

产业集群技术协同能力 X3 对集群外部经济效应 M8、集聚效应 M9、锁定效应 M10 影响系数分别为 0.212、0.213、−0.158,而且路径系数在 0.05 水平上显著,说明产业集群技术协同能力对集群外部经济效应、集聚效应存在正效应,对集群锁定效应存在负效应;集群外部经济效应 M8、集聚效应 M9 对集群主导产业升级 Y1 的影响系数分别为 0.182、0.157，集群外部经济效应 M8 对集群主导产业升级 Y1 路径系数在 0.05 水平上显著，但是集聚效应 M9 对集群主导产业升级 Y1 路径系数在 0.05 水平上不显著，说明集群外部经济效应 M8 对集群主导产业升级存在正向影响，集聚效应 M9 对集群主导产业升级不存在显著正向影响；集聚效应 M9 对集群知识网络升级 Y2 的影响系数分别为 0.282，路径系数在 0.05 水平上显著，说明集群集聚效应 M9 对集群知识网络升级存在正向影响；锁定效应 M10 对集群主导产业升级 Y1、集群组织效率升级 Y3、集群区位升级 Y4 的影响系数分别为 -0.084、-0.166、-0.305，路径系数在 0.05 水平上显著，说明集群锁定效应 M10 对集群主导产业升级、集群组织效率升级、集群区位升级具有负向影响作用。

因此，产业集群技术协同能力越强，集群知识溢出越容易发生，集群专业化分工程度越深，群体决策越容易趋向收敛，集群组织结构模块化程度越高，集群治理集体行为越容易实现，集群产业转出和产业承接绩效越高，集群外部经济效应和集聚效应越强，技术锁定、政治锁定、认知锁定、功能锁定效应越弱，集群越容易实现升级。

(4) 绿色创新能力影响主导产业升级过程中不同中介变量的中介效应比较

根据结构方程运行结果得到图 5.4，通过计算可知，集群组织模块化、知识溢出、外部经济效应、锁定效应、专业化分工、群体决策收敛性、产业转出行为、产业承接行为、集群治理集体行为在技术学习能力和主导产业升级间的中介效应系数分别是 0.049 1、0.009 9、0.016 2、0.028 7、0.001 6、0.046 6、0.083 5、0.049 6、0.020 7，可以看出产业转出行为的中介效应系数远远大于其他中介变量的中介效应，说明技术学习能力对主导产业升级的影响主要是通过提高产业转出行为的绩效来实现。

集群组织模块化、锁定效应、产业承接行为在技术集成能力和主导产业升级间的中介效应系数分别是 0.053 3、0.006 7、0.024 9，可以看出集群组织结构模块化的中介效应系数远远大于其他中介变量的中介效应，说明技术集成能力对主导产业升级的影响主要是通过推动集群组织模块化来实现。

集群组织模块化、知识溢出、外部经济效应、锁定效应、专业化分工、群体决策收敛性、产业转出行为、产业承接行为、集群治理集体行为在技术协同能力和主导产业升级间的中介效应系数分别是 0.034 6、0.007 0、0.011 8、0.009 2、0.003 7、0.034 3、0.050 0、0.053 3、0.030 0，可以看出产业承接行为的中介效应系数远远大于其他中介变量的中介效应，说明技术协同能力对主导产业升级的影响主要是通过促进产业承接行为与提升产业承接绩效来实现。

(5) 绿色创新能力影响知识网络升级过程中不同中介变量的中介效应比较

根据结构方程运行结果得到图 5.5，通过计算可知，集群组织模块化、知识

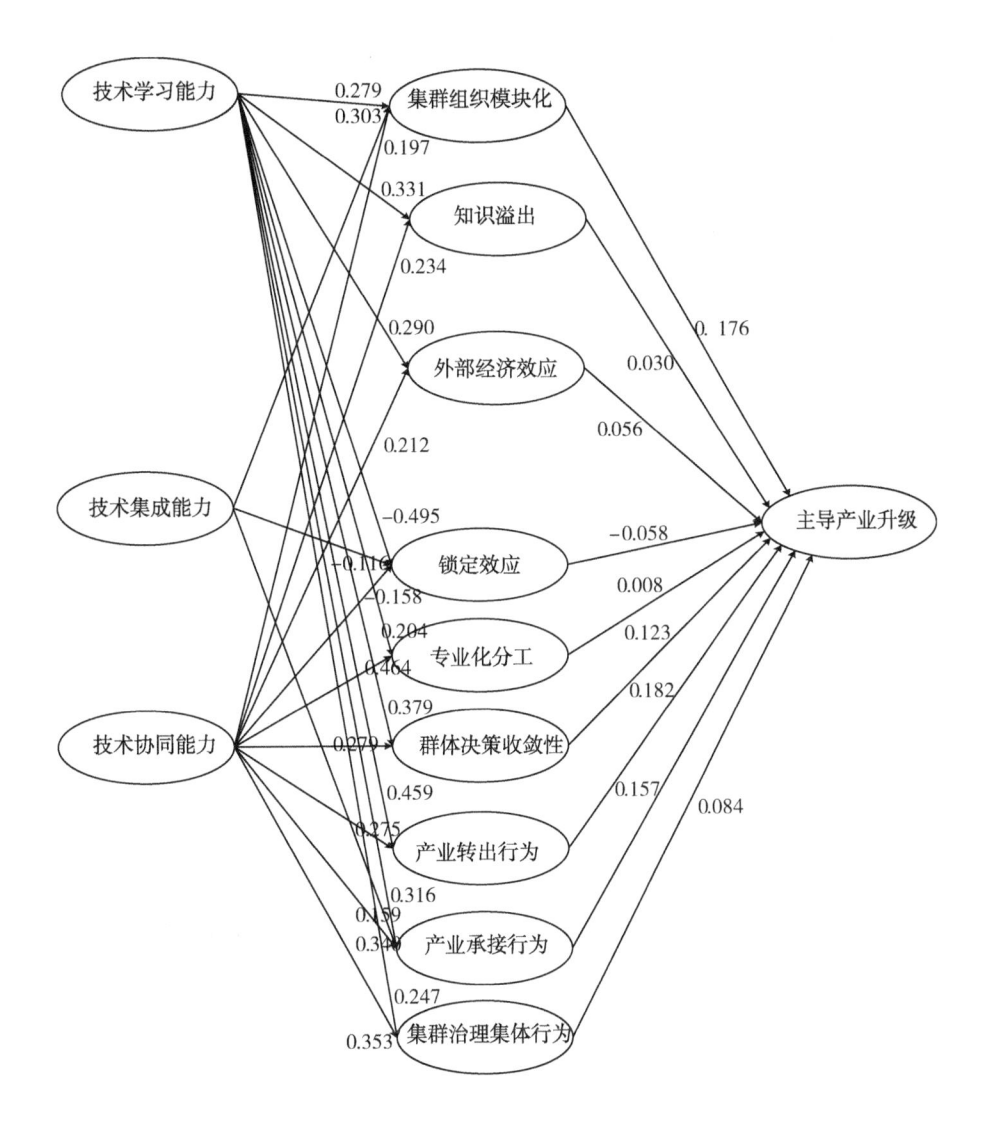

图 5.4 绿色创新能力对集群主导产业升级的路径系数图

溢出、集聚效应在技术学习能力和知识网络升级间的中介效应系数分别是0.051 3、0.088 3、0.109 9,可以看出集聚效应的中介效应系数远远大于其他中介变量的中介效应,说明技术学习能力对知识网络升级的影响主要是通过强化集群集聚效应来实现。

集群组织模块化、集聚效应在技术集成能力和知识网络升级间的中介效应系数分别是0.055 7、0.079 5,可以看出集聚效应的中介效应系数远远大于其他中介变量的中介效应,说明技术集成能力对知识网络升级的影响主要是通过强化集群集聚效应来实现。

集群组织模块化、知识溢出、集聚效应在技术协同能力和知识网络升级间的中介效应系数分别是 0.036 2、0.062 4、0.060 0,可以看出知识溢出的中介效应系数远远大于其他中介变量的中介效应,说明技术协同能力对知识网络升级的影响主要是通过提高知识溢出程度来实现。

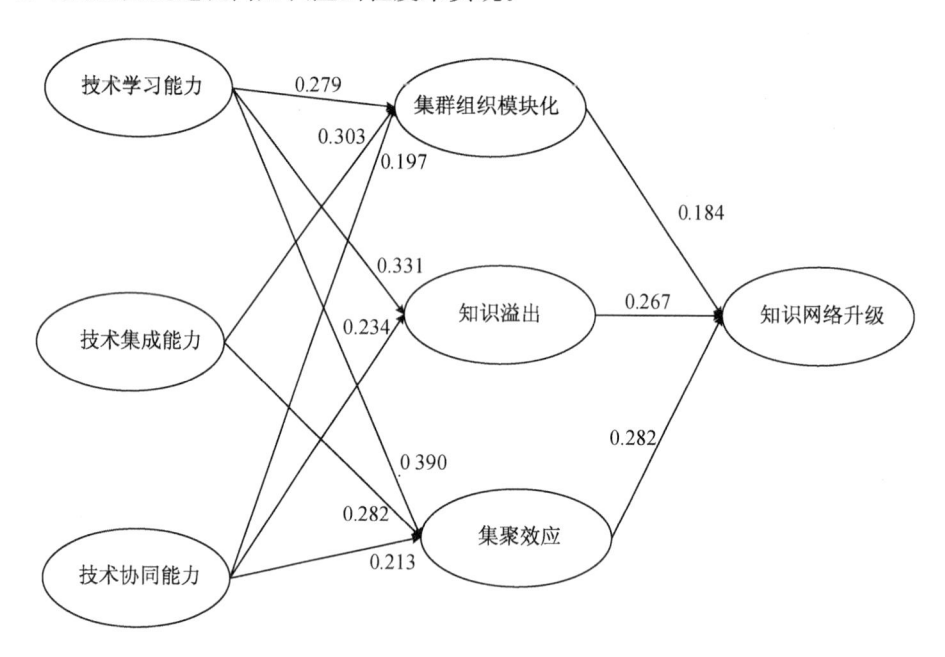

图 5.5 绿色创新能力对集群知识网络升级的路径系数图

（6）绿色创新能力影响组织效率升级过程中不同中介变量的中介效应比较

根据结构方程运行结果得到图 5.6,通过计算可知,集群组织模块化、集群治理集体行为、产业承接、锁定效应在技术学习能力和组织效率升级间的中介效应系数分别是 0.067 7、0.454 4、0.076 7、0.082 1,可以看出集群治理集体行为的中介效应系数远远大于其他中介变量的中介效应,说明技术学习能力对组织效率升级的影响主要是通过促进集群治理集体行为的发生来实现。

集群组织模块化、产业承接、锁定效应在技术集成能力和组织效率升级间的中介效应系数分别是 0.073 6、0.038 6、0.019 3,可以看出集群组织模块化的中介效应系数远远大于其他中介变量的中介效应,说明技术集成能力对组织效率升级的影响主要是通过促进集群组织结构模块化来实现。

集群组织模块化、集群治理集体行为、产业承接、锁定效应在技术协同能力和组织效率升级间的中介效应系数分别是 0.047 8、0.064 9、0.082 6、0.026 2,可以看出产业承接的中介效应系数远远大于其他中介变量的中介效应,说明技术协同能力对组织效率升级的影响主要是通过推动集群产业承接行为和提升产业承接绩效来实现。

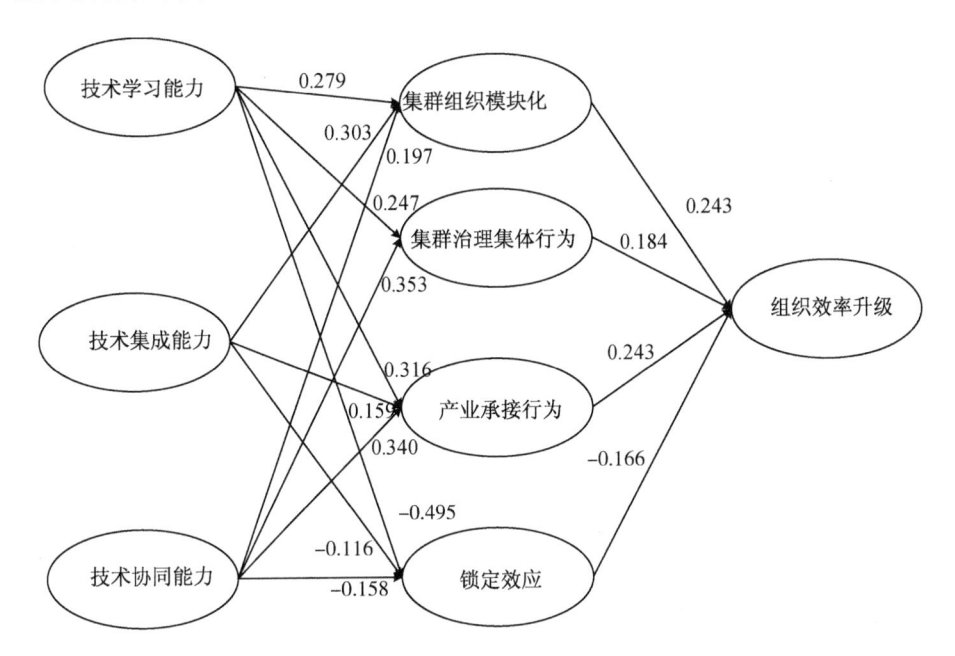

图 5.6　绿色创新能力对集群组织效率升级的路径系数图

（7）绿色创新能力影响区位升级过程中不同中介变量的中介效应比较

根据结构方程运行结果得到图5.7，通过计算可知，知识溢出、产业转出、产业承接、锁定效应在技术学习能力和区位升级间的中介效应系数分别是0.081 4、0.021 1、0.040 7、0.150 9，可以看出锁定效应的中介效应系数远远大于其他中介变量的中介效应，说明技术学习能力对区位升级的影响主要是通过弱化集群锁定效应来实现。

产业承接、锁定效应在技术集成能力和区位升级间的中介效应系数分别是0.020 5、0.035 3，可以看出锁定效应的中介效应系数远远大于产业承接的中介效应，说明技术集成能力对区位升级的影响主要是通过弱化集群锁定效应来实现。

知识溢出、产业转出、产业承接、锁定效应在技术协同能力和区位升级间的中介效应系数分别是0.057 5、0.012 6、0.043 9、0.048 0，可以看出知识溢出的中介效应系数远远大于其他中介变量的中介效应，说明技术协同能力对区位升级的影响主要是通过提高知识溢出程度来实现。

根据各个中介变量的中介系数不同，得出集群组织惯域不同方面在绿色创新能力影响集群升级过程中所发挥的中介作用强度不同。具体而言，技术学习能力对集群主导产业升级的正向影响主要是通过促进产业转出行为和提升产业

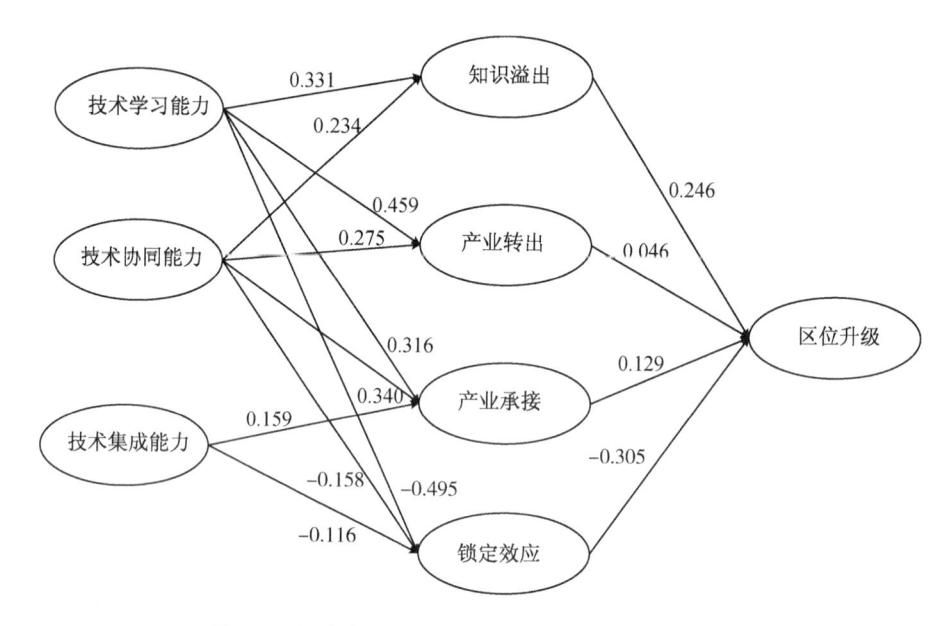

图 5.7　绿色创新能力对集群区位升级的路径系数图

转出绩效来实现；对集群知识网络升级的正向影响主要是通过增强产业集群集聚效应来实现；对集群组织效率升级的正向影响主要是通过推动集群治理集体行为来实现；对集群区位升级的正向影响主要是通过弱化集群锁定效应来实现。技术集成能力对集群主导产业升级和集群组织效率升级的正向影响主要是通过促进集群组织结构模块化来实现；对集群知识网络升级的正向影响主要是通过增强产业集群集聚效应来实现；技术集成能力对集群区位升级的正向影响主要是通过弱化集群锁定效应来实现。技术协同能力对集群主导产业升级和集群组织效率升级的正向影响主要是通过推动产业承接行为和提高产业承接绩效来实现；对集群知识网络升级和区位升级的正向影响主要是通过提高集群内部知识溢出程度来实现。

5.5　本章小结

本章主要实证分析了绿色创新能力对集群升级的影响作用，对第四章所提出的研究假设进行检验。首先根据第四章的机理分析，提出绿色创新能力对集群升级的概念模型，对绿色创新能力影响集群升级研究的问卷进行设计、修改、小范围的试测，形成最终问卷；大范围发放问卷后最终回收 728 份有效问卷，回收问卷后，对各个变量进行了描述性统计分析、信度和效度检验，确定所得到的数据是适合进行进一步结构方程模型分析的；运用结构方程模型对绿色创新能力和集群升级间的关系进行实证分析,结构方程的拟合效果理想,大多数研究假设都得到了验证,得出结论:产业集群创新能力越强,集群知识溢出越容易发生,集群专业化分工程度越深,群体决策越容易趋向收敛,集群组织结构模块化程度越高,集群治理集体行为越容易实现,集群产业转出和产业承接绩效越高,集群外部经济效应越强,技术锁定、政治锁定、认知锁定、功能锁定效应越弱,集群也就越容易实现升级。此外,还得出集群组织惯域不同方面在绿色创新能力影响集群升级过程中所发挥的中介作用强度是不同的结论。

第六章
推进我国产业集群升级的对策建议

6.1 构建集群技术学习与技术集成系统

6.1.1 组建并完善集群的产学研联合体

（1）积极主动寻求外部知识源，构建产学研联合体。集群企业要从集群外部寻找高校、大型科研院所、行业内领先企业、技术中介机构等外部知识源，并积极主动与其建立产学研关系，使各个参与方都能通过优势互补获得其独立运作中无法得到的综合利益。

（2）明确产学研联合体中各单位责、权、利，增强产学研联合体组建的动力。在产学研联合体中，若各单位责、权、利的细节处理不好，将会导致联合体的失败。产学研联合体组建的时候虽然也会签订相应的组建协议，对责、权、利也一般会做些规定，但相对较粗，很难在联合体的实际运行过程中协调好各个单位的责、权、利，若利益共享与风险共担机制缺失，组建产学研联合体的动力就会不足，将严重影响产学研联合体的健康发展。因此，明确产学研联合体中各单位责、权、利非常重要。

（3）健全产学研联合体的管理机制，提高产学研联合体组织管理能力。在产学研联合体的组建过程中应进一步创新管理机制和运行机制，加强对产学研联合体的管理，提高管理质量和效益，促进产学研联合体的形成和发展。

（4）政府在产业集群的产学研联合体组建过程中的主导作用有待加强。由于产学研联合体各成员单位属不同性质的单位，集群成员企业、高校、研究所等单位的管理机制、价值取向、追求目标等方面存在很大的差异，在某些利益追求上可能也会产生分歧，从而产生一些不利于产学研联合体协调发展的因素，阻碍产学研联合体有效运行。为此，应充分发挥政府的宏观调控、引导及组织协调作用，引导产学研联合体朝着积极的方向发展；此外，由于组建产学研联合体更深远的意义应该是联合开展绿色创新，解决行业的共性技术问题，实现集群升级。这不仅仅为了满足某个集群的发展需要，很多科学绿色创新战略的实施可能关乎国家的安全、产业发展,具有投入大、风险高等特点,在某种程度上不能全部依靠市场化的运作,必须要发挥政府的宏观调控作用,加强统筹规划,做好顶层设计,科学布局产学研联合体的组建工作,从政策上鼓励支持产学研联合体创新活动的开展,确保其有序运行。

(5)进一步加强产学研联合实验室、研究中心等公共科技创新平台的建设,信息资源、仪器设备等共享平台及行业协会、中介机构等公共服务体系的完善,加强产学研联合体基础设施,促进产学研联合体的快速发展。

(6)进一步拓展产学研联合体的多元化融资渠道。产学研联合体的运行管理及绿色创新活动均需要大量的资金作为保障,而目前我国集群的大部分产学研联合体的资金来源主要还是政府项目经费及成员单位的筹资,资金来源相对较为单一、有限。产学研联合体要进一步加大经费的争取力度,特别是要加强拓展风险投资及证券市场融资,逐步形成以政府资金、产学研联合体单位自筹资金、金融融资等多元结构的资金筹集渠道,形成产学研联合体运行所需的长效资金保障体系。

6.1.2 引进世界范围领先者的先进技术

(1)加强与国外集群或跨国企业的合作,追求自主创新的同时不盲目排斥技术引进。当前在很多产业领域,特别是高新产业领域的技术水平上,我国产业集群仍然与国外集群有很大差距。因此,在众多本土集群纷纷标榜走自主创新之路,陆续推出自主品牌的同时,仍旧需要加强与国外集群或跨国公司的合作,因为国外集群或跨国公司确实有很多值得我国本土集群学习的地方,无论是先进的产业技术、高效率的管理还是良好的文化氛围。所以,在构建集群技术学习与集成系统时,要加强与国外集群或跨国企业的合作,通过技术许可购买的方式学习国外先进技术,推动我国本土集群升级。

(2)集群应做好技术评估,选好适当的技术许可。产业集群在引进新技术之前,一定要做好相关评估工作,盲目地购买已经淘汰或不适合本国实际情况的技术,会给企业和国家带来损失。因此,在采取技术引进之前,做好技术可行性的研究显得十分必要,既要照顾到集群自身消化吸收能力,又需要控制新技术引进成本以及技术生命周期,充分把握技术引进为产业集群带来的经济效益。

(3)政府应建立良好的技术引进环境。良好的环境是集群开展先进技术引进的基本保障。政府应该完善技术引进的法律法规,切实保护集群企业的技术引进成果;建立健全服务和管理技术引进工作的相关机构,完善基础设施,为技术引进提供良好的软、硬环境;制定相应的优惠政策,引导集群企业通过技术引进来获取集群所在行业缺失的关键技术,必要时政府完全可以出面或者提供资金支持,组织相关企业联合进行技术引进、消化吸收的工作;同时加强技术引进的监督和管理,加强集群间或者地方政府之间的协作沟通,打破地方主义,避免一些技术的重复引进。

6.1.3 建立产业集群内部技术集成系统

(1)产业集群要从技术应用的关联环境出发形成产品概念,选择和集成各种技术资源,从战略上摆脱对外国产品设计和技术方案的盲从。根据技术的应用关联环境产生或形成产品概念是技术集成创新的一个要素。技术集成是通过开放系统的产品建构来选择和集成各种技术资源(包括国内与国外技术资源),开发出在市场上具有竞争优势产品的产品开发方式和生产组织模式,产品概念的构建为后期的产品设计、工程制造等活动提供线路图,并展示了研究开发、产品制造及产品应用等领域之间的相互作用。我国产业集群技术水平相对落后,许多先进技术需要依赖于外国的输入,故我国进行技术集成的产业集群必须根据本土市场的需求结构特点产生或形成自主的产品概念。自主产品概念的意义在于从战略上摆脱对外国产品设计和技术方案的盲从,在于使中国产业集群主动根据本土市场需求结构的特点来定义产品的性能特性,从而选择相应的技术开发出具有竞争力的产品,实现产业集群全面升级。

(2)产业集群应把技术集成作为一项系统工程进行战略规划。我国大多数本土集群的技术学习大多发生在零部件和生产工艺的层次上,即通过引进生产线和组装进口关键元器件。这种方法缺乏全局性,目前越来越多的本土集群已经开始意识到要跃升到产品系统层次上的技术学习,即从整体上把握产品概念,系统化地分析开发、生产所需的技术,掌握相应的建构技术能力。我国本土集群应把技术集成作为一项系统工程进行战略规划,这是产业集群内部技术集成系统建立的必要条件。

(3)产业集群应大力培育和引进技术集成人才以满足技术集成模式下集群对高层次、复合型人才的需求。

提高产业集群技术集成能力的关键是拥有人才。因为在技术集成模式下,产业集群对高层次、复合型人才的需求十分明显。一方面要对产业集群内部创新型人才进行有效的扶持,给他们以大力的支持与宽松的工作环境,保证他们多出成果、出好成果;另一方面,创新型人才是产业集群进行技术集成的基础,应加大与高等院校、科研机构的联系力度,吸引更多的高层次人才,为其提供试验的经费与场所,形成产学研互动的良性开发与创新的机制。另外,在集群设立的技术集成团队中长期工作的人员,虽然拥有快速开发产品的能力,但会影响其在专业上新知识的获取,从而导致创新的后劲不足。对于这个缺点,产业集群可以采用不断引进新生力量的方式,补充创新的后劲。而且一旦各集群开始充分重视技术集成团队,就会使得技术集成成为一个专门的行业,会出现很多的技术集成方面的专家,这样产业集群在技术集成中可以充分吸收外来的人力资源,补充自己的集成实力,形成一个流动的人才制度,技术集成就会朝着良性的循环方向发展下去,这将大大促进产业集群升级。

(4) 政府在推动本土集群技术集成活动方面给予政策引导和资源支持。当前仍有许多本土集群认识不到技术集成的重要性,产业集群自觉的技术集成行为非常欠缺,因而有必要在国家层面给予政策引导和资源支持,借助市场机制,有重点地推动产学研机构(特别是产业集群成员企业)采取技术集成的系统化方法,开发部分"具有战略意义的创新产品"的"规模化生产的产品制造方案和制造流程",以求通过若干年的努力,长足提升我国本土产业集群生产创新产品的技术能力、管理能力和规模化制造能力,实现全面升级。政府充分发挥宏观调控和激励作用,可以在产业集群企业中正在实施的"重大科技专项"中引入技术集成的理念与方法,作为技术集成的示范项目;其次还应结合产业集群中的某些具体项目,借助市场机制,组织产品设计专家、材料专家、工艺专家、设备专家、标准化专家、控制技术专家、信息化专家、管理专家、经济专家等参与技术集成示范项目;同时,在国家支持的应用性研究项目中,优先支持技术集成类研究项目,特别是具有示范意义的技术集成类研究项目,加强产业集群与高校之间的联系、协调集群之间的联合研发;最后,还要推广一些国外产业集群的成功集成经验,推动我国本土产业集群内部技术集成活动的开展,促进集群升级。

6.2 推动集群组织结构模块化进程

6.2.1 构建竞合关系下集群模块化生产网络

竞争与合作关系是集群企业间的基本关系,竞争能增强集群企业的核心竞争力,合作使成员企业的能力转化为网络的竞争优势。因此,树立良性的竞合意识是构建产业集群模块化生产网络的关键。

首先,在产业集群中树立良性的竞争意识,促使模块供应商准确定位,进行绿色创新,提升自身的核心竞争力,只有在竞争中胜出的企业才能获得系统集成商的青睐,才有与其合作的机会,在集群内形成"淘汰赛"般的竞争环境。系统集成商可以制定相关规定直接命令或用利益来激励各模块企业良性竞争,为系统集成商增加功能模块的选择种类,给系统预留较大的选择余地。

其次,培育集群内企业的合作意识,一是加强集群内模块供应商之间的合作,共享优势资源,把企业核心能力转化为集群的竞争优势,共同把"蛋糕"做大;二是加强模块化要素主体与政府、大学、科研机构之间的合作,充分发挥这些机构的科技、人才资源优势,及时将科技成果转化,促进集群升级。

6.2.2 建立合理的模块化组织利益分配机制

集群系统中的模块供应商以隐性设计规则为核心竞争力,如果知识产权不明晰,将会影响它们在模块化组织中的利益分配,以及与其他企业间的合作,进而影响到模块化系统的运作。现阶段我国知识产权方面的立法和执法正在不断完善,并逐步与世界接轨,但是由于盗版猖獗、模仿抄袭现象频频发生,大大挫伤了集群企业绿色创新的积极性,阻碍了产业集群生产方式模块化进程。因此,在集群内部明晰知识产权归属,并建立合理的模块化组织利益分配机制,将会推动集群组织结构模块化进程。

6.2.3 加强集群组织结构模块化的金融扶持力度

由中小企业组成的产业集群必须通过金融机构和风险投资者的协调才能营造一个有利于产业集群组织结构模块化的制度环境,因此必须完善对产业集群组织结构模块化的金融支持政策。

首先,加大对产业集群的财政支持力度,可以通过设立产业集群发展的专项基金,以及制定有利于集群发展的税收优惠政策,包括降低税率、实行差别税率等缓解其资金负担。

其次,拓宽产业集群的融资渠道。一是发展民间借贷与外商投资贷款,使更多的资金流向产业集群;二是完善资本市场,为产业集群提供绿色通道,鼓励集群企业上市融资;三是改善融资的外部环境,在产业集群与金融机构间搭建沟通平台,增进两者间的交流,增添金融机构对集群企业的信任与了解。

6.3 培育产业退出和承接的机制

6.3.1 积极推进产业集群内落后产业转移

我国传统制造业发达,对廉价的生产要素较为依赖。生产成本不断上升正困扰着我国大多数产业集群的可持续发展,推进落后产业转移无疑给我国产业集群提供了新的发展机遇。多年来,劳动密集型和资源密集型产业不仅消耗了大量劳动力和资源,而且创造的经济效益不高,一定程度上透支了我国集群未来的发展,我国经济发展空间变得越来越小。推进劳动密集型和资源密集型产业向周边低成本地区转移既有利于缓解我国集群成本上升带来的发展压力,为我国发展资本技术密集型产业提供条件,又有利于破解我国经济发展不平衡问题,增强整体竞争力。

6.3.2　充分打造产业集群的区位核心优势

我国产业集群应该充分打造区位优势：首先，我国具有无可比拟的地理优势，应加强与周边国家的合作，进一步融入亚洲和世界；其次，我国是世界最大的留学人员输出国，应充分发挥其人缘的优势，加强与世界各地的交流，把我国产业集群打造成一个海内外文化交流的平台和纽带。我国产业集群要抓住国际新一轮先进产业转移的机会，承接更先进的资本技术密集型产业，实现全球价值链的攀升。

6.3.3　加强产业集群内生态环境治理活动

产业集聚会导致集中污染，而产业集群的产业承接活动又可能引起跨地区的环境污染问题，因此，应该借助政府管理手段及时调整产业结构和推进循环经济发展，大力发展节能、降耗、减污、增效的高新技术产业和先进制造业，加快发展资源消耗少、环境影响小的现代服务业。对能源资源消耗量大的重化工业要通过循环再生技术提高资源利用效率。同时，用清洁生产技术改造传统产业，建立产业退出机制，淘汰高能耗、重污染、低效率的产业，加快再生资源产业的发展，加强对转移产业的集约化管理，并加强产业转出地区与产业承接地区的协商和共同治理，促进各方面对环保治理的积极投入，以实现集群经济高质量的、可持续的、有竞争力的发展。

6.4　本章小结

本章主要是对我国集群升级提出相关对策建议，从构建产业集群技术学习与技术集成系统、推动集群组织结构模块化进程、培育产业推出和承接机制三个方面提出对策，旨在推动我国产业技术顺利实现升级。

第七章
结论与展望

7.1 主要结论

目前,我国各个地区均将加强自主创新作为推动集群升级最重要的手段。因为要想打破集群发展的"天花板",走出全球价值链低端锁定的困境,通过提升绿色创新能力进行升级是关键。本研究综合利用多种分析方法研究产业集群技术学习能力、技术集成能力、技术协同能力对集群主导产业升级、集群知识网络升级、集群组织效率升级、集群区位升级作用机理,希望能在理论上有所创新,在实践上为我国产业集群升级提供一些可行建议,并以此指导通过推进自主创新来实现集群升级的具体工作。具体来说,本研究基于绿色创新和集群升级理论,研究绿色创新能力对集群升级的作用,得到如下研究结论:

(1)产业集群升级的四种表现为:主导产业升级、知识网络升级、组织效率升级、区位升级

产业集群升级是产业升级在特定的区域范围内的一种具体表现形式,有空间层面的考虑,因此产业集群升级与产业升级是具体与一般的关系。产业升级是一个比较宽泛的概念,具有一般性,而产业集群的升级或提升应该被看作是产业升级的一种表现形式,即产业集群升级是产业升级的一种具体表现形式。后者是一个相对宽泛的概念,而产业集群的升级问题不仅是一个具体的产业升级问题,更是一个和组织结构及其品牌文化、知识网络、内部效率切实相关的系统性升级问题。因此在研究产业集群升级问题的时候,不仅要把它当作一个简单的产业高级化的过程,还要从集群组织结构层面上进行考虑。集群升级表现在主导产业升级、知识网络升级、组织效率升级、区位升级四个方面。

(2)绿色创新能力通过影响集群组织特性而影响集群升级

在知识溢出集群渗流模型中,集群技术学习能力通过作用于知识渗透系数、知识距离、企业知识吸收能力对集群知识溢出产生作用。技术学习能力越强,集群知识溢出程度越高;集群企业之间的技术学习能力越强,企业间信任资源就越丰富,企业之间的交易成本越低,则集群企业分工网络越发达,集群专业化分工

程度越高。技术协同活动则是通过促进分工协作网络形成来深化企业间分工，即集群技术学习能力和技术协同能力对专业化分工起着积极的作用；技术学习活动和技术协同活动都能产生企业间信任资源，有助于集群企业间知识交互成本降低，即信息成本的降低，这对知识交互有促进作用，对集群决策收敛性有利。技术学习能力和技术协同能力对集群群体决策收敛性的增强有积极作用，技术学习能力和技术协同能力越强的集群内部越容易形成统一的群体决策，即集群的群体决策收敛性越强，集群的知识溢出通过降低创新成本、缩小集群企业间技术距离、优化集群知识网络的知识结构、激活隐性知识推动集群主导产业升级、知识网络升级、区位升级；专业化分工通过在集群内企业形成优势互补的弹性转精生产方式，使生产过程的每个环节获得生产效率提升和产品附加值提升的可能，推动集群主导产业升级；群体决策收敛性通过构造集群内部知识交互记忆系统，提升单个企业的租金状况，使集群企业获取由绿色创新成果带来的超额市场利润，推动集群主导产业升级。

（3）绿色创新能力通过影响集群组织结构而影响集群升级

集群技术学习活动尤其是内部技术学习活动除了使集群内部信息流通从传统的上下游单向流动向网状发散、多方向流动，其在集群组织结构从传统的层级制垂直型结构到模块化扁平型结构转变的过程中还发挥着深化集群内部水平分工和垂直分工的作用，这对集群内模块分解有推动作用，因为分工是模块形成的最核心的原因；集群的技术集成能力越强，模块化要素主体与政府、大学、科研机构之间的合作越容易，越能充分发挥这些机构的科技、人才资源优势，不论是模块供应商之间还是模块供应商与模块集成商之间的耦合都越容易顺畅进行，在兼容和整合过程中遇到的障碍越小，集群组织模块化程度将会越深；在模块化程度深化的过程中，不论是集群内部技术学习还是外部技术学习活动都有利于产业集群组织结构模块化过程中各个子模块的更新，通过技术学习，模块供应商对自身进行更精准的定位，不断发展新的经营业务，加快模块内部的创新，促使模块供应商准确定位，进行绿色创新，提升自身的核心竞争力，只有在竞争中胜出的企业才能获得系统集成商的青睐，才有与其合作的机会。技术学习使集群内形成"淘汰赛"般的竞争环境，同时促进了各子模块间在标准界面上的横向合作，吸引更多的模块供应商企业进入集群，形成更多的模块供应商，为整个集群系统的模块集成商预留了很多的选择余地，为进一步深化产业集群内部模块化水平奠定基础，即技术学习能力有利于集群组织结构模块化程度深化；此外，技术协同能力和技术学习能力有利于集群信息反馈机制的建立，一个高效的信息反馈机制有助于提高模块化系统中模块供应商与模块集成商的能力和绩效，提高系统的模块化程度。而集群组织结构模块化有利于提升生产效率、市场利润和市场占有率、集群企业间知识网络关系稳定性和关系质量、市场协调效率、信息传递效率、交易效率,进而推动集群主导产业升级、知识网络升级、组织效率升级。

(4) 绿色创新能力通过影响集群组织行为而影响集群升级

集群的技术学习能力、技术协同能力越强,集群内部技术协同活动或技术学习活动所带来的技术溢出和信息共享的好处越大,对集群治理集体行动实现的促进作用越强;技术协同能力强的集群内部,产业转出负面影响会因为技术协同活动而得以弱化,产业转出的效益也将会得到有效实现;技术集成能力能有效推动新旧产业融合,弱化产业"非集群化"现象,有助于产业承接效益的发挥,集群的技术学习能力越强,突破技术封锁的成功率越高,产业承接效益越容易得到发挥。集群治理集体行为的实现对集群主导产业升级和组织效率升级有促进作用。集群治理集体行动参与方增多,会增加集体物品的供给数量,集体行动的预期收益也会增大,这对集群的主导产业升级有好处;集群治理集体行为的参与方增多,意味着集群内部的集群治理结构正逐渐趋向完善,对集群组织效率升级也具有积极作用;产业转出通过增加集群企业的市场利润、优化集群内现有产业结构、促进集群内主导产业的技术变革、缓解低等产业的过度集聚、提高整个集群的科研投入收益弹性、发展自主品牌来推动集群主导产业升级和区位升级;产业承接通过引进外部先进要素、优化产业结构、提高生产效率、提升产品质量及规模、获取技术外部溢进、更新观念、优化市场协调机制、强化竞争引致效应、产生制度优化效应来推动集群主导产业升级、组织效率升级、区位升级。

(5) 绿色创新能力通过影响集群组织效应而影响集群升级

技术学习能力、技术协同能力越强的集群,外部经济效应越强,集群外部经济效应的增强推动了集群主导产业的升级;技术学习能力、技术集成能力、技术协同能力越强的集群,技术锁定效应和认知锁定效应等各种锁定效应越容易得到弱化,而锁定效应的弱化有利于集群主导产业升级、知识网络升级、组织效率升级、区位升级。

7.2 研究展望

产业集群的升级是一个复杂的系统过程,本研究尽管综合运用了多学科知识,比较系统地研究了绿色创新能力与集群升级之间的关系,探寻并构建绿色创新能力对集群升级影响的概念模型,并通过实证分析,验证了所提出的假设。但限于作者的水平、研究能力、资料收集等诸多原因,论文仅仅是对该问题的初步探讨,研究中还在存在着许多问题,并且需要进一步深入研究。

(1) 在样本数量方面,本研究花费了大量的时间和精力对调查问卷进行发放与回收,虽然获得的数据已经基本满足数据分析所需样本量的要求,但是,样本抽样的随机性不够,在一定程度上降低了样本的代表性,也就降低了研究结论的外部推广性。

（2）在变量测度方面，本研究的大部分变量采用的是成熟问卷的测度题项，但是这些变量测度题项大多是来自对外文文献的翻译，因此这些题项都是以外国为背景的，适用于当地文化，可能会与我国文化产生冲突，或在我国的文化背景下出现词义上的偏差；也有一些变量的量表是作者自行开发的，虽然通过了变量的信度和效度检验标准，但仍有可能存在测度准确性的问题。因此，未来的研究中，应该结合使用多种研究方法，对上述变量进行测度，以进一步提高研究信度和效度。

附录 1
调查问卷

No _____

尊敬的女士/先生：

此次调查活动是匿名的，不会公开您的个人资料，希望能够得到您的大力支持。非常感谢您的配合！

一、个人信息

1. 您在园区管委会中的职务：□高层管理人员；□中层管理人员；□基层管理人员；□其他

2. 您的年龄：□20岁至30岁之间；□30岁至40岁之间；□40岁至50岁之间；□50岁至60岁之间；□60岁以上

3. 您的文化程度：□大专；□本科；□研究生及以上

二、集群基本信息

4. 该产业集群所属行业：_____

5. 该产业集群内企业数量：□20以下；□20～80；□80以上

6. 该集群存续年限为：□5年以下；□5～10年；□10年以上

三、问卷内容

(一) 产业集群绿色创新能力	
1. 技术学习能力：	
（1）集群企业间经常互相派遣技术人员提供技术咨询或接受技术培训或组建联合研究所进行合作创新	不同意←1　2　3　4　5→同意
（2）集群内部同行企业间技术人员流动和反求工程活动频率高	不同意←1　2　3　4　5→同意
（3）集群企业经常寻求加入跨国公司的分包网络、购买世界范围内产业领先者的技术许可、和有竞争力的知识源组建学习联盟或合资企业、和外部的大学及实验室建立产学研联合体	不同意←1　2　3　4　5→同意
（4）集群企业经常对行内领先产品进行分解研究、并经常在"知识高地"（例如一个发达国家）建立"窗口式"机构、定期参加行业聚会如产品展销会和研讨会	不同意←1　2　3　4　5→同意

续表

2. 技术集成能力:		
(5) 集群企业能根据市场需求有效整合集群内外的技术资源	不同意←1 2 3 4 5→同意	
(6) 集群企业经常能够根据创新需要不断搜寻和吸收外界资源和能力要素来完善内部能力结构,做到从各个方面搜寻要素,然后再在原系统的基础上,对这些技术要素比较、甄别,进行重新组合与优化	不同意←1 2 3 4 5→同意	
(7) 集群企业经常与外界组织(如:供应商、用户、竞争对手、非相关企业、大学、研究机构、技术中介组织、知识产权机构、风险投资机构、政府部门)不断交换和发生作用,吸取外部资源要素的精华	不同意←1 2 3 4 5→同意	
3. 技术协同能力:		
(8) 集群企业之间技术协同活动比较频繁,协同效率较高	不同意←1 2 3 4 5→同意	
(9) 集群企业、高校和科研机构间活动比较频繁,协同效率较高	不同意←1 2 3 4 5→同意	
(10) 集群研发主体与政府间的技术协同活动比较频繁,协同效率较高	不同意←1 2 3 4 5→同意	
(11) 集群研发主体与中介机构间的技术协同活动比较频繁,协同效率较高	不同意←1 2 3 4 5→同意	
(二) 集群组织特性		
4. 知识溢出:		
(12) 集群成员企业经常与当地的绿色创新中介服务部门进行技术合作	不同意←1 2 3 4 5→同意	
(13) 集群成员企业通常会有免费或低成本从集群内部企业或集群外部企业获得新产品信息或新技术知识的机会	不同意←1 2 3 4 5→同意	
(14) 集群成员企业和高校及科研机构经常进行绿色创新合作	不同意←1 2 3 4 5→同意	
5. 专业化分工:		
(15) 为了获得制造商的业务联系较高频率,集群成员企业都需要购置高度专业化的生产设备	不同意←1 2 3 4 5→同意	
(16) 集群成员企业在制造商采用新的特别的技术规范与标准时需对生产工艺及生产设备做相应的调整	不同意←1 2 3 4 5→同意	
6. 群体决策收敛性:		

续表

(17)集群内大多数企业经常对领头企业的决策表示赞同	不同意←1　2　3　4　5→同意
(18)集群内大多数企业倾向于跟随领先企业的决策	不同意←1　2　3　4　5→同意
(19)集群内大多数企业内部就某个问题容易达成统一决策	不同意←1　2　3　4　5→同意
(三)集群组织结构	
7.集群组织结构模块化:	不同意←1　2　3　4　5→同意
(20)集群企业已经自发形成了若干个功能子模块	不同意←1　2　3　4　5→同意
(21)集群内各个子模块内部都拥有完善的自我更新系统	不同意←1　2　3　4　5→同意
(22)集群内各子模块已经初步完成模块集成商和模块供应商的角色定位	不同意←1　2　3　4　5→同意
(四)集群组织行为	
8.集群治理集体行为:	不同意←1　2　3　4　5→同意
(23)对集群内部技术环境的变化,集群成员能采取统一应对的行动	不同意←1　2　3　4　5→同意
(24)对来自集群外部的威胁性事件,集群成员能积极采取集体抗辩等集体行动	不同意←1　2　3　4　5→同意
(25)本集群内部存在某个或某几个较权威的对整个集群有治理作用的核心企业	不同意←1　2　3　4　5→同意
9.集群产业转出行为:	不同意←1　2　3　4　5→同意
(26)本集群经常将劣势产业或夕阳产业从集群内转移到外地	不同意←1　2　3　4　5→同意
(27)本集群经常将不具有比较优势的生产环节从集群内转移到外地	不同意←1　2　3　4　5→同意
(28)本集群产业转出所带来的负面效应较小	不同意←1　2　3　4　5→同意
10.集群产业承接行为及行为效益的测度	不同意←1　2　3　4　5→同意
(29)承接进来的新产业和集群内原有产业之间的融合比较顺利	不同意←1　2　3　4　5→同意
(30)集群能从承接进的新产业中获得新技术和先进管理经验	不同意←1　2　3　4　5→同意
(五)集群组织效应	

续表

11. 集群外部经济效应：	不同意←1 2 3 4 5→同意	
(31) 成员企业都能获得由集群这个特殊的组织所带来的更多低价优质的中间产品	不同意←1 2 3 4 5→同意	
(32) 成员企业从集群中可获得的技术和信息非常丰富	不同意←1 2 3 4 5→同意	
12. 集群集聚效应：	不同意←1 2 3 4 5→同意	
(33) 本集群对外部企业有着较强的吸引力	不同意←1 2 3 4 5→同意	
(34) 本集群内某个产业已经形成了较大的集聚规模	不同意←1 2 3 4 5→同意	
13. 集群各种锁定效应：	不同意←1 2 3 4 5→同意	
(35) 本集群存在着技术锁定现象	不同意←1 2 3 4 5→同意	
(36) 本集群存在着认知锁定现象	不同意←1 2 3 4 5→同意	
(37) 本集群管理人员存在着思维僵化现象(功能锁定)	不同意←1 2 3 4 5→同意	
(38) 本集群存在着政治锁定现象	不同意←1 2 3 4 5→同意	
(六) 产业集群升级		
14. 集群主导产业升级：		
(39) 本集群的产品附加值得到提升	不同意←1 2 3 4 5→同意	
(40) 本集群在市场中占据较大的市场份额	不同意←1 2 3 4 5→同意	
(41) 本集群在市场中获取的超额利润较高	不同意←1 2 3 4 5→同意	
(42) 本集群营销渠道拓展能力较强	不同意←1 2 3 4 5→同意	
(43) 本集群中非物质性生产要素的比例逐渐增大	不同意←1 2 3 4 5→同意	
(44) 本集群产品系列丰富	不同意←1 2 3 4 5→同意	
(45) 本集群生产效率得到提升	不同意←1 2 3 4 5→同意	
(46) 本集群持续进行生产工艺改进	不同意←1 2 3 4 5→同意	
15. 集群知识网络升级：		
(47) 与本集群内所有企业进行知识交流的本地供应商、客户、本地同行竞争者的总数量较多	不同意←1 2 3 4 5→同意	
(48) 与本集群内所有企业进行知识交流的外地供应商的总数量较多	不同意←1 2 3 4 5→同意	
(49) 本集群内所有企业参加外地产品展销会或技术交流会次数较多,且在外地设立分公司或办事处的总数量较多	不同意←1 2 3 4 5→同意	

续表

(50) 本集群成员企业之间相互信任,经常进行经验、技术交流	不同意←1　2　3　4　5→同意	
(51) 本集群内大多数企业经常与本地供应商和本地客户进行经验、技术交流	不同意←1　2　3　4　5→同意	
(52) 本集群内大多数企业在与供应商或客户进行技术交流过程中,双方都避免提出严重有损于对方利益的要求,双方都不会利用对方	不同意←1　2　3　4　5→同意	
(53) 本集群内大多数企业与供应商建立知识交流关系的时间超过一年	不同意←1　2　3　4　5→同意	
16. 集群组织效率升级:		
(54) 本集群内部存在完善的信息共享平台,企业间信息传递高效快捷	不同意←1　2　3　4　5→同意	
(55) 本集群企业间交易成本较低,交易频率较高	不同意←1　2　3　4　5→同意	
(56) 本集群内大多数企业能柔性应对市场需求的变化	不同意←1　2　3　4　5→同意	
(29) 本集群内大多数企业之间相互信任,不会做损害对方的事	不同意←1　2　3　4　5→同意	
(57) 本集群内大多数企业在应对外界变化时能形成统一联盟	不同意←1　2　3　4　5→同意	
(58) 本集群内大多数企业听从集群内领先企业的决定,并服从管理	不同意←1　2　3　4　5→同意	
(59) 本集群内有完善的行业治理协会	不同意←1　2　3　4　5→同意	
17. 集群区位升级:		
(60) 本集群有较强的品牌效应	不同意←1　2　3　4　5→同意	
(61) 本集群能充分吸取文化精髓,并融入当地文化,形成区域根植性	不同意←1　2　3　4　5→同意	
(62) 本集群在区域内拥有固定的客户和供应商	不同意←1　2　3　4　5→同意	
(63) 本集群所在区域的政府部门经常出台政策扶持集群发展	不同意←1　2　3　4　5→同意	

问卷填写完成后,请您采取以下三种方式之一返还结果:

(1) 直接返还给问卷发放人

(2) 发送邮件至 zewu0413@126.com

谢谢您的合作!祝您工作愉快!

附录 2

变量旋转成分矩阵

	成分																
	1	2	3	4	5	6	7	8	9	10	11	12	13	14	15	16	17
F11	0.086	0.043	0.584	−0.293	−0.232	0.2	−0.259	−0.163	−0.071	−0.148	−0.185	0.231	−0.118	0.177	0.03	0.182	−0.203
F12	−0.108	−0.189	0.657	0.027	0.04	0.19	0.011	0.081	−0.094	−0.162	−0.068	0.294	−0.129	−0.015	0.145	−0.033	−0.106
F13	−0.093	−0.106	0.656	−0.17	−0.349	0.112	−0.02	0.003	0.006	−0.118	−0.195	0.131	−0.032	−0.052	0.102	−0.069	−0.224
F14	−0.2	0.012	0.537	−0.068	0.042	0.136	0.034	−0.112	−0.21	−0.025	−0.052	0.304	0.061	0.141	−0.101	0.108	−0.412
F15	0.017	−0.128	0.595	0.044	−0.188	0.072	−0.217	0.025	−0.112	−0.119	−0.136	0.758	−0.061	0.044	0.058	0.016	−0.069
F16	−0.056	−0.047	0.88	−0.072	−0.011	−0.112	0.118	−0.018	−0.04	−0.131	−0.045	0.048	−0.038	−0.044	0.053	−0.096	0.065
F17	0.027	−0.119	0.496	0.049	−0.173	0.069	−0.22	0.013	−0.119	−0.1	−0.128	0.751	−0.06	0.038	0.068	−0.003	−0.049
F18	−0.053	−0.053	0.882	−0.079	−0.008	−0.098	0.123	−0.024	−0.039	−0.142	−0.041	0.044	−0.026	−0.043	0.054	−0.104	0.066
F21	0.167	0.724	−0.123	0.061	0.088	0.059	−0.014	−0.004	−0.134	0.107	0.119	−0.121	0.063	0.053	−0.025	0.216	0.071
F22	0.284	0.709	0.004	0.07	0.402	−0.002	−0.054	0.033	−0.011	0.09	−0.043	−0.273	0.02	0.072	0.09	−0.03	0.014
F23	0.189	0.873	−0.017	0.065	−0.022	0.049	0.076	−0.067	−0.002	−0.042	0.026	−0.007	0.079	0.059	−0.131	0.099	0.015
F24	0.301	0.712	−0.173	0.055	0.03	0.025	−0.05	−0.038	0.031	0.178	0.051	0.151	−0.144	−0.012	0.088	−0.051	0.081
F25	0.293	0.701	0.008	0.067	0.385	0.017	−0.032	0.04	−0.002	0.094	−0.052	−0.284	0.018	0.087	0.082	−0.037	0.001
F26	0.18	0.869	−0.011	0.064	−0.025	0.032	0.071	−0.055	0	−0.043	0.022	0.01	0.081	0.061	−0.128	0.103	−0.005
F27	0.294	0.711	−0.175	0.073	0.016	0.01	−0.043	−0.035	0.04	0.158	0.043	0.15	−0.137	−0.017	0.091	−0.054	0.073

续表

	1	2	3	4	5	6	7	8	9	10	11	12	13	14	15	16	17
F31	0.513	0.338	0.005	0.136	0.296	0.092	0.091	0.12	0.084	0.098	−0.017	−0.059	0.02	−0.053	0.143	−0.007	−0.218
F32	0.874	0.215	−0.08	0.054	0	−0.081	−0.077	−0.013	−0.018	−0.064	0.125	0.087	0.004	0.056	−0.021	−0.08	0.078
F33	0.873	0.258	−0.023	0.078	0.157	0.012	0.011	0.023	0.038	0.055	0.021	−0.02	−0.001	−0.01	0.087	−0.041	0.075
F34	0.656	0.218	−0.067	0.125	0.306	0.039	0.161	0.089	−0.119	0.166	0.002	−0.206	0.051	−0.014	0.118	0.27	−0.052
F35	0.87	0.217	0.082	0.037	−0.004	−0.08	0.078	−0.007	−0.01	0.073	0.113	0.1	0.005	0.039	−0.035	−0.044	0.069
F36	0.868	0.246	−0.033	0.064	0.151	0.01	0.006	0.009	0.053	0.037	0.019	−0.017	−0.006	−0.005	0.087	−0.051	0.069
F37	0.652	0.207	−0.061	0.127	0.302	0.047	0.155	0.076	−0.132	0.172	−0.003	−0.205	0.059	−0.008	0.119	0.27	−0.048
F41	0.178	0.054	0.146	0.113	0.678	0.09	0.118	−0.166	−0.074	−0.009	0.152	0.006	0.058	0.097	−0.103	−0.219	0.054
F42	0.24	0.162	−0.131	0.045	0.737	0.016	−0.108	0.028	0.047	0.105	−0.064	0.035	−0.063	0.177	0.177	−0.009	0.085
F43	0.242	0.182	−0.201	0.146	0.603	0.101	−0.202	0.217	0.043	0.051	0.024	0.035	−0.016	−0.093	0.099	0.208	0.068
F44	0.053	0.052	−0.092	0.045	0.687	−0.083	0.083	0.093	0.035	−0.066	−0.182	−0.224	0.098	0.021	−0.002	0.305	0.02
F51	−0.024	0.105	−0.096	0.122	0.107	0.001	0.358	−0.016	0	0.004	0.105	0.517	−0.01	0.523	−0.053	0.089	0.015
F52	0.002	0.067	0.026	0.294	0.134	−0.075	0.135	0.141	0.063	0.153	−0.021	0.119	−0.075	0.707	−0.01	0.055	−0.036
F53	−0.064	0.067	−0.089	0.364	0.11	−0.162	0.305	0.063	0.008	−0.067	−0.023	0.064	0.117	0.615	0.029	−0.2	−0.051
F54	0.084	0.114	−0.053	0.168	−0.009	0.092	0.063	0.18	−0.025	0.113	−0.077	−0.003	0.103	0.695	0.227	−0.092	0.01
F61	0.132	0.098	−0.106	0.629	0.142	−0.018	0.143	0.177	0.094	0.05	−0.065	−0.063	0.065	0.223	−0.052	−0.087	0.058
F62	0.14	−0.06	−0.104	0.593	0.259	0.039	0.41	0.163	0.002	0.021	0.06	−0.108	0.061	0.139	−0.098	0.106	−0.073
F63	0.084	0.122	−0.053	0.909	0.017	0.021	0.063	−0.012	0.012	0.106	0.001	0.1	0.023	0.153	0.008	0.047	0.045
F64	0.086	0.11	−0.055	0.906	0.031	0.028	0.056	−0.004	0.027	0.117	0.006	0.067	0.021	0.132	0.006	0.056	0.04
F71	−0.093	0.038	−0.058	0.032	0.175	0.623	0.055	0.147	0.125	−0.187	0.082	0.169	0.131	0.013	0.087	−0.028	−0.035
F72	−0.042	−0.019	0.007	−0.056	−0.013	0.819	−0.073	−0.089	−0.052	0.028	0.081	0.114	0.018	−0.044	−0.119	−0.069	−0.042
F73	0.031	0.046	0.028	0	−0.014	0.913	−0.05	−0.029	0.154	−0.058	0.019	−0.029	−0.112	−0.026	−0.025	0.043	0.039

附录2 变量旋转成分矩阵

续表

	成分																
	1	2	3	4	5	6	7	8	9	10	11	12	13	14	15	16	17
F74	0.008	0.09	0.02	0.064	−0.023	0.853	−0.016	−0.048	0.11	0.078	0.06	−0.079	−0.173	−0.01	−0.004	0.058	0.031
F81	0.065	−0.22	0.096	0.009	0.214	0.115	0.142	−0.024	−0.005	−0.004	−0.101	0.412	−0.005	−0.014	0.504	−0.433	0.102
F82	0.079	0.023	0.038	0.027	0.086	−0.185	0.034	0.054	0.011	−0.035	0.066	0.023	0.069	−0.033	0.766	0.027	−0.207
F83	0.21	−0.045	0.213	−0.004	0.001	−0.156	−0.037	−0.228	−0.062	0.067	0.191	−0.115	−0.015	0.352	0.54	0.005	−0.052
F84	0.057	−0.048	0.126	−0.144	−0.024	−0.017	−0.066	0.026	−0.099	−0.203	−0.095	0.102	−0.019	0.129	0.68	−0.063	0.212
F91	0.035	−0.061	−0.064	−0.018	0.013	0.115	0.059	0.048	0.784	0.12	−0.069	0.004	0.11	0.063	−0.114	0.124	−0.108
F92	−0.027	−0.015	−0.033	0.074	−0.002	0.115	0.033	0.113	0.903	0.128	−0.024	−0.062	0.074	−0.014	0.008	0.021	0.113
F93	−0.056	−0.003	0.09	0.058	0.005	0.075	0.023	0.057	0.878	0.105	0.013	−0.085	0.085	−0.013	0.015	−0.006	0.127
F101	0.055	0.075	0.041	0.125	−0.062	0.088	0.098	0.707	0.074	0.034	0.082	−0.186	−0.054	0.121	0.019	−0.085	0.085
F102	0.011	−0.116	−0.029	0.035	0.088	0.078	0.061	0.896	0.087	0.063	0.197	0.087	0.02	0.079	−0.007	0.104	0.061
F103	0.008	−0.103	−0.038	0.027	0.07	−0.09	0.079	0.898	0.07	0.046	0.181	0.094	0.023	0.075	0.004	0.09	0.058
F111	−0.049	0.073	−0.15	−0.076	0.155	−0.056	−0.002	0.085	0.206	0.711	0.146	−0.121	−0.101	0.244	−0.08	0.013	0.065
F112	0.07	0.115	−0.212	0.206	−0.015	−0.119	−0.009	0.044	0.13	0.855	0.103	−0.034	0.154	0.014	−0.048	−0.024	0.057
F113	0.07	0.115	−0.212	0.206	−0.015	−0.119	−0.009	0.044	0.13	0.855	0.103	−0.034	0.154	0.014	−0.048	−0.024	0.057
F121	0.09	0.01	−0.038	−0.015	0.119	0.061	0.212	0.078	−0.053	−0.003	0.758	−0.1	−0.019	0.08	−0.175	0.049	0.241
F122	0.07	0.064	−0.105	−0.011	0.001	0.078	0.08	0.22	−0.018	0.009	0.878	−0.043	−0.034	0.076	0.074	0.025	−0.036
F123	0.102	0.061	−0.134	0.002	0.049	0.104	0.105	0.162	−0.015	0.059	0.851	−0.014	−0.065	−0.05	0.109	0.019	−0.07
F131	0.068	−0.068	0.118	0.16	0.044	0.059	0.502	0.052	0.038	0.184	0.037	−0.108	−0.141	0.178	0.346	0.049	0.139
F132	−0.024	0.016	0.086	0.106	−0.043	−0.063	0.905	0.091	0.037	−0.04	−0.002	−0.041	−0.04	0.097	−0.017	0.031	0.011
F133	−0.023	0.035	0.089	0.101	−0.038	−0.05	0.917	0.08	0.049	−0.034	−0.016	−0.048	−0.045	0.098	−0.031	0.02	0.011
F141	−0.397	0.151	−0.011	0.235	0.059	0.038	0.088	0.25	0.056	0.13	−0.052	−0.038	0.103	−0.095	−0.025	0.162	0.509
F142	0.274	0.091	−0.054	0.025	0.156	0.021	0.038	0.106	0.096	−0.096	0.089	−0.009	0.021	0.013	−0.034	0.139	0.677

续表

	\multicolumn{17}{c}{成份}
	1	2	3	4	5	6	7	8	9	10	11	12	13	14	15	16	17
F151	−0.034	0.159	−0.073	0.093	0.04	0.036	0.045	0.03	0.126	−0.129	0.071	0.084	−0.127	−0.118	0.068	0.726	0.081
F152	−0.025	0.067	−0.25	−0.08	0.259	−0.015	0.135	0.112	0.034	0.204	0.009	−0.008	0.037	0.026	0.177	0.543	0.252
F161	−0.068	−0.072	−0.119	0.187	0.09	0.121	0.044	−0.272	0.089	0.112	0.015	0.513	0.012	−0.035	0.201	0.132	0.033
F162	−0.045	0.024	−0.051	0.003	0.03	−0.095	−0.056	−0.001	0.168	0.045	−0.035	0.873	0.225	0.084	0.001	0.015	0.016
F171	−0.05	0.031	0.125	0.035	0.104	−0.067	−0.139	−0.073	0.241	−0.009	0.126	−0.014	0.607	0.219	0.048	0.025	0.067
F172	0.128	0.044	−0.155	0.081	−0.032	−0.074	−0.004	0.067	−0.024	0.121	−0.151	0.03	0.72	−0.115	−0.022	−0.163	−0.011

提取方法：主成分。

旋转法：具有 Kaiser 标准化的正交旋转法。

旋转在13次迭代后收敛。

参考文献

[1] Schumpeter J A. The theory of economic development: An inquiry into profits, capital, credit, interest, and the business cycle[M]. Transaction publishers, 1934.

[2] Solow R M. A contribution to the theory of economic growth[J]. The quarterly journal of economics, 1956, 70(1): 65-94.

[3] Freeman R E. Strategic management: A stakeholder approach[M]. Cambridge University Press, 1984.

[4] Mueser K T, Salyers M P, Mueser P R. A prospective analysis of work in schizophrenia[J]. Schizophrenia Bulletin, 2001, 27(2): 281-296.

[5] Etzkowitz H, Leydesdorff L. The dynamics of innovation: from National Systems and "Mode2" to a Triple Helix of university-industry-government relations[J]. Research policy, 2000, 29(2): 109-123.

[6] 程源,傅家骥.企业技术战略的理论构架和内涵[J].科研管理,2002,23(5):75-80.

[7] 彭玉冰,白国红.谈企业技术创新与政府行为[J].经济问题,1999(7):35-36.

[8] 谢洪明,刘常勇,陈春辉.市场导向与组织绩效的关系:组织学习与创新的影响——珠三角地区企业的实证研究[J].管理世界,2006(2):80-94.

[9] 易显飞.科学发展观与技术创新的价值重构[J].自然辩证法研究,2006,22(10):81-83.

[10] 吴贵生.技术创新管理[M].北京:清华大学出版社有限公司,2000.

[11] 吴贵生,李纪珍,孙议政.技术创新网络和技术外包[J].科研管理,2000,21(4):33-43.

[12] Porter M E. 国家竞争优势[M]. 李明轩,邱如美,译. 北京:中信出版社,1990.

[13] Raphael N. An overview of the financial performance of Indian tyre industry-comparison among leading tyre companies[J]. Innovative journal of Business and Management,2013,2(5).

[14] 仇保兴.发展小企业集群要避免的陷阱——过度竞争所致的"柠檬市场"[J].北京大学学报:哲学社会科学版,1999(1):25-29.

[15] 魏守华,王缉慈,赵雅沁.产业集群:新型区域经济发展理论[J].经济经纬,2002(02):18-21.

[16] 吴晓波,耿帅.区域集群自稔性风险成因分析[J].经济地理,2003,23(6):726-730.

[17] ESCAP. U. N. Regional integration and labour mobility: Linking trade, migration and development[J]. 2014.

[18] Korshunov, Auton & Beloborodov, Ivan & Buzun, et al. Social network analysis: methods and applications[J]. Proceedings Programming of the RAS (Proceedings of ISPRAS), 2014, 26(1): 439-456.

[19] Dasgupta, Partha. Patents, Priority and Imitation or the Economics of Races and Waiting Games[J]. Economic Journal, 1988, 98: 66-80.

[20] 赵晓庆,许庆瑞.企业技术能力演化的轨迹[J].科研管理,2002,23(1):70-76.

[21] 魏江.产业集群:创新系统与技术学习[M].北京:科学出版社,2003.

[22] 朱海就.区域创新能力评估的指标体系研究[J].科研管理,2004,25(3):30-35.

[23] Johnasson C, Hellström L, Ekelund P, et al. Urinary incontinence: a minor risk factor for hip fractures in elderly women[J]. Maturitas, 1996, 25(1): 21-28.

[24] Gereffi G. International trade and industrial upgrading in the apparel commodity chain[J]. Journal of international economics, 1999, 48(1): 37-70.

[25] Autio E, Sapieuza H J, Almeida J G. Effects of age at entry, knowledge intensity, and imitability on international growth[J]. Academy of Management Journal, 2000, 43(5): 909-924.

[26] 武云亮.我国制造业集群升级的路径选择及政策建议[J].宏观经济管理,2008(1):51-54.

[27] 刘芹.产业集群升级研究述评[J].工业经济,2007(8):33-38.

[28] 梅丽霞,柏遵华,聂鸣.试论地方产业集群的升级[J].科研管理,2005,26(5):147-151.

[29] 段文娟,聂鸣,张雄.全球价值链下产业集群升级的风险研究[J].科技进步与对策,2007,24(11):154-158.

[30] Jantunen, Ari. Knowledge-processing capabilities and innovative per-

formance: an empirical study[J]. European Journal of Innovation Management, 2005, 8(3): 336-349.

[31] 谢先达,周春蕾.浙江传统产业集群升级问题研究[J].商场现代化,2006(32):269-271.

[32] 杨忠泰.区域创新体系与国家创新体系的关系及其建设原则[J].中国科技论坛,2006(5):42-46.

[33] 郭金喜.传统产业集群升级:路径依赖和蝴蝶效应耦合分析[J].经济学家,2007,3(3):66-71.

[34] Blang M. Economic theory in retrospect[M]. Cambridge: Cambridge University Press, 1997.

[35] Granovetter M. Economic action and social structure: the problem of embeddedness[J]. American Journal of Sociology, 1985, 91(3): 481-510.

[36] Schmitz H. Collective Efficiency: Growth Path for Small-Scale Industry [J]. Journal of Development Studies,1995,31(4):529-566.

[37] Kaplinsky R, Morris M, Readman J. Understanding upgrading using value chain analysis[J]. Retrieved on April,2002,3:2017.

[38] Schmitz H. local upgrading in global chains: recent findings[J]. Institute of Development Studies. Sussex, 2004, 6: 2-7.

[39] Kishimoto C. Clustering and upgrading in global value chains: the Taiwanese personal computer industry[J]. H. Schmitz(ed.),2004:233-264.

[40] Humphrey J, Schmitz H. Governance and upgrading: linking industrial cluster and global value chain research[M]. Brighton: Institute of Development Studies, 2000.

[41] 曹群.产业集群的升级:基于动态能力的观点[J].学术交流,2006(9):121-123.

[42] Humphrey J, Schmitz H. Trust and inter-firm relations in developing and transition economies[J]. Journal of Development Studies, 1998, 34(4): 32-61.

[43] 叶建亮.知识溢出与企业集群[J].经济科学,2001(3):23-30.

[44] 范德成,唐小旭.产学研结合技术创新的过程模型构建与分析[J].科技管理研究,2008(07):9 10+25.

[45] 项星.基于分工视角的浙江省产业集群升级研究[J].2007.

[46] 潘利.链网互动视角下中国产业集群升级研究[D].上海:上海社会科学院,2007.

[47] 迈克尔·波特.竞争优势[M].北京:华夏出版社,1997:496-497.

[48] Bell M, Albu M. Knowledge systems and technological dynamism in industrial clusters in developing countries[J]. World development, 1999, 27(9):1715-1734.

[49] Iansiti M. Technology Integration: Making Critical Choices in a Dynamic World[M]. HBS Press Boston Massachusetts, 1997.

[50] 王缉慈,林涛.我国外向型制造业集群发展和研究的新视角[J].北京大学学报:自然科学版,2007,43(6):839-846.

[51] 汪斌,侯茂章.地方产业集群国际化发展与区域创新体系的关联研究——基于生命周期和全球价值链的视角[J].财贸经济,2007(3):11-17.

[52] Scott A J. Regional push: towards a geography of development and growth in low and middle countries[J]. Third World Quarterly, 2002, 23(6): 137-161.

[53] Gereffi G. Capitalism, development and global commodity chains[M]//Capitalism and development, Routledge, 2002: 225-245.

[54] Gersbach H, Schmutzler A. Endogenous spillovers and incentives to innovate[J]. Economic Theory, 2003, 21(1): 59-79.

[55] Miller W L, Morris L. Fourth Generation R&D: Managing Knowledge, Technology and Innovation[J]. 1999, 11(1): 60.

[56] Iansiti M, West J. Technology Integration: Turning Great Research into Great Products[M]//Harvard business review on managing high-tech industries, 1999: 1-29.

[57] 邬爱其,张学华.产业集群升级中的匹配性地方政府行为——以浙江海宁皮革产业集群为例[J].科学学研究,2006,24(6):878-884.

[58] 徐竹青.地方产业集群升级的演化分析与政策支持科学管理研究,2007,27(5):57-48.

[59] Sturgeon T, lester R. Upgrading East Asian industries: new challenges for local suppliers[J]. Cambridge, Mass Industrial Performance Center, MIT, 2002.

[60] Kaplinsky R, Morris M. A handbook for value chain research[M]. Brighton: University of Sussex, Institute of Development Studies, 2000.

[61] Hobday M. Innovation in South-East Asia: lessons for Europe? [J]. Management decision, 1996, 34(9): 71-81.

[62] 谭文柱,王缉慈,陈倩倩.全球鞋业转移背景下我国制鞋业的地方集群升

级——以温州鞋业集群为例[J].经济地理,2006,26(1):60-65.

[63] 李冰.产业集群发展与产业集群升级研究[D].济南:山东大学,2006.

[64] 何铮,顾新.基于知识网络的区域创新体系形成内在机理与模型[J].科技与经济,2011,24(6):26-30.

[65] 陈雪梅.区域核心竞争力:企业集群与地方品牌[J].学术研究,2003,(3):16-17.

[66] 熊爱华.区域品牌与产业集群互动关系中的磁场效应分析[J].管理世界,2008(08):176-177.

[67] 彭新敏.企业网络对绿色创新绩效的作用机制研究:利用性探索性学习的中介效应[D].杭州:浙江大学,2009.

[68] 洪茹燕.基于技术能力演进的企业技术学习模式选择机制研究[J].科学管理研究,2009,27(04):20-24.

[69] 张扬.社会资本和知识溢出对集群升级的影响研究[D].长春:吉林大学.2009.

[70] Lederman D, Maloney W F. R&D and development [J]. World Bank Policy Research Working Paper Series, 2003.

[71] Humphrey J, Schmitz H. How does Insertion in Global Value Chains Affect Upgrading in Industrial Clusters[J]. Regional Studies, 2002, 36(9): 1017-1027.

[72] Dollar D, Kraay A. Trade, Growth and Poverty[J]. The Economic Journal, 2004, 144(493): F22 F49.

[73] 赫连志巍.产业集群专业化分工形态与管理[M].北京:冶金工业出版社,2009.

[74] 赵美英,李卫平,张丁榕,等.江苏产学研联合创新模式研究——以常州市产学研合作现行模式为例[J].无锡商业职业技术学院学报,2010,10(01):47-51.

[75] 惠宁.产业集群的区域经济效应研究[D].西安:西北大学,2006:81-82.

[76] 任永平.论制度创新与我国企业绿色创新能力的提高[J].江苏理工大学学报:社会科学版 2001,3(4):30-34.

[77] 李亚军,陈柳钦.产业集群的创新特征及其创新效应分析.北方经济,2007(1):40-42.

[78] 刘健通.产业转移对产业集群升级影响的理论与实证分析[D].暨南大学,2010.

[79] 中国科学院可持续发展战略研究组.2010中国可持续发展战略报告[M].北京:科学出版社,2010.

[80] 胡鞍钢,周绍杰. 绿色发展:功能界定,机制分析与发展战略[J]. 中国人口·资源与环境,2014,24(1):14-20.

[81] 马洪波. 绿色发展的基本内涵及重大意义[J]. 攀登,2011,30(2):67-70.

[82] 王玲玲,张艳国. "绿色发展"内涵探微[J]. 社会主义研究,2012(5):143-146.

[83] 吕福新. 绿色发展的基本关系及模式——浙商和遂昌的实践[J]. 管理世界,2013(11):166-169.

[84] 大卫·皮尔斯. 绿色经济的蓝图[M]. 北京:北京师范大学出版社,1997.

[85] Jacob M. Sustainable development and deep ecology: an analysis of competing traditions[J]. Environmental Management,1994,18(4):477-488.

[86] 廖福霖. 生态文明建设研究. 全面构建城市林业[J]. 福建林业科技,2001,28:6-9.

[87] 邹进泰,熊维明. 绿色经济[M],太原:山西经济出版社,2003.

[88] 刘思华. 现代经济需要一场彻底的生态革命——对SARS危机的反思兼论建立生态市场经济体制[J]. 中南财经政法大学学报,2004,(04):11-19.

[89] 吴晓青. 加快发展绿色经济的几点思考[J]. 环境经济,2009(12):13-16.

[90] 周惠军,高迎春. 绿色经济,循环经济,低碳经济三个概念辨析[J]. 天津经济,2011(11):5-7.

[91] Blätte-Mink B. Innovation towards sustainable economy - the integration of economy and ecology in companies[J]. Sustainable development,1998,6(2):49-58.

[92] Norberg-Bohm V. Stimulating 'green' technological innovation: An analysis of alternative policy mechanisms[J]. Policy sciences,1999,32(1):13-38.

[93] Driessen P H, Hillebrand B. Adoption and diffusion of green innovations[J]. Marketing for sustainability: towards transactional policy-making,2002:343-355.

[94] Chen Y S, Lai S B, Wen C T. The influence of green innovation performance on corporate advantage in Taiwan[J]. Journal of business ethics,2006,67(4):331-339.

[95] 陈华斌. 绿色创新及其激励机制[J]. 环境导报,1999(3):31-32.

[96] 杨庆义. 绿色创新是西部区域创新的战略选择[J]. 重庆大学学报：社会科学版，2003，9(1)：35-37.

[97] 张小军. 企业绿色创新战略的驱动因素及绩效影响研究[D]. 浙江大学，2012.

[98] 刘薇. 国内外绿色创新与发展研究动态综述[J]. 中国环境管理干部学院学报，2012，22(5)：17-20.

[99] 李旭. 绿色创新相关研究的梳理与展望[J]. 研究与发展管理，2015，27(002)：1-11.

[100] 张昌勇. 我国绿色产业创新的理论研究与实证分析[D]. 武汉理工大学，2011.

[101] Teitelman R. Profits of science: The American marriage of business and technology[J]. 1994.

[102] Chen Y S, Chang C H. The determinants of green product development performance: Green dynamic capabilities, green transformational leadership, and green creativity[J]. Journal of business ethics, 2013, 116(1): 107-119.

[103] Baron R M, Kenny D A. The moderator - mediator variable distinction in social psychological research: Conceptual, strategic, and statistical considerations[J]. Journal of personality and social psychology, 1986, 51(6): 1173.

[104] Fraj-Andrés E, Martínez-Salinas E, Matute-Vallejo J. Factors affecting corporate environmental strategy in Spanish industrial firms[J]. Business strategy and the Environment, 2009, 18(8): 500-514.

[105] Simpson D, Samson D. Environmental strategy and low waste operations: exploring complementarities[J]. Business Strategy and the environment, 2010, 19(2): 104-118.

[106] Chatterjee D, Grewal R, Sambamurthy V. Shaping up for e-commerce: institutional enablers of the organizational assimilation of web technologies[J]. MIS quarterly, 2002: 65-89.

[107] Bansal P. From issues to actions: The importance of individual concerns and organizational values in responding to natural environmental issues[J]. Organization Science, 2003, 14(5): 510-527.

[108] Hambrick D C, Mason P A. Upper echelons: The organization as a reflection of its top managers[J]. Academy of management review, 1984, 9(2): 193-206.

[109] Sarkis J, Gonzalez-Torre P, Adenso-Diaz B. Stakeholder pressure and the adoption of environmental practices: The mediating effect of training [J]. Journal of operations Management, 2010, 28(2): 163-176.

[110] 张钢, 张小军. 绿色创新战略与企业绩效的关系: 以员工参与为中介变量[J]. 财贸研究, 2013 (4): 132-140.

[111] Tung A, Baird K, Schoch H. The relationship between organisational factors and the effectiveness of environmental management[J]. Journal of environmental management, 2014, 144: 186-196.

[112] 黄培伦, 曾春艳, 尚航标. 智力资本, 动态能力与企业持续竞争优势的关系研究[J]. 科技管理研究, 2010 (15): 108-110.

[113] Teece D J, Pisano G, Shuen A. Dynamic capabilities and strategic management[J]. Strategic management journal, 1997, 18(7): 509-533.

[114] Menguc B, Auh S, Ozanne L. The interactive effect of internal and external factors on a proactive environmental strategy and its influence on a firm's performance[J]. Journal of business ethics, 2010, 94(2): 279-298.

[115] De Marchi V. Environmental innovation and R&D cooperation: Empirical evidence from Spanish manufacturing firms[J]. Research policy, 2012, 41(3): 614-623.

[116] Handfield R, Walton S V, Sroufe R, et al. Applying environmental criteria to supplier assessment: A study in the application of the Analytical Hierarchy Process[J]. European journal of operational research, 2002, 141(1): 70-87.

[117] Po-Lung Yu. Behavior base and habitual domains of human decision / behaviour: concepts and applications[J]. Multiple criteria decision making theory and application, 1980: 511-539.

[118] 马蕾, 韩玉启, 冯俊文. 组织的行为过程动态模式研究[J]. 管理工程学报, 2003, 17(3): 39-42.

[119] 冯俊文. 能力集分析[J]. 管理科学学报, 1999, 2(2): 77-83.

[120] Sterman J D. Modelling managerial behavior: Misperceptions of feedback in a dynamic decision making experiment[J]. Management Science, 1989, 35(3): 321-339.

[121] Griffith R, Huergo E, Mairesse J, Peters B. Innovation and productivity across four European countries[J]. Oxford Review of Economic Policy, 2006b, 22(4): 483-498.

[122] Nonaka I, Takeuchi H. The Knowledge-Creating Company: How Japanese Companies Create the Dynamics of Innovation[J]. New York, NY, 1995.

[123] Gilsing V. Cluster Governance: How Cluster Can Adapt and Renew Over Time[C]//paper prepared for DRUID PhD-conference, Copenhagen, 2000.

[124] Hobday, Mike & Rush Howard. Technology management in complex product systems questions answered[J]. Int J Technology Management, 1999(6): 618-638.

[125] 郑小勇.行业协会对集群企业外生集体行动的作用机理研究[J].社会学研究,2008,6:108-130.

[126] 魏后凯.沿海产业集群面临的衰退风险[J].决策,2009(2):50-51.

[127] 陈刚,陈红儿.区际产业转移理论探微[J].贵州社会科学,2001(4):2-6.

[128] 郑燕伟.产业转移理论初探[J].治理研究,2013,16(3):19.

[129] 陈计旺.区际产业转移与要素流动的比较研究[J].生产力研究,1999(3):64-67.

[130] Grossman G M, Helpman E. Integration versus outsourcing in industry equilibrium[J]. The quarterly journal of economics, 2002, 117(1): 85-120.

[131] 张治栋.荣兆梓.模块化悖论与模块化战略[J].中国工业经济,2007(2):64-74.

[132] Bharadwaj A S. Are source-based perspective on information technology capability and firm performance: an empirical investigation[J]. MIS quarterly, 2000: 169-196.

[133] Raviehandran G, Subhash G. A micromechanical model for high-strain rate behaviour of ceramics[J]. International Journal of Solids and Structures, 2005, 32(17-18): 2627-2646.

[134] Powell K R. System and method for distributing coupons through a system of computer networks: U. S. Patent 5,806,044[P]. 1997-9-8.

[135] 赵晓庆,许庆瑞.自主创新模式的比较研究[J].浙江大学学报:人文社会科学版,2009,39(4):55-62.

[136] Subramani M. How do suppliers benefit from information technology use in supply chain relationships? [J]. MIS quarterly, 2004: 45-73.

[137] Barton J M. Method and apparatus for embedding authentication information within digital data: U. S. Patent 5,646,997[P]. 1995-7-8.

[138] 陈雪梅. 中小企业集群的理论与实践[M]. 经济科学出版社, 2003.

[139] Malmberg A, Maskell P. The elusive concept of localization economies: towards acknowledge-based theory of spatial clustering[J]. Environment and Space, 2002, 34(3): 429-449.

[140] Feldman H A, Goldstein I, Hatzichristou D G, et al. Impotence and its medical and psychosocial correlates: results of Massachusetts Male Aging Study[J]. Journal of urology, 1994, 151(1): 54-61.

[141] 王子龙, 谭清美, 许箫迪. 基于生态位的集群企业协同进化模型研究[J]. 科学管理研究, 2005, 23(5): 34-37

[142] Mehta S R, Yusuf S, Peters R J G, et al. Effects of pretreatment with clopidogrel and aspirin followed by long-term therapy in patients undergoing percutaneous coronary intervention: the PCI-CURE study[J]. The Lancet, 2001, 358(9281): 527-533.

[143] 孙兆刚, 刘则渊. 知识产生溢出效应的分析[J]. 科学学与科学技术管理, 2004, 25(3): 57-61.

[144] 宝贡敏, 徐碧祥. 组织认同理论研究述评[J]. 外国经济与管理, 2006, 28(1): 39-45.

[145] 杨皎平, 刘丽颖, 牛似虎. 集群企业竞争强度与创新绩效关系的理论与实证——基于集群企业同质化程度的视角[J]. 软科学, 2012, 26(4): 23-27.

[146] 李庆满, 杨皎平, 金彦龙. 集群内部竞争、绿色创新力与集群企业绿色创新绩效[J]. 管理学报, 2013, 80(05): 746-753.

[147] 杨皎平, 刘馨阳, 王世明. 产业集群氛围对群内企业创新双向影响的实证研究[J]. 技术经济, 2011, 30(12): 6-13.

[148] J H von Thünen. Der isolirte Staat in Beziehung auf Landwirtschaft und Nationalökonomie[M]. Wirschaft & Finan, 1826.

[149] André P, Men'Shchikov A, Bontemps S, et al. From filamentary clouds to prestellar cores to the stellar IMF: Initial highlights from the Herschel Gould Belt Survey[J]. Astronomy & Astrophysics, 2010, 518: L102.

[150] Marshall A. Elements of economics of industry being the first volume of Elements of Economics[M]. Macmillan, 1922.

[151] Bernanke B S, Gertler M, Gilchrist S. The financial accelerator in a quantitative business cycle framework[J]. Handbook of macroeconomics, 1999(1): 1341-1393.

[152] Storper M. The regional world: territorial development in a global econ-

omy[M]. GuilfordPress, 1997.

[153] Christopher M. logistics and competitive strategy[J]. European Management Journal, 1993, 11(2): 258-261.

[154] Harrison A, Hanson G. Who gains from trade reform? Some remaining pazzles[J]. Journal of development Economics, 1999, 59(1): 125-154.

[155] Kokko A. Technology, market characteristics, and spillovers[J]. Journal of development economics, 1992, 43(2): 279-293.

[156] 陈莞,谢富纪.开放式自主创新与其支撑体系互动机制研究[J].科学学与科学技术管理,2007,28(3):58-61.

[157] 虞晓芬,李正卫,张仁勇,等.我国区域技术创新效率:现状与原因[J].科学学研究,2005,23(2):258-264.

[158] 吕耀平,吴寿仁,劳沈颖,等.我国科技成果转化的障碍与对策探讨[J].中国科技论坛,2007(4):32-35+41.

[159] 刘柯杰.知识外溢、产业聚集与地区高科技产业政策选择[J].生产力研究,2002(1):97-98.

[160] 刘顺忠,宫建成.区域创新系统信用环境的营造[J].科研管理,2002,23(3):74-78.

[161] 青木昌彦.模块时代:新产业结构的本质[M].上海远东出版社,2003.

[162] Baldwin C Y, Clark K B. Design Rules: The power of Modularity[M]. Cambridge MA: MIT Press, 2000.

[163] 雷如桥,陈继祥,刘芹.基于模块化的组织模式及其效率比较研究[J].中国工业经济,2004(10):83-90.

[164] 李春田.现代标准化前沿——"模块化"研究报告[J].信息技术与标准化,2007(11):60-64.

[165] 安藤晴彦,元橋一之.日本経済競争力の構想[J].2002.

[166] 闫星宇.高觉民.模块化理论的再审视:局限及适用范围[J].中国工业经济,2007(4):71 78.

[167] Gilsing V, Nooteboom B. Exploration and exploitation in innovation systems: The case of pharmaceutical biotechnology[J]. Research Policy, 2006, 35(1): 1-23.

[168] 郑小勇.商业集团从属企业的合法性双元、资源获取与成长绩效[D].浙江大学,2013.

[169] 余秀江.中小企业群落演进阶段的理论分析[J].华南农业大学学报:社会科学版,2003(1):22-27.

[170] 朱华友,孟云利,刘海燕.集群视角下的产业转移的路径、动因及其区域效

应[J].社会科学家,2008(7):43-46.

[171] 格兰多里 A. 企业网络:组织和产业竞争力[M].刘刚,罗若愚,祝茂,等,译.2005.

[172] 魏后凯.对产业集群与竞争力关系的考察[J].经济管理,2003(6):4-11.

[173] 刘力,张健.珠三角企业迁移调查与区域产业转移效应分析[J].国际经贸探索,2008.

[174] 陈建军.中国现阶段的产业区域转移及其动力机制[J].中国工业经济,2002,(8):37-44.

[175] 陈建军,陈国亮,黄洁.新经济地理学视角下的生产性服务业集聚及其影响因素研究——来自中国 222 个城市的经验证据[J].管理世界,2009(4):83-95.

[176] 卢根鑫.试论国际产业转移的经济动因及其效应[J].上海社会科学院学术季刊,1994,4:33-42.

[177] 贺彩玲.企业集群的效应及其形成探讨[J].陕西工学院学报,2003,19(3):61-64.

[178] 胡宇辰.产业集群对梯度转移理论的挑战[J].江西财经大学学报,2007(5):28-31.

[179] 胡宇辰.产业集群效应的经济学分析[J].当代财经,2004(11):76-80.

[180] 李庆华,汤薇,孙虹.产业集群的"超稳定结构"及其突破研究[J].大连理工大学学报(社会科学版),2005,2.

[181] 刘春芝.产业集群与技术创新的外部经济效应分析[J].沈阳师范大学学报:社会科学版,2005,29(2):45-49.

[182] 刘友金,胡黎明,赵瑞霞.基于产品内分工的国际产业转移新趋势研究动态[J].经济学动态,2011(3):101-105.

[183] 雷如桥,陈继祥,刘芹.产业集群网络作用机制研究[J].科学学与科学技术管理,2004,25(12):60-63.

[184] Bazan L, Navas-Alemn L. Upgrading in Global and National Value Chains: recent challenges and opportunities for the Sinos Valley footwear cluster, Brazil[C]//EADL's workshop "clusters and global value chains in the north and the third world", Novara, 2003. 30-31.

[185] 刘伟,张辉.中国经济增长中的产业结构变迁和技术进步[J].经济研究,2008,43(11):4-15.

[186] 文嫮,曾刚.全球价值链治理与地方产业网络升级研究——以上海浦东集成电路产业网络为例[J].中国工业经济,2005(7):20-27.

[187] 黄永明,何伟,聂鸣.全球价值链视角下中国纺织服装企业的升级路径选

择[J].中国工业经济,2006(5):56-63.

[188] 刘志彪,张杰.全球代工体系下发展中国家俘获型网络的形成、突破与对策——基于 GVC 与 NVC 的比较视角[J].中国工业经济,2007(5):39-47.

[189] 张杰,刘东.我国地方产业集群的升级路径:基于组织 RI 架构的一个初步分析[J].中国工业经济,2006(5):48-55.

[190] 吴义爽,蔡宁.我国集群跨越式升级的"跳板"战略研究[J].中国工业经济,2010(10):55-64.

[191] 阮建青,张晓波,卫龙宝.危机与制造业产业集群的质量升级——基于浙江产业集群的研究[J].管理世界,2010(2):69-79.

[192] 阮建青,张晓波,卫龙宝.资本壁垒与产业集群——基于浙江濮院羊毛衫产业的案例研究[J].经济学(季刊),2008(1):71-92.

[193] 代文彬,慕静,易训华.产业集群跨越式升级:基于集群龙头企业双链协同的研究[J].经济经纬,2012(6):57-61.

[194] 郭金喜,杨雪萍.从边际企业到动态企业:我国沿海传统产业集群升级的另一种解释[J].发展研究,2009(10):19-25.

[195] 陈晓峰,邢建国.集群内外耦合治理与地方产业集群升级——基于家纺产业集群的例证[J].当代财经,2013(1):102-110.

[196] 李怀祖.管理研究方法论[M].西安:西安交通大学出版社,2004:17-32.

[197] 王重鸣.心理学研究方法[M].北京:人民教育出版社,2000:38-65.

[198] 侯杰泰,温忠麟,成子娟.结构方程模型及其应用[M].北京:教育科学出版社,2004:15-25.

[199] 温忠麟,张雷,等.中介效应检验程序及其应用[J].心理学报,2004(05):614-620.

[200] 易丹辉.结构方程模型:方法与应用[M].北京:中国人民大学出版社,2008:80-147.